Jürgen Schmude

Marktsegmente des Tourismus

GEOWISSEN KOMPAKT

Jürgen Schmude ist Professor für Wirtschaftsgeographie und Tourismusforschung am Department für Geographie der Ludwig-Maximilians-Universität München.

Herausgegeben von
Bernd Cyffka und Jürgen Schmude

Begründet von
Hans-Dieter Haas

GEOWISSEN KOMPAKT

Jürgen Schmude

Marktsegmente des Tourismus

wbg Academic

Die Deutsche Nationalbibliothek verzeichnet diese Publikation in der Deutschen Nationalbibliografie; detaillierte bibliografische Daten sind im Internet über http://dnb.de abrufbar.

wbg Academic ist ein Imprint der Wissenschaftlichen Buchgesellschaft.

Die Herausgabe dieses Werkes wurde durch die Vereinsmitglieder der wbg ermöglicht.
Satz: Lichtsatz Michael Glaese GmbH, Hemsbach
Einbandabbildung: Das Kreuzfahrtschiff Celebrity Summit in Saint John's/
Antigua, 2016. © Jürgen Schmude
Einbandgestaltung: schreiberVIS, Bickenbach
Gedruckt auf säurefreiem und alterungsbeständigem Papier
Printed in Europe

Besuchen Sie uns im Internet: www.wbg-wissenverbindet.de

ISBN 978-3-534-27252-5

Elektronisch sind folgende Ausgaben erhältlich:
eBook (PDF): 978-3-534-27266-2
eBook (epub): 978-3-534-27267-9

Inhaltsverzeichnis

Vorwort

Die Tourismuswirtschaft zeigt nunmehr kontinuierlich seit zehn Jahren sowohl in Deutschland als auch global steigende Ankunfts- und Übernachtungszahlen und gilt deshalb als einer der Motoren der Wirtschaft. Für dieses Wachstum sind aber nicht alle Marktsegmente des Tourismus gleichermaßen verantwortlich. Einige Marktsegmente prosperieren seit vielen Jahren (z.B. Kreuzfahrttourismus), andere erleben zeitweise eine Renaissance (z.B. Wandertourismus), und wieder andere sind eher als Nischensegment erfolgreich (z.B. Filmtourismus). Dagegen gibt es andere Marktsegmente, die eher stagnieren oder sich sogar rückläufig entwickeln (z.B. Kurtourismus).

Der vorliegende Band aus der Reihe *Geowissenschaften kompakt* führt in die Segmentierung des touristischen Marktes ein und behandelt ausgewählte Marktsegmente. Er schließt inhaltlich an den Band *Tourismusgeographie* (Schmude/Namberger 2015) an, der die wesentlichen Akteure der Angebots- und Nachfrageseite im Tourismus allgemein einführt und auch die methodischen Grundlagen legt. Die Akteure auf der Angebots- und Nachfrageseite nehmen bei der Behandlung der hier ausgewählten Marktsegmente eine zentrale Rolle ein. Es zeigt sich, dass sich die Tourismuswirtschaft immer heterogener entwickelt und es große Unterschiede zwischen den verschiedenen Marktsegmenten gibt. Die Auswahl der behandelten Marktsegmente ist natürlich subjektiv, spiegelt aber dennoch die Breite des Tourismus wider, wobei entsprechend des Konzeptes der Reihe Geowissen kompakt auf eine sehr fokussierte und konzentrierte Behandlung der wesentlichen Aspekte geachtet wurde. Die kurz vor Abschluss des Manuskriptes aufgetretene globale COVID-19 Pandemie wurde „nachträglich" in ein zusätzliches Kapitel aufgenommen, da sie voraussichtlich den Tourismus kurz- und mittelfristig verändern wird und die vorgestellten Marktsegmente des Tourismus in unterschiedlicher Weise trifft wie die Darstellung der Betroffenheit für die in diesem Band vorgestellten Marktsegmente verdeutlicht.

Aus Gründen der Lesbarkeit wird im Text in der Regel bei der Formulierung die männliche Form gewählt, es sind jedoch immer alle anderen Geschlechterformen miteinbezogen.

Bei der Ausarbeitung des Bandes waren wieder viele helfende Köpfe beteiligt. Besonderer Dank gilt meinen beiden Mitarbeitern Sascha Filimon und Philipp Namberger, die sich bei der Konzeptentwicklung spontan bereit erklärt haben, jeweils ein Marktsegment zu bearbeiten (Wandertourismus durch Sascha Filimon; Filmtourismus durch Philipp Namberger). Außerdem haben Barbara Demeterova, Maximilian Witting, Sascha Filimon, Erik Lindner und Philipp Namberger dankenswerterweise das Lesen der Korrekturen übernommen und hilfreiche Kommentare zum Inhalt beigetragen. Mein Dank gilt auch der Wissenschaftlichen Buchgesellschaft (wbg), namentlich Herrn Johannes Klemm, für die konstruktive und komplikationslose Zusammenarbeit.

Damit liegt nun der zweite Band in der Reihe *Geowissenschaften kompakt* vor, der sich mit dem Tourismus aus geographischer Perspektive auseinandersetzt. Für den Inhalt zeichnen die jeweiligen Autoren verantwortlich und freuen sich auf Reaktionen und Hinweise zum Buch. Auch von diesem Buch sind große Teile nicht in der Universität entstanden, sondern haben vom inspirierenden Charakter von Castellet-en-Luberon profitiert.

München, im November 2020 Jürgen Schmude

1 Marktsegmente des Tourismus: Was ist Segmentierung und wie werden Angebots- und Nachfrageseite segmentiert? – Eine Einführung

Überblick

Die Tourismuswirtschaft ist sowohl in Deutschland als auch global gesehen seit rund zehn Jahren ein mehr oder weniger kontinuierlich wachsender Markt (etwa gemessen an der Zahl der nationalen und internationalen Ankünfte). Gleichwohl zeigen einige Bereiche der Tourismuswirtschaft ein deutlich überdurchschnittliches Wachstum (z.B. der Kreuzfahrtmarkt), während sich andere Teilmärkte in der Krise befinden (z.B. der Kurtourismus). Vor dem Hintergrund der Tatsache, dass der Tourismus eine Querschnittsbranche ist, ist es einerseits schwierig, den touristischen Gesamtmarkt abzugrenzen. Daraus resultiert als weitere Schwierigkeit, die ökonomische Bedeutung des Tourismus für die Gesamtwirtschaft abzuschätzen. Andererseits zeigt sich der touristische Markt keineswegs als homogener Markt, sondern kann sowohl auf der Angebots-, als auch auf der Nachfrageseite in verschiedene Teilmärkte differenziert werden. Diese Differenzierung in einzelne Teilmärkte (Marktsegmente) und ihren Besonderheiten ist sinnvoll, um Erfolgs- und Misserfolgsfaktoren, regionale Besonderheiten sowie aktuelle und zukünftige Trends abschätzen zu können.

1.1 Allgemeine Einführung zur Abgrenzung von touristischen Teilmärkten (Marktsegmenten)

Abgrenzung von Märkten

Der touristische Markt lässt sich – wie viele andere Märkte auch – in unterschiedlicher Weise abgrenzen (Makroabgrenzung) bzw. weiter in sich differenzieren (Mikroabgrenzung). Die Makroabgrenzung erfolgt insbesondere nach räumlichen, zeitlichen und sachlichen (produktspezifischen) **Abgrenzungskriterien.** Als Resultat der Marktabgrenzung gewinnt man Informationen über das Marktvolumen (z.B. Umsatz, Zahl der Anbieter bzw. Nachfrager oder Zahl der Beschäftigten). Weiterhin werden oft zusätzlich betriebsspezifische sowie Angebots- und Nachfrageaspekte zur Mikroabgrenzung berücksichtigt. Meist werden also verschiedene Kriterien zur Abgrenzung eines Marktes zusammen betrachtet (vgl. Freyer 2015, S. 375f.).

Stichwort

Allgemeine Kernfragen zu den Abgrenzungskriterien für Märkte:

- Räumlich: Sollen meine Produkte/Leistungen auf einem lokalen, regionalen, internationalen oder globalen Markt angeboten werden? Welches ist mein potentielles Einzugsgebiet?
- Zeitlich: Wann biete ich meine Leistungen an? Ganzjährig, saisonal oder am Wochenende?
- Sachlich: Mit welchen Produkten/Leistungen trete ich in den Wettbewerb?

Hartmann 2018, S. 96

Angebots- und Nachfrageseite

Wie in allen Wirtschaftsbereichen spielen auch in der Tourismuswirtschaft Angebots- und Nachfrageseite zentrale Rollen. Um auf dem touristischen Markt, auf dem Angebot und Nachfrage aufeinandertreffen, möglichst erfolgreich zu sein, sollten beide Seiten aufeinander abgestimmt werden. Entsprechend dem ökonomischen Grundmodell (vgl. Schmude & Namberger 2015, S. 29) muss die Angebotsseite entweder touristische Angebote bereitstellen, für die bereits eine ausreichend große Nachfrage besteht oder sie muss die Nachfrage durch Bewerbung der Produkte beim Nachfrager wecken. Andererseits kann es auch durch die Bedürfnisse von Konsumenten und die daraus resultierende Nachfrage zur Herstellung und zum Angebot neuer touristischer Produkte kommen. Entsprechend kann die Marktabgrenzung anhand verschiedener Kriterien und Perspektiven (Anbieter, Produkte bzw. Dienstleistungen, Nachfrager) erfolgen.

Ziel von Segmentierung

Wird im Tourismus von Segmentierung gesprochen, so ist allerdings überwiegend die Nachfrageseite gemeint (vgl. 1.3). Aber auch die Angebotsseite kann in verschiedene Marktsegmente strukturiert werden (vgl. 1.2). Ziel der Segmentierung ist in beiden Fällen, genauere Kenntnisse über den touristischen Markt zu erhalten, die Angebote einer Tourismusdestination entsprechend ihres ursprünglichen und abgeleiteten Angebots (vgl. Schmude & Namberger 2015, S. 30) zu gestalten oder die Zielgruppenansprache der (potentiellen) Touristen zu optimieren. Hiermit verfolgen die touristischen Leistungsträger das Ziel, die Streuverluste (z.B. beim Marketing) durch eine möglichst exakte Zielgruppenansprache gering zu halten. In diesem Zusammenhang wird auch von der Scharfschützenmethode gesprochen, die es im Gegensatz zur Schrotflintenmethode ermöglichen soll, die anvisierte(n) Zielgruppe(n) möglichst exakt abzugrenzen und für ein Produkt zu bewerben bzw. gewinnen zu können. Eine strategische Marktsegmentierung der Angebots- und Nachfrageseite bringt u.a. folgende Vorteile mit sich (AWS 2014):

- effektive Konzentration auf die vorhandenen Marketing-Ressourcen,
- identifizieren von Marktnischen,
- optimale Erreichbarkeit der wichtigsten Zielmärkte.

Allerdings müssen hierzu einige Voraussetzungen erfüllt sein. So sollten die Eigenschaften der (potentiellen) Nachfrager bzw. des Marksegments durch Methoden der Marktforschung messbar sein. Zudem muss es sich um ein Marktsegment handeln, das ein ausreichendes Potential bietet und somit die Marktbearbeitung rechtfertigt. Die verwendeten Segmentierungskriterien müssen dabei Ansatzpunkte für eine gezielte Marktbearbeitung (z.B. durch Kommunikations- und Distributionspolitik) bieten. Die identifizierten Marktsegmente sollten aus ökonomischer Perspektive eine gewisse Stabilität (Laufzeit) aufweisen, so dass sich der Einsatz absatzpolitischer Instrumente rentiert.

Allgemeine Voraussetzungen zur Segmentierung

Diese allgemeinen Ausführungen zur Segmentierung von Märkten gelten auch für die Tourismuswirtschaft und ihre Akteure auf der Angebots- und Nachfrageseite (touristische Leistungsträger und Touristen). Daher widmen sich der nachfolgende Abschnitt zunächst der Segmentierung der Angebotsseite (vgl. 1.2), bevor auf die Segmentierung der Nachfrageseite (vgl. 1.3) eingegangen wird.

1.2 Segmentierung der Angebotsseite

Für eine Segmentierung der Angebotsseite ist die genaue Kenntnis der anbietenden und in Konkurrenz stehenden Marktteilnehmer und ihrer Produkte notwendig, um ggf. komparative Wettbewerbsvorteile zu realisieren. Diese Strukturen müssen vor dem Hintergrund der Entwicklung des Gesamtmarktes und seiner Strukturen analysiert werden.

Voraussetzung zur Segmentierung der Angebotsseite

Die Entwicklung des modernen Tourismus zu einem globalen Phänomen ist u.a. gekennzeichnet durch die sukzessive Ausweitung des touristischen Aktionsraumes der Nachfrageseite. Ausgehend von den Städten als Ziele der Grand Tour werden unterschiedliche Kultur- und Naturräume vom Tourismus erschlossen. Diese Raumtypen können etwa nach Städten, Küsten, Hochgebirgen, ländlichen Räumen und Mittelgebirgen sowie Industrieregionen unterschieden werden (vgl. Steinecke 2011, S. 114). Bei der sukzessiven Erschließung des Raums durch den Tourismus (vgl. Gormsen 1983, S. 613) nimmt die Distanzüberwindung eine entscheidende Rolle, die u.a. durch technische Entwicklungen (z.B. Flugzeug) und hieraus resultierenden sinkenden Mobilitätskosten erleichtert wird. Entsprechend verändert sich auch die Angebotsseite im Tourismus.

Touristischer Aktionsraum

Die Analyse der touristischen Produkte und Dienstleistungen auf der Anbieterseite, aber auch ganzer Marktsegmente und Destinationen, kann mit verschiedenen Instrumenten durchgeführt werden. Hierzu zählen u.a. die Lebenszyklus-, die Portfolio- oder die SWOT-Analyse (vgl. Schmude & Namberger 2015, S. 55ff.). Diese Analysemethoden sind u.a. für die Marktpositionierung und ihrer Überprüfung durch die Anbieter touristischer Leistungen von Bedeutung, denn für touristische Leistungsträger wie Destinationen oder Rei-

Methoden zur Marktanalyse

severanstalter stellt sich die Frage nach der für sie „richtigen" Marktbearbeitungsstrategie.

Marktbearbeitungsstrategien

Hierbei lassen sich fünf Grundformen der Marktabdeckung mit unterschiedlichem Spezialisierungsgrad unterscheiden. Entscheidend sind das gewählte Marktsegment, in dem der Anbieter aktiv ist, sowie das von ihm angebotene Produkt. Dabei müssen sich die Anbieter nicht zwingend auf ein einziges Marktsegment oder ein bestimmtes Produkt festlegen, sondern können durchaus mehrere Marktsegmente bedienen bzw. mehrere Produkte anbieten (vgl. Abb. 1.1). Allerdings ist darauf zu achten, dass die ausgewählten Marktsegmente und Produkte resp. deren Konsumenten „kompatibel" sind, um Konflikte zwischen den verschiedenen Zielgruppen zu vermeiden. Die Marktabdeckungsstrategien reichen von einer Nischenstrategie mit dem höchsten Spezialisierungsgrad bis hin zu einer Gesamtmarktabdeckung. Entsprechend der gewählten Marktabdeckungsstrategie variiert auch das Nachfragepotential und oftmals ist auch die Produktionsweise davon abhängig. So können etwa bei Produktion für einen touristischen Massenmarkt Skaleneffekte realisiert werden. Im Reiseveranstaltermarkt bedeutet dies beispielsweise, dass die großen Pauschalreiseveranstalter (z.B. TUI oder DER Touristik) durch die „Produktion" einer großen Zahl von Reisen u.a. geringere Produktionskosten je Stück haben (economies of scale) und sie auf Grund der hohen Stückzahl trotz geringer Marge je Reise Gewinne realisieren können. Zwar streben auch die großen Reiseveranstalter zunehmend eine Diversifizierung ihres Produktportfolios an, dennoch sind sie weitgehend fordistisch geprägt. Dagegen agieren kleine, spezialisierte Reiseveranstalter überwiegend in Nischenmärkten und realisieren je verkaufter Reise deutlich höhere Margen. Darauf weist auch der je Kunde (Pax) realisierte Umsatz hin, der bei Spezialreiseveranstaltern deutlich höher ausfällt als bei den klassischen Pauschalreiseanbietern (vgl. Kagermeier 2016, S. 90).

Abb. 1.1 Grundformen der Marktbearbeitungsstrategien (eigene Darstellung nach Hartmann 2018, S. 155)

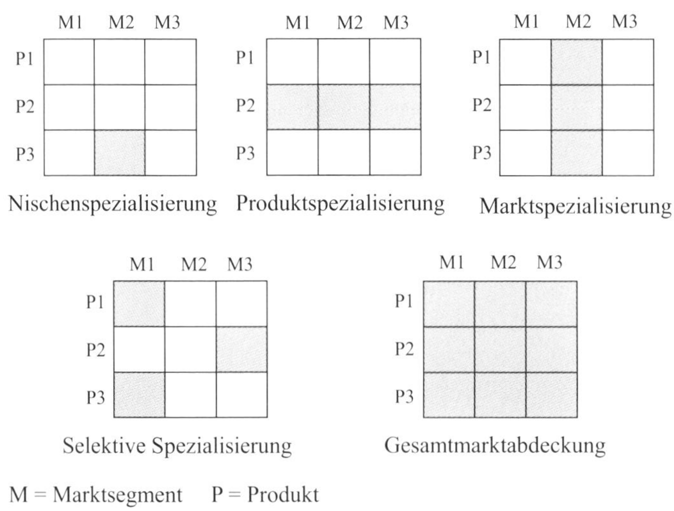

Tages- und Übernachtungstourismus

Bei der Analyse des touristischen Marktes wird oftmals zunächst grundlegend zwischen übernachtendem und **Tagestourismus** unterschieden. Beide Bereiche sind dem Tourismus zuzurechnen, wobei der Tagestourismus (oft synonym auch als **Tagesreisen** oder Naherholung bezeichnet) vielfach ausgeblendet wird, da seine statistische Erfassung große Schwierigkeiten bereitet. Während der übernachtende Tourismus in Deutschland durch die Monatserhebung im Tourismus (Beherbergungsstatistik) sowie die Statistik über die touristische Nachfrage im Rahmen der amtlichen Statistik regelmäßig dokumentiert wird (zumindest in Beherbergungsbetrieben mit mindestens zehn Betten) (vgl. Schmude & Namberger 2015, S. 14ff.), liegen für den Tagestourismus lediglich Stichprobenerhebungen vor. Systematisch erhebt der dwif-Tagesreisenmonitor (ebenfalls auf der Basis einer Stichprobenerhebung) seit dem Jahr 2016 Informationen zum Tagestourismus in Deutschland (vgl. dwif 2018).

Stichwort

Tagesreisen bzw. Tagestourismus

+ Verlassen des Wohnumfeldes, mit dem keine Übernachtung verbunden ist …
- keine Fahrt von oder zur Schule, zum Arbeitsplatz oder zur Berufsausübung
- keine Einkaufsfahrt zur Deckung des täglichen Bedarfs
- unterliegt nicht einer gewissen Routine oder Regelmäßigkeit

dwif 2018

Auch bei der vielfach vorgenommenen Unterscheidung von geschäftlich und privat motivierten Reisen handelt es sich um eine relativ grobe Differenzierung des touristischen Marktes. Beide Teilbereiche können in unterschiedlichem Detailierungsgrad weiter segmentiert werden.

Geschäftsreisetourismus

Die geschäftlich motivierten Reisen sind Bestandteil des Arbeitslebens, erfolgen im Interesse des Arbeitgebers und somit in gewissem Sinne nicht freiwillig. Sie sind Teil der Arbeitszeit. Während der Geschäftsreisen wird eine Arbeitsleistung erbracht, private Interessen sind sekundär, wobei Geschäftsreisen durchaus auch mit (anschließenden) Privatreisen verknüpft werden können. Zum Geschäftsreisebereich zählt aber nicht mehr nur die klassische Geschäftsreise von Mitarbeiter von Unternehmen und/oder Organisationen, sondern der Geschäftsreisebereich umfasst mindestens vier weitere Segmente, die unter dem Begriff MICE zusammengefasst werden: Meetings (Tagungen), Incentives (Anreiz- und Belohnungsreisen), Conventions (Kongresse) und Exhibitions (Ausstellungen) bzw. Events (Veranstaltungen) (vgl. Freyer 2015, S. 107ff.) Wesentlich ist, dass sich die Geschäftsreisenden bzgl. ihrer Reisemotivation und ihres Reiseverhaltens deutlich von Privatreisenden unterscheiden. Im Gegensatz zu den Geschäftsreisen erfolgen Privatreisen, die verschiedene Formen und Arten aufweisen können und denen sehr unterschiedliche touristische

Aktivitäten zu Grunde liegen, in der Regel freiwillig. Sie sind Teil der Dispositionszeit.

Beispiele für Marktsegmente des Tourismus

Je nach Differenzierungsgrad kann eine unterschiedliche Zahl von Marktsegmenten ausgewiesen werden. So stellt etwa der Tourismusatlas Deutschland unter dem Titel „Themen - Arten -Aktivitäten“ (vgl. Eisenstein et al. 2017, S. 60 ff.) insgesamt 19 für Deutschland relevante Marksegmente des Tourismus vor:

- Familienurlaub
- Naturtourismus
- Wandertourismus
- Radtourismus
- Reittourismus
- Tourismus am und auf dem Wasser
- Golftourismus
- Gartentourismus
- Kulturtourismus
- Volksfeste und Brauchtumsveranstaltungen
- Themen-, Freizeit- und Erlebnisparks und Zoologische Gärten
- Eventtourismus
- Shoppingtourismus
- Kulinarischer Tourismus
- Wein und Tourismus
- Slow Tourism
- Spiritueller Tourismus
- Gesundheitstourismus
- Wellnesstourismus

Diese Übersicht subsummiert sowohl große, eher allgemein abgegrenzte (z.B. Kulturtourismus) als auch eher kleine Marktsegmente (z.B. Gartentourismus). Wie auch bei anderen Autoren sind in dieser Zusammenstellung die einzelnen Marktsegmente nicht immer trennscharf abzugrenzen (z.B. Natur- und Wandertourismus), was u.a. daran liegt, dass einzelne hier ausgewiesene Marktsegmente auch als Konzept verstanden werden können, das in verschiedenen Marktsegmenten zur Anwendung kommen kann (z.B. Slow Tourism im Bereich des spirituellen oder kulinarischen Tourismus). Zudem erhebt diese Zusammenstellung keinen Anspruch auf Vollständigkeit und könnte etwa durch das Marktsegment des Kreuzfahrttourismus, für das Deutschland eines der wichtigsten Herkunftsgebiete der Nachfrager ist, ergänzt werden.

Charakteristika von Reisen

Eine weitere Möglichkeit, Marktsegmente abzugrenzen, bieten verschiedene Charakteristika von Reisen, wobei oftmals mehrere der Eigenschaften kombiniert verwendet werden, um ein Marktsegment zu charakterisieren oder abzugrenzen. Zu den Eigenschaften gehören u.a.

- der Hauptverkehrsträger (z.B. erdgebundene vs. nicht erdgebundene Reisen), z.B. Flugreisen;
- die überwundene Distanz (z.B. kurze vs. große Distanz zwischen Quell- und Zielgebiet), z.B. Fernreisen;
- die hauptsächliche Aktivität während der Reise (z.B. Erholung, Sport, Shopping etc.), z.B. Radreisen;
- die anvisierte Zielgruppe nach Gruppenkonstellation (z.B. Singles, Familien, Paare etc.), z.B. Single-Reisen
- die sexuelle Orientierung der Nachfrager (z.B. Lesben, Schwule, Transgender); z.B. LBGTQ-Reisen;
- etc.

Unabhängig von der gewählten Segmentierung ist allen Abgrenzungsverfahren gemein, dass sie eine genaue Kenntnis der Nachfrager benötigen, d.h. Kenntnis über die Erwartungen der (potentiellen) Kunden, über ihr Kauf-, Freizeit- und Urlaubsverhalten u.v.m. Daher gilt es für die touristischen Leistungsträger, aus der Gesamtheit aller Marktteilnehmer auf der Nachfrageseite die geeignete(n) Zielgruppe(n) möglichst genau zu identifizieren. Für dieses Unterfangen ist die Segmentierung der Nachfrageseite ein oft praktiziertes Vorgehen.

1.3 Segmentierung der Nachfrageseite

Stichwort

„Every tourist is different, bringing a unique blend of experiences, motivations and desires. Tourism is increasingly following the trend of other industries towards customising.“

Fletcher at al. 2008, S. 672

Abgrenzung der touristischen Nachfrage

Auch auf der Nachfrageseite wird zunächst eine Gesamtabgrenzung vorgenommen, nach der bestimmte Personenkreise nicht dem Tourismus zuzurechnen sind (z.B. Nomaden, Diplomaten oder Einwanderer) und u.a. seitens der amtlichen Statistik nicht als Touristen erfasst werden (vgl. Spörel 2003). Die als Touristen identifizierten Personen werden ihrerseits durch zahlreiche verschiedene Ansätze segmentiert. Unter der Berücksichtigung interner und externer Einflussgrößen (vgl. Freyer 2015, S. 74) lassen sich die meisten Segmentierungsansätze mindestens einem der folgenden Aspekte zu ordnen.

Einflussgrößen auf Segmentierungsansätze

- Motiv und Motivation: u.a. intrinsische oder extrinsische Auslöser der Reise, unterschiedliche Motive (z.B. geschäftlich, erholungs- und/oder gesundheitsorientiert),

- Reise(entscheidungs)verhalten: u.a. Informations- und Buchungsverhalten sowie Reiseorganisationsform, Reisehäufigkeit, -dauer etc.,
- Soziodemographie bzw. Sozioökonomie: u.a. Alter, Geschlecht, Familienstand, Einkommen, Beruf, Ausbildung etc.,
- Lebens- und Konsumstil: u.a. mehrdimensionale Abgrenzung einstellungs- und verhaltensähnlicher Gruppen (z.B. Sinus-Milieus), Lifestyletypen etc.,
- Lebensphase: u.a. Abgrenzung nach Alter, Familienstand, Kinderzahl, etc.,
- geographische Merkmale: u.a. Herkunft von der Makroebene (z.B. Staat oder Bundesland) bis zur Mikroebene (z.B. Stadtteil oder Straße), Herkunft nach Nielsen-Gebieten, Zielgebietspräferenz etc.

Eine Segmentierung der Nachfrageseite ist also notwendig, da sich die Nachfrager (Touristen) hinsichtlich ihrer Bedürfnisse, Wünsche und Erwartungen sehr stark unterscheiden. Sie wählen (in der Regel) den Anbieter, der die für ihre Bedürfnisse, Wünsche und Erwartungen (subjektiv) optimalen Angebote bietet. Entsprechend lassen sich die Nachfrager zu Gruppen zusammenfassen, die oftmals ein **Marktsegment** darstellen.

Stichwort

Marktsegment

Ein Marktsegment bezeichnet eine Gruppe von Abnehmern mit gleichen und/oder ähnlichen Bedürfnissen und damit auch ähnlichen Reaktionen auf den Einsatz von spezifischen Marketinginstrumenten.

Bieger 2010, S. 126

Differenzierung der touristischen Nachfrage

Die zunehmende Differenzierung der touristischen Nachfrage macht es für die touristischen Leistungsträger zunehmend schwieriger, ihre (potentiellen) Kunden einzuschätzen. Diese sind unmittelbar mit unterschiedlichen Erscheinungsformen bzw. Marktsegmenten des Tourismus verbunden (vgl. Schmude & Namberger 2015, S. 63), wobei die Segmentierung der Nachfrager in den einzelnen Marktsegmenten durchaus nach unterschiedlichen Kriterien erfolgen kann, was allerdings die Vergleichbarkeit der Befunde zwischen verschiedenen Marktstudien erschwert. Selbst innerhalb eines Marktsegments (z.B. Kreuzfahrtmarkt) nutzen nicht alle Anbieter die gleichen Kriterien zur Kategorisierung ihrer Produkte oder Nachfrager (vgl. Schulz & Auer 2010, S. 84ff.).

Touristentypologien

Um diese Komplexität auf der Nachfrageseite zu reduzieren bzw. zu vereinfachen, werden bereits seit den 1970er Jahren häufig Urlauber-Typologien verwendet, denen oftmals Lebensstil-Typen zu Grunde liegen (vgl. Schmude & Namberger 2015, S. 64ff.). Eine relativ junge Typologie stellt das Konzept des

„Touristen von heute" dar, der sich u.a. durch große Reisekompetenz (z.B. auf Grund seiner Reiseerfahrung), spezifische Wertvorstellungen (z.B. Erlebnisorientierung, Gesundheits- und/oder Umweltbewusstsein), veränderte Rahmenbedingungen (z.B. flexiblere Arbeitszeiten oder kleinere Haushalte) sowie ein verändertes Konsumverhalten (z.B. Affinität zu neuen Medien und/oder reduzierte Markentreue) charakterisieren lässt (vgl. Freyer 2015, S. 107). Es ist zu beachten, dass Touristentypologien keine starren, dauerhaft gültigen Segmentierungen darstellen (vgl. Steinecke 2018, S. 71). Sie können zwar für eine zielgruppenspezifische Ansprache der Nachfrager (etwa im Rahmen von Marketingmaßnahmen) genutzt werden, unterliegen jedoch einem zeitlichen Wandel und müssen daher – wie Typologien zur Segmentierung der Gesamtbevölkerung (z.B. Sinus-Milieus) – immer wieder angepasst werden.

Hybride Touristen

Insgesamt zeigen die Konsumenten ein zunehmendes wechselhaftes Konsumverhalten. Dieses auch als hybrides Verhalten bezeichnete Agieren erschwert es der Anbieterseite, die Nachfrageseite und ihr Marktverhalten einzuschätzen (vgl. Boztug et al. 2015). Ursache hierfür ist einerseits die zunehmende Ausdifferenzierung der Reisemotive (z.B. Erholung, Kultur, Sport, Shopping), andererseits die damit in Wechselbeziehung stehende zunehmende Ausdifferenzierung der touristischen Angebote. Hieraus resultiert der hybride, multioptionale Tourist (vgl. Schmude & Namberger 2015, S. 70 und 81), dessen Konsumverhalten „sprunghaft" ist und der eine deutlich reduzierte Destinations- und/oder Markentreue aufweist. Konsequenz hieraus ist u.a., dass Stammkunden und sog. Wiederkäufer an Bedeutung verlieren (Rajtajczak & Jockwer 2016) und sich das Konsumentenverhalten der Nachfragegruppen unterschiedlicher Marktsegmente (und auch innerhalb eines Marktsegments) deutlich voneinander unterscheidet.

1.4 Fazit

Notwendigkeit zur Segmentierung …

… und ihre Folgen

Erst die Identifikation und Abgrenzung von Marktsegmenten ermöglicht die Entwicklung zielgruppenspezifischen Marketingstrategien. Hierzu ist die exakte Kenntnis der Angebots- und Nachfrageseite notwendig. Die direkte Ansprache der Zielgruppe(n) ist in wettbewerbsintensiven Märkten wie dem Tourismus ein erfolgsrelevanter Aspekt. Allerdings liegen die Grenzen der Marktsegmentierung auf der Angebotsseite in einer limitierten Erfassbarkeit bzw. Abgrenzbarkeit von Marktsegmenten sowie nachfragebezogen in dem nur annäherungsweisen Verständnis des aktuellen und zukünftigen (Kauf-)Verhaltens von Menschen. Die hiermit verbundene Ausdifferenzierung der Konsumentennachfrage macht es zunehmend schwieriger, den Konsumenten einem Segment zuzuordnen. In der Folge entstehen immer kleinteiligere Zielgruppen, die zu immer kleineren Marktsegmenten führen. In diesem Zusammenhang wird auch (nicht nur im Tourismus) von der Atomisierung der Zielmärkte gesprochen (vgl. Jelinek 2013).

Aufbau des Lehrbuchs

Diese Entwicklung ist auch in der Tourismuswirtschaft zu beobachten. Allerdings existieren neben eher kleinen Marktsegmenten (z.B. Filmtourismus) durchaus auch noch größere Marktsegmente (z.B. Kreuzfahrttourismus). Entsprechend hat das Lehrbuch zum Ziel, die Angebots- und Nachfrageseite für fünf ausgewählte Marktsegment zu analysieren. Hierzu wird jeweils zunächst auf die Voraussetzungen bzw. grundlegenden Strukturen der ausgewählten Marktsegmente eingegangen, bevor jeweils die angebots- und Nachfrageseite analysiert werden. Ein Ausblick zur zukünftigen Entwicklung der Marktsegmente und die an sie gestellten Herausforderungen schließt die Vorstellung der einzelnen Marktsegmente ab. Dass die Vielzahl der existierenden Marktsegmente des Tourismus in diesem Lehrbuch nicht vollständig berücksichtigt werden kann, liegt auf der Hand. Die Auswahl der Marktsegmente orientiert sich an verschiedenen Aspekte: So werden nach Teilnehmerzahlen große (vgl. Kap. 2 und Kap. 3) sowie eher kleinere und spezielle Marktsegmente (vgl. Kap. 4 bis Kap. 6) vorgestellt. Mit dieser Auswahl ist auch gewährleitet, dass sowohl seit vielen Jahren prosperierende und eher in ihrer Reifephase befindliche als auch sich erst in jüngerer Zeit dynamisch entwickelnde Marktsegmente berücksichtigt werden. Dabei konzentriert sich die Darstellung bei allen behandelten Marktsegmenten – insbesondere in Hinblick auf die Nachfrageseite – mit wenigen Ausnahmen auf Deutschland. Ebenso ist offensichtlich, dass die Darstellung der hier behandelten Marktsegmente eher einen Überblickscharakter aufweist und nicht als „Pendant" zu den zahlreichen Lehrbüchern gesehen werden kann, die sich jeweils auf ein Marktsegment konzentrieren. Durch Literaturhinweise können weiterführende Fragen und Probleme der jeweiligen Marktsegmente im Selbststudium erarbeitet werden. Grundsätzlich können die für die hier ausgewählten Marktsegmente eingesetzte Methoden auch auf andere Marktsegmente des Tourismus übertragen werden. ■

Fragen und Übungen

1. Erläutern Sie die Begriffe „Nischenspezialisierung", „Marktspezialisierung" sowie „selektive Spezialisierung" und geben Sie Beispiele für Anbieter, die diese Marktbearbeitungsstrategien verfolgen.
2. Diskutieren Sie verschiedene Segmentierungsansätze für die touristische Nachfrage und ordnen Sie den identifizierten Teilmärkten bestimmte touristische Zielgruppen zu.
3. Stellen Sie die Unterschiede und Charakteristika von Geschäfts- und Privatreisen dar und recherchieren Sie die „Größe" dieser Teilmärkte für Deutschland.

Literaturhinweise

Eisenstein, B.; Schmudde, R.; Reif, J.; Eilzer, C. (2017): Tourismusatlas Deutschland. Konstanz und München. S. 60–97.
Kompakte graphische und kartographische Darstellung der aktuellen Strukturen in ausgewählten Tourismussegmenten in Deutschland.

Freyer, W. (2015): Tourismus. Eine Einführung in die Fremdenverkehrsökonomie. Berlin, München, Boston. S. 99–113.
Übersicht zur Typologisierung der Tourismusnachfrage unter besonderer Berücksichtigung von Urlaubs- und Geschäftsreisenden.

Hartmann, R. (2018): Marketing in Tourismus und Freizeit. München. S. 133–178.
Darstellung gängiger Segmentierungsmethoden allgemein, die auch in der Tourismuswirtschaft zur Anwendung kommen.

Schmude, J.; Namberger, Ph. (2015): Tourismusgeographie. Darmstadt. S. 14–21 sowie S. 62–67.
Überblick zur statistischen Erfassung des Tourismus in Deutschland sowie zu den Segmentierungsmöglichkeiten der touristischen Nachfrage.

2 Fahrradtourismus: Erfolgreiches Marktsegment mit Sättigungserscheinungen

Überblick

Fahrradfahren erlebt in Deutschland spätestens seit den 1990er Jahren eine Renaissance und dies gilt sowohl für das Fahrrad als Fortbewegungsmittel im Alltag, als auch auf Reisen. Diese Entwicklung beruht u. a. auf einem gestiegenen Gesundheits- und Umweltbewusstsein der bundesdeutschen Bevölkerung. Zudem gilt Fahrradfahren als nachhaltige, individuelle Form des Reisens. Fahrradtouristen bewegen sich ständig fort, was ihre Verteilung in der Fläche fördert, so dass ein massenhaftes Auftreten von Fahrradtouristen eher die Ausnahme ist (z. B. auf hochfrequentierten Streckenrouten). Nicht zuletzt auf Grund der Entwicklung zu einem Wachstumsmarkt versuchen viele Destinationen, sich in diesem Marktsegment zu positionieren, was zu einem verschärften Wettbewerb führt. Daher nimmt der Druck auf die Angebotsseite und ihre touristischen Leistungsträger zu, nachfrageorientierte und zielgruppenspezifische Produkte zu entwickeln, um sich gegenüber Wettbewerbern abzugrenzen. Fahrradtourismus ist sowohl für städtische, aber insbesondere auch für ländliche Regionen ein attraktives Marktsegment.

2.1 Zur Entwicklung des Fahrradfahrens in Deutschland: Von den Anfängen des Fahrrads bis zum Marktsegment Fahrradtourismus

Entwicklung des Fahrrads

Während der Fahrradtourismus ein relativ junges Phänomen ist, das sich erst seit dem letzten Viertel des 20. Jahrhunderts sehr dynamisch entwickelt, kann das Fahrrad als Fortbewegungsmittel auf eine durchaus lange Geschichte zurückblicken (vgl. Rosenau 2011, S. 25). Den Ausgangspunkt bilden Anfang des 19. Jahrhunderts erste Laufräder (Jungfernfahrt am 12. Juni 1817 von Karl Freiherr von Drais von Mannheim nach Schwetzingen; vgl. DESTATIS 2017). Eine wesentliche Weiterentwicklung stellt der am Vorderrad angebrachte Tretkurbelantrieb dar, wie er insbesondere bei den in der Folgezeit entwickelten Hochrädern Verwendung findet. Diese sind allerdings wegen ihres hohen Schwerpunkts sehr unfallträchtig. Mit der Übertragung des bereits bekannten Kettenantriebs auf das Fahrrad mit zwei gleich großen Rädern erfolgt 1885 durch den Hinterradkettenantrieb ein weiterer wesentlicher Entwicklungsschritt. Nachdem drei Jahre später als weitere Neuerung der von J.B. Dunlop entwickelte luftgefüllte Reifen genutzt wird, ist das Fahrrad in seiner heute bekannten Funktionsweise mehr oder weniger „fertig“ entwickelt. In seiner Grundform ist das Fahrrad seitdem weitgehend unverändert geblieben, von einzelnen Produktmodifikationen (im Sinne einer Produktdifferenzierung) abgesehen. So wird 1980 durch Gerry Fischer, Joe Breeze und Charles Kelley in den USA das erste Mountainbike entwickelt und 1992 das erste E-Bike in der Schweiz vorgestellt. Diese Produktmodifikationen führen jeweils zu einem erneuten Aufschwung im Produktlebenszyklus des Fahrrads. Dass sich das Fahrrad in einem fortgeschrittenen Stadium seines Produktlebenszyklus befindet, lässt sich u.a. an seiner immer stärkeren Diversifizierung feststellen. So existieren heute eine Vielzahl unterschiedlicher Fahrradtypen wie Cityräder, Trekkingräder, Mountainbikes, Rennräder, Pedelecs und Elektroräder sowie weitere Sonderformen wie z.B. Tandems oder Liegeräder (vgl. Rosenau 2011, S. 15f.).

Nutzungen des Fahrrads

Mit der geschichtlichen Entwicklung des Fahrrads geht auch ein Wechsel seiner Nutzung einher. Während insbesondere in der Anfangszeit (Inventionsphase) das Fahrrad zur Freizeitbeschäftigung von höheren Bevölkerungsschichten sowie nachfolgend für Botenfahrten in Unternehmen und beim Militär genutzt wird, ist es im Laufe des 20. Jahrhunderts auch Sportgerät im Rahmen von Wettfahrten (z.B. der Tour de France ab 1903). In seiner Expansionsphase erhält das Fahrrad schließlich immer mehr den Charakter eines Massenverkehrsmittels. Zwar verliert es mit der individuellen Motorisierung nach dem Zweiten Weltkrieg als Transportmittel wieder an Bedeutung, doch die Zahl der Fahrräder steigt auch in dieser Zeit noch weiter an: Anfang der 1970er Jahre gibt es erstmals mehr als 20 Mio. Fahrräder in Deutschland (vgl. Abb. 2.1). Auch in den folgenden Jahrzehnten nimmt der Fahrradbestand weiter zu. Gegen Ende des 20. Jahrhunderts geht dieser anhaltende Anstieg nicht zuletzt auf das zunehmende Gesundheits- und Umweltbewusstsein der Bevölkerung zurück. Zudem sorgen die zunehmenden Verkehrsprobleme in den Städten dafür, dass das Fahrrad auch im Bereich der Alltagsmobilität eine Renaissance erlebt. Erst in der jüngsten Zeit kommt es zu einer gewissen Sättigung und der Bestand beläuft sich im Jahr 2018 in Deutschland auf rund 72,2 Mio. Fahrräder (vgl. Abb. 2.1). Damit sind in Deutschland im Jahr 2018 rund 80% der Haushalte mit durch-

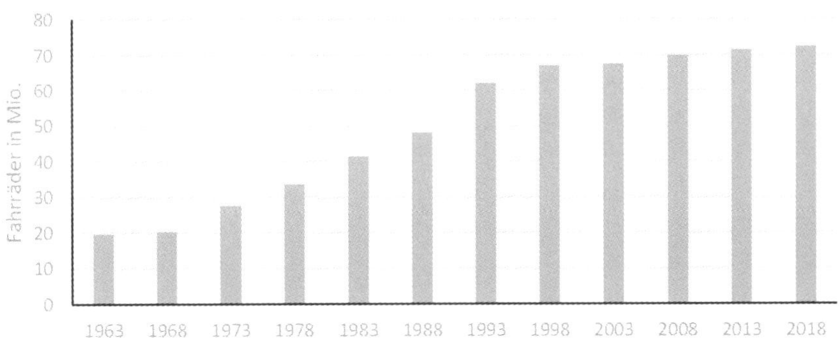

Abb. 2.1 Entwicklung des Fahrradbestandes in Deutschland von 1963 bis 2018 (ab 1993 alte und neue Bundesländer) (Eigene Darstellung nach UPI 2000 und DESTATIS 2019).

schnittlich 1,8 Fahrrädern ausgestattet, wobei die Ausstattung mit zunehmendem Einkommen und steigendem ökonomischem Status der Haushalte zunimmt (vgl. bmvit 2013, S. 24f.).

Fahrrad und Freizeit

Es kann also festgestellt werden, dass Fahrräder einerseits (wieder) verstärkt für die Alltagsmobilität, andererseits aber auch für Freizeit und Urlaub eingesetzt werden. Der Nutzungswandel in der zweiten Hälfte des 20. Jahrhunderts geht mit einer Verschiebung von der reinen Zweckmobilität hin zur gleich wichtigen Freizeit- und Urlaubsmobilität einher. So wird nach Sinus (2011, S. 28) bereits im Jahr 2008 nur noch bei rund der Hälfte der Fahrten das Fahrrad als „reines Verkehrsmittel" genutzt, während es für die andere Hälfte der Fahrten zur „Freizeitbeschäftigung" eingesetzt wird. Dabei ist die Nutzungsfrequenz im Alltag gegenüber der Freizeitnutzung erwartungsgemäß höher.

Bei der Freizeitgestaltung genießt das Fahrradfahren insgesamt einen hohen Stellenwert und zählt nach dem Freizeit-Monitor 2018 zu den am häufigsten ausgeübten sportlichen Aktivitäten in der Freizeit (vgl. Stiftung für Zukunftsfragen 2018). Auch im Urlaub ist das Fahrradfahren von großer Bedeutung. So gehört es seit vielen Jahren auch auf Urlaubsreisen nach Baden, leichten sportlichen Aktivitäten und Wandern zu den am häufigsten ausgeübten Aktivitäten (vgl. Tab. 2.1). In der Folge hat auch die Zahl der Fahrradreisen laut der Radreiseanalyse des ADFC im Jahr 2018 mit 5,5 Mio. Radreisen einen neuen Spitzenwert erreicht. Ihre Zahl hat sich seit 1999 (1,9 Mio. Radreisen) mehr als verdoppelt und auch die Zahl der Tagesausflüge weist seit Jahren eine deutlich steigende Tendenz auf (2018: 258 Mio. Tagesausflüge) (vgl. ADFC 2019, S. 7).

Tab. 2.1 Beliebteste Urlaubsaktivitäten der deutschen Bevölkerung nach der Reiseanalyse (RA) in den Jahren 2010 bis 2012, 2013 bis 2016 sowie 2016–2018 (FUR 2019, S. 97).

Aktivität „Sport und Bewegung"	RA 2013 (2010–2012)	RA 2016 (2013–2015)	RA 2019 (2016–2018)
Baden im See oder im Meer	61	61	64
Baden im Swimming-Pool	42	43	49
Leichte sportliche Aktivitäten	37	35	40
Wanderungen	36	31	33
Fahrradfahren	19	17	21

Fahrrad und Tourismus

Es zeigt sich also die hohe Relevanz des Radfahrens auch für den Tourismus. Dabei ist der allgemeinen Definition von Sport folgend Fahrradfahren als Sport bzw. sportliche Aktivität einzuordnen, wenn damit einem Selbstzweck (z.B. Spaß oder Gesundheit als Motiv) dienende körperliche, freiwillige und bewusste Betätigung vorliegt. Das Radfahren zur Arbeit oder zum Einkaufen wird somit in diesem Zusammenhang ausgeschlossen. Dies erlaubt eine Abgrenzung von der mit dem Fahrrad verbundenen Alltagsmobilität. Diese Abgrenzung vom alltäglichen Radfahren genügt „zur Verortung des Radfahrens im Sinne des Tourismus" (Dreyer et al. 2012, S. 3). Wird die allgemein anerkannte Definition von Tourismus (vgl. UNWTO 1993 zitiert nach DESTATIS 2007) mit der Aktivität des Fahrradfahrens kombiniert, können zeitlich differenzierte Formen des **(Fahr-)Radtourismus** abgegrenzt werden, wobei das Radfahren hierbei (implizit) als reiseauslösendes Motiv vorausgesetzt wird, worauf die Definition von „Radtourismus im engeren Sinne" hinweist.

Stichwort

(Fahr-)Radtourismus

Unter **Fahrradtourismus** werden alle Arten der Fahrradnutzung verstanden, die zum Zweck der Freizeit- und Urlaubsgestaltung unternommen werden. Dazu gehören u.a. Kurz- und Tagesausflüge, Wochenendtouren, mehrtägige und ausgedehnte Radreisen (Freyer 2015, S. 200).
Radtourismus im engeren Sinne beinhaltet demnach Aktivitäten von Personen, die an Orte außerhalb ihrer gewohnten Umgebung reisen und bei denen das Radfahren einen wesentlichen Bestandteil der Reise darstellt. Von **Radurlaub** wird darüber hinaus gesprochen, wenn die vorübergehende Abwesenheit vom Wohnort mindestens eine Übernachtung einschließt.

Dreyer et al. 2012, S. 5.

Entsprechend kann auch von einem „Radtourismus im weiteren Sinne" gesprochen werden, wenn das Radfahren eine von mehreren ausgeübten Urlaubsaktivitäten und nicht das reiseauslösende Motiv ist (vgl. Tab. 2.2). Zudem können einige radtouristische Spezialsegmente ausgewiesen werden. Hierbei handelt es sich häufig um eine Kombination von Fahrradfahren und einer weiteren Aktivität.

Tab. 2.2 Ausprägungen des Radtourismus (Rosenau 2011, S. 24).

Radtourismus im engeren Sinne	Radtourismus im weiteren Sinne	Radtouristische Spezialsegmente
• Radfahren auf Tagestouren • Radwandern und -touren auf Rundwegen • Radwandern auf Radfernwegen • Radsport (MTB, Rennrad etc.) und Radsportevents	• Radfahren als eine Aktivität während eines Urlaubs • Radfahren als Freizeitaktivität während einer Reha-Maßnahme • Besuch von Radveranstaltungen, Radmessen	• Paddel & Pedale • Rad & Schiff • Bike & Wellness • Gourmetradreisen • Nutzung von Spezialrädern im Rahmen der Urlaubs- und Freizeitgestaltung

Folgen der Bedeutungszunahme der Fahrradnutzung

Die (wieder) gestiegene Bedeutung der Fahrradnutzung in Alltag und im Tourismus lässt sich auch daran ablesen, dass Politik, Wirtschaft und Wissenschaft dem Phänomen Fahrrad spätestens seit 20 Jahren verstärkt Aufmerksamkeit widmen. So gibt es seit dem Jahr 2002 in Deutschland einen vom Bundesverkehrsministerium ausgearbeiteten Nationalen Radverkehrsplan (NRVP) als Grundlage für die Radverkehrspolitik. Der erste NRVP umfasst den Zeitraum bis zum Jahr 2012, seit Januar 2013 ist seine Weiterentwicklung (vgl. NRVP 2020) in Kraft. Unter den neun Handlungsfeldern (z.B. Radverkehrsplanung und -infrastruktur oder Verkehrssicherheit) wird u.a. explizit auch der Fahrradtourismus behandelt (vgl. BMVBS 2012, S. 40ff.). Um der zunehmenden wirtschaftlichen Bedeutung des Fahrradtourismus gerecht zu werden, wird seitens des Bundeswirtschaftsministeriums 2009 erstmals eine Grundlagenuntersuchung über den Fahrradtourismus in Deutschland vorgelegt, in dem u.a. der Wirtschaftsfaktor Fahrradtourismus (vgl. BMWi 2009, S. 22ff.), die fahrradtouristische Nachfrage (vgl. BMWi 2009, S. 38ff.) und das fahrradtouristische Angebot in Deutschland (vgl. BMWi 2009, S. 66ff.) sowie seine Vermarktung (vgl. BMWi 2009, S. 124ff.) analysiert wird. Ebenso ist der Fahrradtourismus mit seiner ökonomischen Bedeutung auch Gegenstand von Anfragen im Deutschen Bundestag (vgl. etwa Bundesregierung 2017), was einerseits seine politische, andererseits seine zunehmende ökonomische Wahrnehmung unterstreicht. Schließlich setzt sich die tourismuswissenschaftliche Forschung seit mehr als 10 Jahren intensiv mit dem Marktsegment Fahrradtourismus auseinander. Entsprechend liegen hierzu mittlerweile mehrere Lehrbücher (z.B. Borchert 2011 oder Dreyer et al. 2012) sowie eine Vielzahl einschlägiger Beiträge in wissenschaftlichen (Tourismus-)Journalen vor.

Dieser erste Überblick belegt, dass es sich beim Fahrradtourismus um ein (nicht nur aus ökonomischer Sicht) attraktives Marktsegment des Tourismus handelt. Um aber als touristischer Leistungsträger (z.B. Destination oder Reiseveranstalter) im Fahrradtourismus erfolgreich zu agieren, ist eine einerseits die detaillierte Kenntnis der Voraussetzungen für die Angebotsseite in diesem Marktsegment notwendig (vgl. hierzu 2.2), andererseits ist eine Auseinandersetzung mit den Strukturen und der Entwicklung auf der Nachfrageseite (vgl. hierzu 2.3) unerlässlich. Dabei muss darauf hingewiesen werden, dass sich die nachfolgenden Ausführungen primär auf das „allgemeine“ Radfahren auf Tagestouren (z.B. auf Rundwegen) sowie das Radfahren auf Mehrtagesfahrten (z.B. auf Radfernwegen) bezieht, da diese Aktivitäten das Gros des Fahrradtourismus ausmachen. „Spezialisiertes“ Radfahren (z.B. mit Rennrädern oder Mountainbikes) wird hingegen nur in Ausnahmefällen angesprochen.

2.2 Zur Angebotsseite im Fahrradtourismus

Ursprüngliches und abgeleitetes Angebot für Fahrradtourismus

Um Fahrradtourismus in einer Destination anbieten zu können, müssen einerseits die dort herrschenden natürlichen Rahmenbedingungen (ursprüngliches Angebot) berücksichtigt werden, andererseits gilt es, möglichst optimale Angebotsvoraussetzungen im Bereich der touristischen Infra- und Suprastruktur (abgeleitetes Angebot) zu schaffen. Das ursprüngliche Angebot umfasst die natürliche Ausstattung eines Raumes, etwa Landschaft, Klima, Flora und Fauna. Ebenfalls zum ursprünglichen Angebot einer Destination wird das soziokulturelle Angebot (z.B. Kultur, Sprache, Denkmäler) und die allgemeine Infrastruktur (z.B. Ver- und Entsorgung-, Kommunikations- oder Verkehrsinfrastruktur) gezählt. Demgegenüber umfasst das abgeleitete Angebot die touristische Infrastruktur (z.B. touristisches Transportwesen), die touristische Suprastruktur (z.B. Beherbergung) und die Freizeitinfrastruktur (z.B. Radwege) sowie spezielle touristische Angebote (z.B. Events). Das ursprüngliche Angebot einer Destination ist mehr oder weniger „gesetzt", während für das abgeleitete Angebot ein erheblicher Gestaltungsspielraum besteht (vgl. Schmude & Namberger, 2015, S. 30). Daher wird nachfolgend insbesondere auf das abgeleitete Angebot und seine Gestaltung für den Fahrradtourismus eingegangen. Berücksichtigt werden hierbei die Wegeinfrastruktur (vgl. 2.2.1), das Wegekonzept und die Wegweisung (vgl. 2.2.2), die Beherbergung (vgl. 2.2.3), spezifische Dienstleistungen und Serviceeinrichtungen (vgl. 2.2.4) sowie das segmentspezifische Destinationsmarketing und -management (vgl. 2.2.5).

2.2.1 Wegeinfrastruktur

Oberflächenbeschaffenheit von Radwegen

Bei der radspezifischen Wegeinfrastruktur ist zunächst die Oberflächenbeschaffenheit der Radverkehrsflächen zu berücksichtigen, da sie den Fahrkomfort (z.B. durch Erschütterungen) und den Energieaufwand (z.B. durch den Rollwiderstand) wesentlich bestimmen. Weitere zu berücksichtigende Aspekte sind ökonomischer (z.B. Pflegekosten) und ökologischer (z.B. Bodenversiegelungsgrad) Art. Grundsätzlich kann auf Grund der eingesetzten Materialien zwischen vier Typen unterschieden werden:

- Bituminöse Materialien (Asphalt): bieten wegen des geringen Rollwiderstands hohen Fahrkomfort; haben hohe Selbstreinigungskraft (bei 3% Gefälle im Querprofil); weisen hohen Versieglungsgrad auf; sind in der Erstellung relativ teuer, im Unterhalt relativ preiswert; erlauben eine Einfärbung zur Unterscheidung von andere Verkehrswegen (Auto, Fußgänger) oder zur Reduzierung der Aufheizung.
- Ungebundene Materialien (Schotter): bieten wegen des hohen Rollwiderstands und der Erschütterungen reduzierten Fahrkomfort; sind witterungsempfindlich (Bildung von Pfützen durch Niederschläge oder Staubbildung in Trockenperioden); verursachen erhebliche Unterhaltskosten; weisen geringen Versiegelungsgrad auf und erlauben Versickerung des Oberflächenwassers; ermöglichen Wegeführung abseits von Straßen.
- Betonverbundpflaster: bieten durch Unebenheiten auf Grund von Fugen und ggf. Setzungen geringen Fahrkomfort; sind in der Erstellung sehr teuer; bieten nur eine reduzierte Wasserdurchlässigkeit.

- Kombinierte Decken und Fahrwege: Kombination und oft Kompromiss zwischen obigen Typen; Kosten bei Erstellung und Pflege höher als bei obigen Typen; erlaubt Versickerung des Oberflächenwassers.

Die Wahl der Oberflächenbeschaffenheit ist immer eine Einzelentscheidung und u.a. von den verfügbaren Finanzmitteln für die Erstellung (bei der Neuanlage von Radwegen) und Pflege (für bestehende Radwege) abhängig. Wassergebundene Materialien werden aus ökologischen Gründen oftmals als die bessere Lösung eingeschätzt, wobei etwa der ADFC dies bzgl. der Aspekte Versickerung, Aufheizung und Landschaftsbild entkräftet und in seiner Argumentation eine „vermeintliche ökologische Vorteilhaftigkeit wassergebundener Oberflächen" feststellt (ADFC o.J.).

Abb. 2.2 Zur Oberflächenbeschaffenheit von Radwegen: bituminöses Material (Véloroute du Calavon/Frankreich) (Aufnahme Schmude 2016).

Querprofil von Radwegen

Neben der Oberflächenbeschaffenheit spielt für die Wegeinfrastruktur auch das Quer- und Längsprofil der für das Radfahren genutzten Wege eine wichtige Rolle. Das Querprofil ist durch das sog. Lichtraumprofil definiert, das in der Regel eine Breite und Höhe von jeweils 2,50 Meter aufweisen sollte (vgl. Abb. 2.3). Hierdurch ist die gefahrfreie Begegnung von zwei Fahrrädern in gegensätzlicher oder gleicher (bei Überholvorgängen) Fahrtrichtung gewährleistet. Bei den Angaben für das Lichtraumprofil handelt es sich um Mindestan-

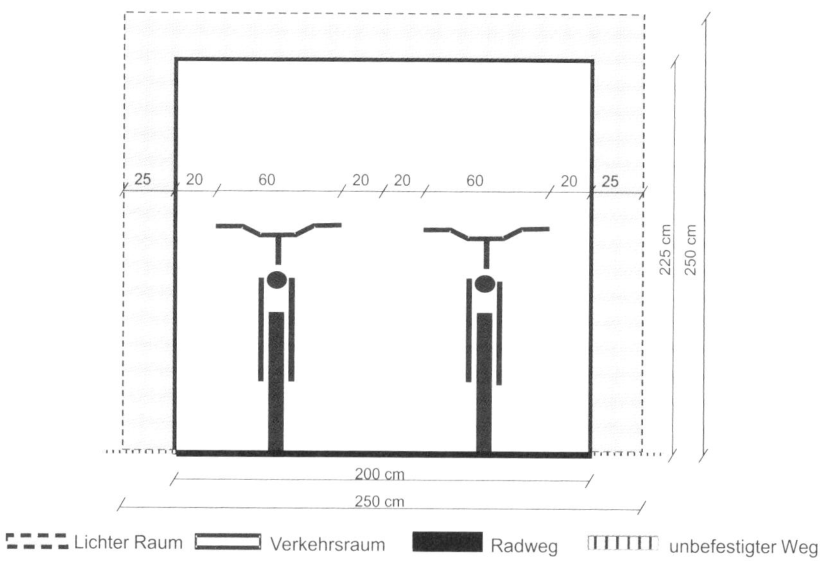

Abb. 2.3 Lichtraumprofil (Angaben in cm) (Schmude 2003, S. 4).

gaben im Sinne von Empfehlungen, die in den zuletzt im Jahr 2010 von der Forschungsgesellschaft für Straßen-und Verkehrswesen (FGSV) aktualisierten Empfehlungen für Radverkehrsanlagen (ERA) ausgeführt werden. Grundsätzlich gilt: Je höher das Verkehrsaufkommen auf dem Radweg ist, desto größer sollte das Lichtraumprofil geplant werden.

Längsprofil von Radwegen

Weitere wesentliche Aspekte für die Wegeinfrastruktur sind mit ihrem Längsprofil verbunden. Dies betrifft insbesondere Steigungen sowie Kurvenradien, für die es bereits seit rund 20 Jahren Leitvorgaben der FSGV gibt. Aus Gründen des Fahrkomforts und der Sicherheit soll die Länge von Steigungen (bzw. Gefällstrecken) mit mehr als 6% möglichst kurz gehalten werden. Steigungsstrecken unter 3% gelten als unproblematisch, eine Wegeführung mit mehr als 10% Steigung sollte grundsätzlich vermieden werden (vgl. Tab. 2.3). Der empfohlene Kurvenradius ist abhängig von der Fahrgeschwindigkeit und der Oberflächenbeschaffenheit des Fahrweges (vgl. Tab. 2.3). Dabei gilt:

- Je höher die Fahrgeschwindigkeit, desto größer sollte der Kurvenradius sein.
- Je enger der Kurvenradius ist, desto breiter sollte der Fahrweg sein.

Steigung	maximale Länge
> 10%	vermeiden
10%	20
6%	65
5%	120
4%	250
<= 3%	unbeschränkt

	Mindestkurvenradius	
Geschwindigkeit	Asphalt/Beton	ungebundene Decken
20 km/h	10 m	15 m
30 km/h	20 m	35 m
40 km/h	30 m	75 m

Tab. 2.3 Empfohlene Maximallänge von Steigungsstrecken nach Steigung (in %) sowie Mindestkurvenradius (in m) nach Fahrgeschwindigkeit (in km/h) und Oberflächenbeschaffenheit (Wirth 1998, S. 5).

Radwege im Verkehrsraum

Schließlich ist noch zu unterscheiden, ob und ggf. in welcher Weise der Verkehrsraum für Fahrräder von dem anderer Verkehrsteilnehmer (Auto, Fußgänger) getrennt ist. Das Spektrum reicht in Deutschland hierbei von Schutzstreifen mit der optischen Trennung von der Straße (z.B. durch eine gestrichelte Linie von der übrigen Fahrbahn abgetrennt oder durch abweichende Farbgebung bzw. anderen Belag des Fahrwegs gekennzeichnet), über den geschützten Radfahrstreifen mit baulicher Trennung des Fahrradweges von der Straße (z.B. durch Grünstreifen, Schutzplanken oder Schwellen) bis hin zum Konzept der Gemeinschaftsstraße (Shared Space), bei sich alle Verkehrsteilnehmer unter Verzicht auf Verkehrszeichen, Signalanlagen und Fahrbahnmarkierungen den Verkehrsraum gleichberechtigt teilen (vgl. Hamilon-Baillie 2008).

Die Frage der Konzeption von Radwegeinfrastruktur ist eng mit den lokalen und regionalen Gegebenheiten (z.B. städtischer vs. ländlicher Raum) verknüpft und schränkt oftmals die Möglichkeiten der Gestaltung und der Wegeführung ein.

2.2.2 Wegeführung, -konzepte und Wegweisung

Direkte Wegeführung bzw. Umwegfaktor

Die Wegeführung hat ganz wesentlichen Einfluss auf die Aspekte Sicherheit, Attraktivität und Akzeptanz von Radwegen. Grundsätzlich ist sowohl im Alltagsradverkehr als auch im touristischen Radverkehr eine möglichst direkte Wegeführung anzustreben, d.h. die Wegeführung zwischen zwei Punkte A und B sollte nur einen möglichst minimalen Umweg gegenüber der Luftlinienentfernung zwischen beiden Punkten aufweisen. Durch den Umweg soll der Gefährdungsgrad reduziert werden. Der angestrebte **Umwegfaktor** sollte für den Alltagsradverkehr den Wert 1,2 bis 1,3 möglichst nicht überschreiten. Beim touristischen Radverkehr spielt der Umwegfaktor eine geringere Rolle, da nicht unbedingt die kürzeste Verbindung, sondern der (landschaftlich) attraktivste Weg zur Wegeführung genutzt werden sollte. Allerdings sind auch im touristischen Radverkehr unnötige Umwege zu vermeiden.

Stichwort

Umwegfaktor (UF)

$$UF = \frac{\text{Wegeführung von A nach B}}{\text{Luftlinienentfernung zwischen A und B}}$$

BMWi 2014

Radschnellwege

Eine Optimierung der Radreisezeiten wird mit den in Deutschland seit 2010 konzipierten und sukzessive entwickelten **Radschnellwege**n angestrebt. Dabei handelt es sich um Radverkehrsverbindungen, die möglichst direkt und qualitativ hochwertig zwei Punkte (z.B. Wohngebiete und Stadtzentren) miteinander verbinden. Sie ermöglichen eine gleichbleibend hohe Fahrgeschwindigkeit mit relativ geringem Energieeinsatz. Dies soll durch weitgehende Kreuzungsfreiheit, Gradlinigkeit, große Kurvenradien, rollwiderstandsarme Oberflächenbeschaffenheit sowie große Radwegbreiten realisiert werden. Somit können Radschnellverbindungen ein zügiges, störungsarmes und sicheres Radfahren gewährleisten. Radschnellwege haben allerdings eine wesentlich größere Bedeutung für den Alltagsradverkehr als für den Fahrradtourismus.

Stichwort

Radschnellwege: Zielsetzung

- Für Berufspendler soll das Radfahren, insbesondere durch hohe Reisegeschwindigkeiten, attraktiver werden.
- Durch die Verlagerung vom motorisierten Individualverkehr auf den Radverkehr sollen Staus und Kapazitätsengpässe im Straßennetz vermindert werden.
- Durch längere Reiseweiten im Radverkehr soll auch ein größerer Beitrag zur CO_2-Minderung erreicht werden.

VIA Planungsbüro 2017, S. 7

Radwegekonzepte

Für die Wegeführung ebenfalls von Bedeutung ist das jeweils verfolgte Wegekonzept. Hierbei wird grundsätzlich zwischen Durchzugsrouten (vom ADFC auch als Streckenrouten bezeichnet) und Rundkursen (ADFC: Sterntouren) unterschieden (vgl. Abb. 2.4). Durchzugsrouten zeichnen sich dadurch aus, dass sie verschiedene Punkte miteinander verbinden, wobei Start- und Zielpunkt der Route nicht identisch sind. Durchzugsrouten werden überwiegend von übernachtenden Radtouristen befahren. Typische Beispiele für Durchzugsrouten sind Fluss begleitende Radwege (z. B. Donau-Radweg). Auch Rundkurse verbinden verschiedene Punkte miteinander, allerdings sind Ziel- und Startort identisch. Rundkurse werden meist überwiegend von Naherholern aus der Region frequentiert. Sie sind in der Regel kürzer als Raddurchzugsrouten und es ist häufig möglich, sie im Rahmen von Tagesausflügen, d. h. ohne Übernachtung, abzufahren. Zudem ist es u. U. möglich, mehrere Rundkurse von einem Start- und Zielort aus anzubieten. Beide Wegekonzepte weisen unterschiedliche Charakteristika sowie Vor- und Nachteile auf. So ist einerseits die Aufenthaltsdauer an den einzelnen Übernachtungsstandorten von Durchzugsrouten sehr kurz (in der Regel eine Übernachtung), andererseits entfällt bei Rundkursen häufig die Übernachtung, da die aus der Region stammenden Naherholer keine Beherbergung in Anspruch nehmen. Logistisch stellt die Durchzugsroute höhere Anforderung an die Radtouristen als der Rundkurs, da der Start- und Zielort nicht identisch sind und (insbesondere bei individueller Anreise mit dem PKW) der Rücktransport vom Ziel- zum Startort organisiert werden muss.

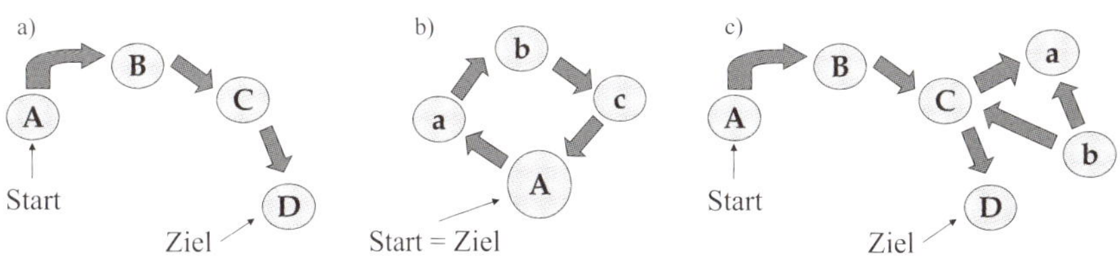

Abb. 2.4 Schematische Darstellung a) einer Raddurchzugsroute, b) eines Radrundkurses sowie c) eines Radwegenetzes (eigene Darstellung).

Schließlich ist es auch möglich, eine oder mehrere Durchzugsrouten mit einem oder mit mehreren Rundkursen zu einem Radwegenetz zu kombinieren (vgl. Abb. 2.4). So können die Vorteile beide Wegekonzepte genutzt und beispielsweise die Aufenthaltsdauer der Radtouristen u.U. verlängert werden (in Abb. 2.4 im Ort C). Dies kann insbesondere dann realisiert werden, wenn ein Radwegenetz einige Anforderungen hinsichtlich des Zusammenhangs der einzelnen Radrouten, der Direktheit der Wegebeziehungen, der Attraktivität, der Sicherheit sowie des Komforts der verbundenen Routen erfüllt (vgl. Tab. 2.4). Die Erfüllung der Kriterien ist wesentlich von den an dem Radwegenetz beteiligten Akteuren abhängig, die häufig über unterschiedliche Kompetenzen (z.B. hinsichtlich des räumlichen Umgriff) verfügen.

Tab. 2.4 Hauptanforderungen an ein Radwegenetz (Mühlnickel 2011, S. 49).

Kriterium	Beschreibung
Zusammenhang	Die Infrastruktur stellt eine zusammenhängende Gesamtheit dar und erschließt alle Quellen und Ziele des Radverkehrs
Direktheit	Die Radverkehrsinfrastruktur bietet immer eine möglichst direkte Route; Umwege bleiben also auf ein Minimum beschränkt.
Attraktivität	Die Radverkehrsinfrastruktur ist derart gestaltet und in die Umgebung eingepasst, dass Radfahren attraktiv ist.
Sicherheit	Die Radverkehrsinfrastruktur gewährleistet die Sicherheit von Radfahrern und anderen Verkehrsteilnehmern.
Komfort	Die Radverkehrsinfrastruktur ermöglicht einen zügigen und komfortablen Verkehrsfluss des Radverkehrs.

Koordinierung grenzüberschreitender Radwege

Radwege bzw. das Radwegenetz orientieren sich häufig an Verwaltungsgrenzen (z.B. Länder- oder Stadt- und Landkreisgrenzen). Werden administrative Grenzen überschreitende Radwege konzipiert und umgesetzt, bedeutet dies einen erhöhten Koordinierungsaufwand, bei dem unterschiedliche Planungs- (z.B. Gemeinden, Stadt- und Landkreise oder Länder) sowie Baulastträger (z.B. Bund, Land, Gemeinden) zu berücksichtigen sind (vgl. Mühlnickel 2012, S. 49). Radwege sind häufig auf unterschiedlichen räumlichen Ebenen angelegt (u.a. Europäische Ebene mit Euro-Velo-Routen, Bundesebene mit D-Routen, Landesebene, Kreis- oder Gemeindeebene). Grundsätzlich gilt, dass je höher das räumliche Aggregationsniveau und je größer die Zahl der beteiligten Akteure ist, desto höher ist Koordinierungs- und Abstimmungsbedarf, beispielsweise in Bezug auf eine einheitliche Wegweisung. Durch administrative Grenzen überschreitende Radwege ist es andererseits aber möglich, längere Radwegstrecken anzubieten. Hierzu zählen insbesondere die Radfernwege.

D-Radrouten und Euro-Velo-Netz

In Deutschland gibt es mit dem D-Netz ein seit dem Jahr 2000 sukzessive ausgebautes nationales Radroutennetz, dessen Umsetzung u.a. vom Bundesverkehrs- und Bundeswirtschaftsministerium gefördert wird. Insgesamt 12 D-Radrouten mit einer Länge von rund 12.000 km verknüpfen die wichtigsten Radfernrouten. Die D-Radrouten sind nach einheitlichen Qualitätsstandards angelegt und durchgängig mit einem Logo ausgeschildert. Als Pendant zum D-Netz existiert auf europäischer Ebene das im Jahr 1995 gestartete Radfernwegenetz EuroVelo. Teilweise überschneiden sich D-Netz und EuroVelo-Netz. Die insgesamt 16 Radfernwege sollen nach ihrer vollständigen Realisierung eine Gesamtstreckenlänge von insgesamt rund 75.000 km aufweisen.

Radfernwege

Radfernwege sind demnach überregionale Durchzugsrouten, die besonders für Mehrtagesfahrten, d.h. für übernachtende Radtouristen, geeignet sind. In Deutschland gibt es über 200 Radfernwege, die sich durch eine Reihe von Eigenschaften auszeichnen, wozu u.a. eine eindeutige Bezeichnung zählt. Weiter weisen sie mindestens eine Länge von 150 km auf, sind mindestens 2 m breit und durchgängig in beide Richtungen befahrbar sowie einheitlich ausgeschildert. Zudem verfügt ein Radfernweg über touristische Infrastruktur entlang der Strecke und über eine Anbindung an den ÖPNV (vgl. Rosenau 2011, S. 34). Radfernwege lassen sich zu verschiedenen Typen zusammenfassen. Sie verlaufen häufig an Flüssen (z.B. Donau-Radweg), Seen (z.B. Bodensee-Radweg) oder Küsten (z.B. Ostseeküsten-Radweg), sind einem Thema gewidmet (z.B. 100-Schlösser-Radweg), erschließen eine Region (z.B. Schwarzwald-Radweg) oder verbinden zwei touristische Destinationen (z.B. Bodensee-Königssee-Radweg).

Anforderungen an und Zertifizierung von Radfernwegen

Seitens des ADFC gibt es eine Reihe von Anforderungen an Radfernwege, damit sie das Gütesiegel „**Qualitätsradroute**“ erhalten. Das im Jahr 2006 eingeführte Siegel dient der Qualitätssicherung und soll den (potentiellen) Radtouristen helfen, die Qualität von Radfernwegen einzuschätzen. Je nach Erfüllung von zehn Kriterien zeichnet der ADFC die geprüften Radfernwege mit drei bis fünf Sternen aus. Eine Re-Zertifizierung muss nach drei Jahren erfolgen. Der Main-Radweg Liebliches Taubertal ist die erste, mit fünf Sternen ausgezeichnete Qualitätsradroute des ADFC (ausgezeichnet im Jahr 2008). Mittlerweile haben auch die Schlossparkradrunde im Allgäu sowie der in Österreich verlaufende Neusiedler See-Radweg und der Drau-Radweg die höchste Auszeichnung durch den ADFC erhalten. Insgesamt sind 36 Radfernwege durch den ADFC zertifiziert (davon 23 mit vier Sternen und neun mit drei Sternen ausgezeichnete Routen) (vgl. ADFC 2019b). Daneben zertifiziert der ADFC auch Radreiseregionen, in deren Fokus nicht die als Durchzugsrouten angelegten Radfernwege, sondern eher die Rundkurse stehen, die für Tagesetappen konzipiert sind. Im Jahr 2019 haben vier Regionen den Status einer ADFC RadReiseRegion (Schlosspark im Allgäu, Heideregion Uelzen, Wesermarsch und Chiemsee-Chiemgau) (vgl. ADFC 2019a).

Stichwort

Klassifizierung von ADFC-Qualitätsradrouten

Kriterium	Bewertungsfaktoren
Qualitätsmanagement (Ausschlusskriterium)	Qualitätsbeauftragter
Eindeutiger Name und Nationaler Rang (Ausschlusskriterium)	Mindestlänge 100 km
Befahrbarkeit	Breite (kilometergenau), Umlaufschranken, Engstellen/ Poller
Oberfläche	Material und Qualität, Schiebestrecken, Querrillen, große Löcher, Treppen
Wegweisung	Art der Wegweisung, falsche Richtung, fehlender Schilderstandort, falscher Standort, schlecht lesbare Schrift, Widerspruch zur StVO
Routenführung	Lärmbelastung, Geruchsbelästigung, Staubbelästigung, Umwege, Thema verfehlt, Höhenmeter, monotone Führung
Kfz-Verkehrsbelastung	Autofrei, Kfz-Belastung, Leitplanken, Gefahrenstellen, ungesicherte Querungen
Touristische Infrastruktur	u.a. Unterkunftsstruktur, Gastronomie, Bett+Bike-Betriebe, Tourist-Info, Info-Tafeln, Fahrradabstellanlagen, Spielplatz, Schutzhütte, Rastplatz
Anbindung des Radfernweges an öffentliche Verkehrsmittel	Häufigkeit von Bahn-Fernverkehr und des ÖVs mit Fahrradmitnahme sowie Fahrradbus
Marketing	u.a. Karten- und Informationsmaterial, Internetpräsenz, Events, Pauschalen

ADFC 2014

Ebenso wichtig wie ein qualitativ hochwertiger Radweg bzw. ein Radwegenetz ist deren Ausstattung mit einer einheitlichen und zweckmäßigen Wegweisung (Ausschilderung), da sie Radtouristen nicht nur bei ihrer Orientierung unterstützt, sondern auch ein wertvolles Marketinginstrument ist. Bereits seit dem Jahr 1998 liegt zur Ausschilderung eine Empfehlung der FGSV vor, die allerdings keine rechtsverbindliche Richtlinie darstellt. Dennoch wird im Nationalen Radverkehrsplan 2020 eine einheitliche Beschilderung eingefordert und auf nach wie vor existierenden Mängel hingewiesen (vgl. BMVBS 2012, S. 24f.).

Wegweisung auf Rad(fern)wegen

Bei der Wegweisung wird zwischen Haupt- und Zwischenwegweisern unterschieden. Hauptwegweiser sind überall dort anzubringen, wo sich die Fahrtrichtung deutlich ändert bzw. sich Radverkehrswege verzweigen oder wo große Straßen gekreuzt werden. Bei den Hauptwegweisern gibt es zielorientierte und routenorientierte Wegweiser. Zielorientierte Wegweiser informieren über das Ziel (z. B. Ortsnamen) unter Angabe der Entfernung in Kilometer. Unter der Zielangabe kann auf ein Zwischenziel (ebenfalls mit Entfernungsangabe) hingewiesen werden. Aus Gründen der Übersichtlichkeit sollte nur ein Zwischenziel aufgeführt werden. Die Fahrtrichtung wird mit einem Pfeil und ein in Fahrrichtung ausgerichtetes Fahrrad-Piktogramm angegeben (vgl. Abb. 2.5). Diese zielorientierten Wegweiser können durch unterhalb von ihnen angebrachte routenorientierte Wegweiser ergänzt werden, die auf Radfernwege oder Fahrradwege in der Region hinweisen (vgl. Abb. 2.5a). Eine zweifelsfreie Zuordnung sollte immer gewährleistet sein, um für den Radtouristen eine eindeutige Orientierung zu gewährleisten. Zwischenwegweiser (vgl. Abb. 2.5b) geben lediglich Auskunft über die Fahrtrichtung (ohne Entfernungsangabe). Sie sind dann anzubringen, wenn die Routenführung einen Versatz aufweist oder zur Bestätigung der Fahrtrichtung bei längeren Strecken ohne Richtungsänderung. Entsprechend enthalten Zwischenwegweiser lediglich einen Richtungspfeil und ein Fahrradpiktogramm.

Abb. 2.5 Beispiel a) Hauptwegweiser (ziel- und routenorientiert) sowie b) Zwischenwegweiser (Aufnahmen Schmude 2019)

Schilder zur Wegweisung

Bei allen Schildern zur Wegweisung ist außerdem auf die Größe der Schilder (Lesbarkeit), ihr Material (Witterungsbeständigkeit), die Schriftfarbe (möglichst dunkle Farbe auf hellem Hintergrund) und ihre Schilderfarbe (Wahrnehmung) zu achten. Insgesamt sollte die Wegweisung entlang einer Fahrradroute einheitlich und durchgängig gestaltet sein, allerdings ist dies teilweise auf Grund unterschiedlicher Vorgaben (z. B. der Bundesländer) nicht gewährleistet. So verwenden Niedersachsen und Bayern als Schriftfarbe bevorzugt Grün auf weißem Grund, während in Nordrhein-Westfalen insbesondere Rot (ebenfalls auf weißem Grund) als Schriftfarbe verwendet wird. Dagegen kommt im Saarland weiße Schrift auf rotem (Hauptrouten) oder grünen (Nebenrouten) Grund zum Einsatz. Schließlich schlägt der ADFC für den Bereich des Mountain-Bikens eine von der Straßenausschilderung abweichende Wegweisung vor.

2.2.3 Beherbergung im Fahrradtourismus

Anforderungen an Beherbergungsbetriebe

Zu den touristischen Kernleistungen gehört für den übernachtenden Tourismus auch der Bereich der Beherbergung, an den im Marktsegment Fahrradtourismus besondere Anforderungen gestellt werden. So bleiben Fahrradtouristen – zumindest auf Durchzugsrouten – oftmals für nur eine Übernachtung in einem Beherbergungsbetrieb. Zudem werden seitens der Fahrradtouristen oft fahrradspezifische Leistungen nachgefragt. Dies betrifft einerseits Unterstell- oder Reparaturmöglichkeiten für die Fahrräder, andererseits werden ggf. Transferdienste (z. B. Gepäck vom oder zum nächsten Bahnhof) nachgefragt. Auch bei den Verpflegungsleistungen wird seitens der Fahrradtouristen ein für sie adäquates Angebot an Speisen und Getränken erwartet (u. a. regional, gesund und frisch, preiswert alkoholfrei) (vgl. Dreyer 2012, S. 74). Unterkünfte, die diese Erwartung erfüllen, werden oft als fahrradfreundliche Betriebe bezeichnet.

Bett + Bike Betriebe

Um den Radtouristen Unterstützung, Orientierung und Qualitätssicherheit bei ihrer Quartierswahl zu bieten, werden durch den ADFC seit Mitte der 1990er Jahre zunächst unter dem Label Rad & Bett, seit 1997 unter der Bezeichnung Bett & Bike bzw. seit 2011 **Bett + Bike** Beherbergungsbetriebe zertifiziert, wenn sie einen Katalog an Grundleistungen erfüllen sowie mindestens drei weitere optionale Leistungen aus einem optionalen Leistungskatalog für Radtouristen anbieten. Das Siegel ist als Qualitätsinitiative vom Deutschen Tourismusverband (DTV) seit 2005 anerkannt und als eingetragene Marke geschützt (vgl. Reiche 2011, S. 81). Beherbergungsbetriebe können sich um die Auszeichnung mit dem Label bewerben.

Stichwort

Bett + Bike-Qualitätskriterien

Verpflichtende Grundleistungen	Optionale Leistungen (mindestens 3)
• Aufnahme von Fahrradgästen für eine Nacht • Abschließbarer Raum zur Aufbewahrung der Fahrräder über Nacht • Raum zum Trocknen von Kleidung und Ausrüstung • Angebot eines vollwertigen Frühstücks • Informationen zum regionalen touristischen Angebot für Radurlauber • Bereitstellung eines Basisreparatursets	• Beratung der Gäste zur umweltfreundlichen An- und Abreise • Hol- und Bringdienst für Rad fahrende Gäste • Leih- und Mietradangebot • E-Bike oder Pedelec Verleih • Angebot von Tagestouren • Gepäcktransfer zur nächsten Unterkunft • Kooperation mit einer Fahrradwerkstatt • Verleih von Navigationsgeräten • WLAN-Nutzung inklusive • Lunchpaket

nach Bett + Bike 2019

Der Boom des Marktsegments Fahrradtourismus spiegelt sich nicht zuletzt in der stark steigenden Zahl ADFC-zertifizierten Bett + Bike-Betrieben wider (vgl. Abb. 2.6). Sind im Jahr 1995 zunächst nur 216 Beherbergungsbetriebe mit dem Rad & Bett-Label zertifiziert, beläuft sich die Zahl der Bett & Bike-Betriebe im Jahr 2010 bereits auf rund 5.000. Seitdem weist die Zahl der zertifizierten Betriebe eher stagnative Tendenzen auf, was auf eine gewisse Sättigung des Marktes hinweist. Das Qualitätssiegel ist sehr erfolgreich und etabliert, was nicht zuletzt dazu führt, dass es auch in andere Länder transferiert wird (z.B. nach Österreich oder Dänemark). Neben Bett + Bike als größte Initiative gibt es weitere Label und Auszeichnungen für fahrradfreundliche Betriebe auf Bundesländerebene sowie in einzelnen radtouristischen Regionen, die aber in der Regel nur lokale oder regionale Bedeutung haben.

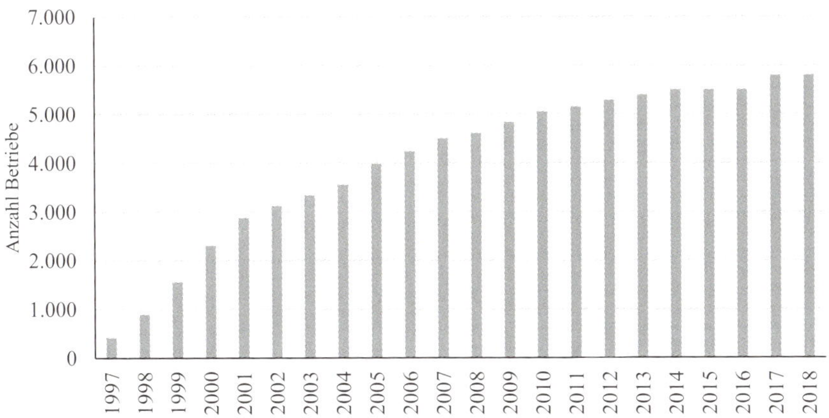

Abb. 2.6 Entwicklung der ADFC-zertifizierten Bett & Bike-Betriebe in Deutschland von 1997 bis 2018 (ADFC-Radreiseanalyse diverse Jahrgänge)

2.2.4 Spezifische Dienstleistungen und Serviceeinrichtungen im Fahrradtourismus

Die für den Fahrradtourismus spezifischen Dienstleistungen und Serviceeinrichtungen betreffen zum einen durch Reiseveranstalter organisierte und durchgeführte Radtouren, zum anderen den Fahrradtransport (z.B. Bahn, Bus oder Flugzeug), das Angebot von Fahrradabstellanlagen sowie Fahrrad-Servicestationen mit Fahrradverleih- und Reparatureinrichtungen.

Radreiseveranstalter

Bei der Mehrzahl der Radreiseveranstalter handelt es sich um eher kleine Spezialreiseveranstalter, die ihre Radreisen im Sinne einer Pauschalreise (u.a. Transport, Beherbergung und Verpflegung) anbieten. Dabei weisen sie eine hohe Zielgruppenorientierung auf. Ein weiteres Kennzeichen dieser in der Regel geführten Radreisen ist ihre Thematisierung, wobei sich die Themen vorzugsweise an Charakteristika und Besonderheiten des Zielgebiets orientieren. Typische Beispiele für durch Reiseveranstalter angebotene Radreisen sind Studien- und/oder Kulturreisen mit dem Fahrrad. Der An- und Abreise erfolgt bei diesen Reisen ebenso wie der begleitende Transport des Gepäcks während der Reise mit dem Bus. Der Anteil durch Reiseveranstalter organisierter Radreisen am gesamten Fahrradtourismus beläuft sich nach Angaben des ADFC (2019) in Deutschland im Jahr 2018 bei leicht abnehmender Tendenz auf ca. 12% (5% komplett, 7% teilweise vom Veranstalter organisiert).

Die Mobilität der Fahrradtouristen betrifft nicht nur das Fahrradfahren in einer Destination, sondern auch die An- und Abreise zwischen Wohnort und Zielgebiet. Die Mobilitätskette umfasst damit im Fahrradtourismus - wie in den meisten Marktsegmenten des Tourismus - verschiedene Verkehrsträger und/oder -mittel. Neben der individuellen Anreise mit dem privaten PKW sind als Verkehrsmittel vor allem Bahn, Bus und/oder Flugzeug zu berücksichtigen. Auf der Radreise selbst spielt ggf. auch der Fahrradtransport mit dem Schiff eine Rolle.

Fahrradtransport mit der Bahn

Bei der Nutzung der Bahn zum Fahrradtransport kann zwischen dem Fern- und Nahverkehr unterschieden werden. Im Fernverkehr hat sich die Zahl der transportierten Fahrräder entgegen dem Boom des Fahrradtourismus seit Ende der 1990er Jahr rückläufig entwickelt. Werden im Jahr 1999 noch 575.000 Fahrräder auf den Fernstrecken der Bahn transportiert, sinkt die Zahl bis zum Jahr 2007 auf rund 250.000 Fahrräder, was nicht zuletzt auf ein eingeschränktes Angebot zur Fahrradmitnahme zurückzuführen ist. Seitdem steigt die Zahl der transportierten Fahrräder wieder an und im Jahr 2018 werden wieder rund 350.000 Fahrräder mitgenommen (vgl. Abb. 2.7). Dabei ist die Mitnahme von Fahrrädern in Intercity- und Eurocity-Zügen sowie auf ausgewählten ICE-Linien kostenpflichtig möglich, die vorhandenen Fahrradstellplätze in diesen Zügen sind aber reservierungspflichtig. Auch im europäischen Fernverkehr ist eine Mitnahme von Fahrrädern in vielen Ländern möglich, allerdings ist für den Transport eine kostenpflichtige internationale Fahrradkarte notwendig. Die Zahl der transportierten Fahrräder auf internationalen Fernstrecken von Deutschland aus zeigt eine deutliche Zunahme (von rund 30.000 im Jahr 2005 auf mehr als 66.000 im Jahr 2017), ist aber quantitativ un-

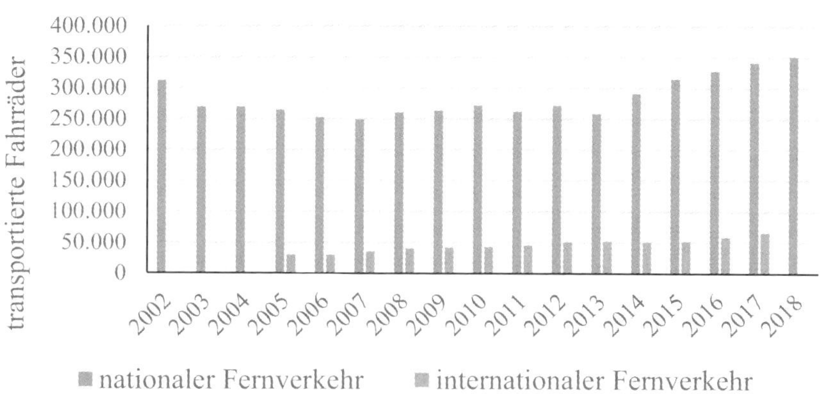

Abb. 2.7 Entwicklung der Fahrradmitnahme im nationalen (2002 bis 2018) und internationalen (2005 bis 2017) Zugfernverkehr in bzw. von Deutschland (ADFC diverse Jahrgänge)

bedeutsamer als im nationalen Fernverkehr (vgl. Abb. 2.7). Dies gilt auch für die Fahrradmitnahme in Nachtzügen.

Die Fahrradmitnahme im Nahverkehr ist bei der Deutschen Bahn (z.B. Interregio-Express, Regional-Express oder Regionalbahn) und in Verkehrsverbünden regional und saisonal stark unterschiedlich geregelt (Sperrzeit, Kosten, Reservierungspflicht). Vielfach gibt es spezielle Sondertickets. Auf stark befahrenen Strecken kommen teilweise an Wochenende in der Sommermonaten Gepäckwagen oder Sonderzüge zum Einsatz. Eine Mitnahmegarantie für Fahrräder besteht im Nahverkehr aber nicht.

Fahrradtransport mit dem Bus

Der Bus(anhänger) ist das bevorzugte Transportmittel von Radreiseveranstaltern, aber eine Fahrradmitnahme ist teilweise auch im Linienbusverkehr möglich. Dieser erfolgt teilweise kostenlos, allerdings verfügen die Linienbusse oft über eine saisonal begrenzte Kapazität (vgl. Miglbauer 2012, S. 103ff.) eine weitere Möglichkeit stellt die Mitnahme von Fahrrädern im Busfernverkehr dar. Laut der jährlich veröffentlichten Radreiseanalyse des ADFC steigt die Zahl der transportierten Fahrräder mit Fernbussen seit der Liberalisierung des Fernbusmarktes 2013 kontinuierlich an: Im Jahr 2013 werden rund 13.000 Fahrräder auf 40 Fernbuslinien transportiert, ein Jahr später sind es bereits 44.000 Fahrräder auf 88 Linien und im Jahr 2018 werden allein beim Marktführer Flixbus etwas mehr als 110.000 Fahrräder (vgl. ADFC, diverse Jahrgänge) transportiert, wobei die Mitnahme kostenpflichtig und in der Regel auf fünf Fahrräder je Bus beschränkt ist.

Fahrradtransport mit dem Flugzeug

Wesentlich seltener als Bahn und Bus ist die Mitnahme von Fahrrädern auf Reisen mit dem Flugzeug. Die Bedingungen für die Fahrradmitnahme variieren zwischen den Fluglinien deutlich. Dies betrifft u.a. die Mindestdauer der Anmeldung vor Abflug, die Verpackungsvorschriften (z.B. Fahrradkarton), den Beförderungszustand der Fahrräder (z.B. Lenker parallel zum Rahmen) sowie insbesondere die teilweise nach Entfernung gestaffelten Kosten für den Transport. Besondere Regelungen sind für Elektrofahrräder zu beachten, deren Transport einige Fluggesellschaften grundsätzlich ablehnen oder nur ohne Akku erlauben.

Fahrradtransport mit dem Schiff

Schließlich werden zum Transport während der Radreisen auch Schiffe genutzt. Die Mitnahme gestaltet sich in der Regel unproblematisch bei Fähren im Linienverkehr. Die meist kostenpflichtige Mitnahme auf Flüssen (z.B. Rhein, Donau, Elbe) oder Seen (z.B. Bodensee, Chiemsee) stellt eine attraktive Rückreisemöglichkeit bei der Radreise auf Durchzugsstrecken oder eine komfortable Möglichkeit zur Streckenüberbrückung bei Rundkursen dar.

Neben der Transportdienstleistung müssen weitere Infrastrukur- und Serviceleistungen im Fahrradtourismus angeboten werden. Hierzu zählen u.a. Fahrradabstellanlagen, bei deren Planung und Umsetzung insbesondere die Eignung des Standorts sowie die Anzahl und Art der Anlagen zu berücksichtigen sind. So sollen sich Fahrradabstellanlagen möglichst in ausreichender Zahl und großer räumlicher Nähe zu den Zielpunkten (insbesondere Sehenswürdigkeiten oder Gastronomiebetriebe) von Radtouristen befinden, sodass der Fußweg zwischen einer Abstellanlage und dem anvisierten Ziel möglichst gering ausfällt.

Fahrradabstellanlagen

Die Fahrradabstellanlagen müssen eine Reihe von Anforderungen erfüllen. Sie sollten ein komfortables (Seitenfreiheit und Zugänglichkeit der Abstellanlage) und sicheres Abstellen (Anschließen des Rahmens und des Vorderrades) der Fahrräder unterschiedlicher Radgrößen und -breiten gewährleisten. Dazu dürfen die Abstellanlagen nicht zu eng nebeneinander angeordnet werden, um ein Abstellen von Fahrrädern mit Gepäcktaschen zu ermöglichen. Insbesondere an Standorten mit längeren Aufenthaltszeiten ist eine witterungsgeschützte Abstellmöglichkeit für die Fahrräder zu empfehlen. Vom ADFC werden die Anforderungen an Sicherheit und Gebrauchstauglichkeit in einer technischen Richtlinie für empfehlenswerte Fahrradabstellanlagen beschrieben (vgl. ADFC 2016).

Die genannten Anforderungen werden von verschiedenen Arten der Abstellanlagen in unterschiedlicher Weise erfüllt. Grundsätzlich lassen sich folgende Arten von Abstellanlagen unterscheiden, die sich u.a. nach Platzbedarf, Design und Investitionskosten deutlich voneinander unterscheiden, wobei die beiden ersten Arten am häufigsten angeboten werden:

- Vorderradhalter (vgl. Abb. 2.8): Die Fahrräder werden lediglich mit dem Vorderrad in eine Halterung geschoben und weisen dadurch eine reduzierte Standsicherheit auf. Die Gefahr der Beschädigung des Vorderrades und ggf. der Scheibenbremse durch seitlichen Druck (z.B. beim Beladen) ist relativ hoch. Der Platzbedarf und die Investitionskosten für Vorderradhalter sind geringer als bei den anderen Abstellanlagen.
- Anlehnbügel (vgl. Abb. 2.8): Die Fahrräder können direkt an einen Bügel angeschlossen, so dass sie eine gute Standsicherheit haben. Die Anlehnbügel können in der Regel von beiden Seiten genutzt werden, was allerdings die Zugänglichkeit zu Gepäcktaschen reduziert. ggf. überdacht sind. Der Platzbedarf ist deutlich, die Investitionskosten dagegen nur geringfügig höher als bei Vorderradhaltern.
- Fahrradboxen bzw. -garagen: Die Fahrräder können in abschließbare Einzel- oder Doppelgaragen, ggf. mit Gepäck, abgestellt werden, wobei bei einigen Anlagen eine Gebühr zu entrichten ist. Diese in vielerlei Hinsicht komfortabelste Art der Abstellanlage erfordert den höchsten Platz- und Investitionsbedarf.
- Fahrradparkhäuser: Die Fahrräder werden auf baulich abgegrenzten und in der Regel überdachten sowie überwachten Parkflächen gegen Entrichtung einer Gebühr abgestellt.

Abb. 2.8 Beispiel a) Vorderradhalter und b) Anlehnbügel zum Abstellen von Fahrrädern (Aufnahmen Schmude 2019)

Von diesen vier Grundformen gibt es eine Vielzahl unterschiedlich konstruierter und designter Abstellanlagen (z.B. Schräghochparker). Weitere Abstellanlagen für Fahrräder sind u.a. sog. Bike & Ride-Stationen, die Fahrradparkhäuser ähnlich, im Fahrradtourismus jedoch von eher untergeordneter Bedeutung sind und für die Alltagsmobilität mit dem Fahrrad eine wichtigere Rolle (z.B. an stark frequentierten Haltepunkten des ÖPNV) spielen.

Fahrrad-Serviceeinrichtungen bieten den Fahrradtouristen ein unterschiedlich breites Angebot an Dienstleistungen, das vom Verleih von Fahrrädern, die Fahrradunterbringung sowie die Reparatur von Fahrrädern, über den Verkauf von Fahrradzubehör bis hin zu Informations- (z.B. Radkarten oder Reiseführer) und Vermittlungsangeboten (z.B. fahrradfreundliche Beherbergungs- oder Gastronomiebetriebe) reichen kann. Solche Einrichtungen sind häufig in der Nähe größerer Bahnhöfe oder Tourist-Informationen lokalisiert (vgl. Rosenau 2011, S. 68ff.).

2.2.5 Destinationsmarketing und -management im Fahrradtourismus

Fahrradtouristisches Marketing

Wie in allen Marktsegmenten des Tourismus ist auch im Fahrradtourismus ein segmentspezifisches Destinationsmanagement und -marketing notwendig. Dieses orientiert sich an den allgemeinen Aufgaben des touristischen Marketings und Managements von touristischen Destinationen, d.h. es umfasst das Dienstleistungs- und Regionalmarketing ebenso wie die traditionelle Marketingaufgaben Produktpolitik, Preispolitik, Distributionspolitik und Kommunikationspolitik (vgl. Freyer 2015, S. 430ff.). Im Zentrum des Interesses steht die touristische Destination, die je nach Wahrnehmung der Reisenden in ihrer Größe und Abgrenzung stark variieren kann. Dabei gilt, dass eine touristische Destination mit zunehmender Distanz zwischen dem Wohnort des Reisenden- und des von ihm bereisten Zielgebiet dieses großräumiger abgegrenzt wird. Dies bedeutet für das Destinationsmanagement wiederum eine besondere Herausforderung, da in einer wie auch immer abgegrenzten Destination verschiedene touristische Leistungsträger agieren, die jeweils auch ein eigenes Marketing betreiben. Im Idealfall wird dieses zwischen den verschiedenen Akteuren abgestimmt und orientiert sich an einem fahrradtouristischen Leitbild. Im Fahrradtourismus können **Rad-Destinationen** sowohl Durchgangsziele (insbesondere bei Durchzugsrouten) als auch Hauptziel der Reisenden (insbesondere bei Rundkursen) sein. Darüber hinaus kann auch die Radroute selbst als Destination wahrgenommen werden (vgl. Dreyer 2011, S. 112 ff.).

Stichwort

Rad-Destinationen

Eine Rad-Destination ist ein virtuell abgegrenzter Raum, der eine touristische Suprastruktur in Verbindung mit einer fahrradrelevanten Infrastruktur besitzt (mindestens also Radwege und für Radfahrer geeignete Beherbergungsbetriebe) und als Reiseziel bei potentiellen Gästen bekannt ist.

Dreyer 2011, S. 114

Die Aufgaben des Destinationsmanagements umfassen im Fahrradtourismus verschiedene Planungsaufgaben (z. B. Wegenetzplanung oder Zielgruppenwahl), die konkrete Angebotsgestaltung (z. B. Sicherstellung der radtouristischen Infrastruktur oder die Einrichtung und den Betrieb eines Internetauftritts), die Vermarktung der Destination (z. B. Ausarbeitung eines radtouristischen Marketingkonzepts oder Organisation radtouristischer Events) sowie die Interessensvertretung (z. B. regelmäßige Information der Wohnbevölkerung und Leistungsträger oder die Vertretung in Gremien).

Das Destinationsmarketing bedient sich sehr unterschiedlichen Kommunikationsinstrumenten, die möglichst aufeinander abgestimmt werden und sich idealerweise ergänzen. Eingesetzt werden können u. a. traditionelle Kommunikationsmittel wie Werbefolder, Anzeigen, Auftritte in den Werbemedien von Kommunen oder Regionen, redaktionelle Beiträge in Zeitungen bzw. Zeitschriften, Radio- und Fernsehwerbung, Internetauftritte, Radwanderführer, Beiträge in Special Interest Medien oder Auftritte auf nationalen bzw. internationalen Messen (vgl. Roseau 2001, S. 78 ff.). Darüber hinaus hat in den letzten Jahren die direkte Kommunikation von Gästen untereinander über soziale Medien (z. B. Facebook, Twitter oder Instagram) verstärkt an Bedeutung gewonnen.

Für ein erfolgreiches Management und Marketing im Fahrradtourismus sehen Dreyer et al. (2011, S, 177 ff.) zehn wesentliche Erfolgsfaktoren:

- Tourismusregionen als Rad-Destinationen begreifen,
- Konsequentes Destinationsmanagement betreiben,
- Strategische Angebotsentwicklung verfolgen,
- Produktgestaltung durch Inszenierung verbessern,
- Radrouten als Markenprodukt auffassen,
- Qualitätsmanagement betreiben,

- Ständigen Austausch der Leistungsträger und kooperative Vermarktung vorantreiben,
- Klimafreundlichkeit hervorheben,
- Kundenbindungsmaßnahmen einsetzen,
- Wissen durch Marktforschung verbessern.

Der letztgenannte Erfolgsfaktor „Marktforschung" ist insbesondere zur Identifikation der Zielgruppe(n), ihrer Entwicklung und Veränderung von fundamentaler Bedeutung, da die exakte Kenntnis der Nachfrageseite zur erfolgreichen Positionierung im sich immer stärker wettbewerbsorientierter zeigenden fahrradtouristischen Markt unabdingbar ist.

2.3 Zur Nachfrageseite im Fahrradtourismus

Radreisevolumen 2018

Wie in anderen Marktsegmenten kann auch Marktsegment Fahrradtourismus eine zunehmende Differenzierung der Nachfrageseite festgestellt werden. In der Folge kann innerhalb dieses Marktsegments nicht (mehr) von einer homogenen Zielgruppe gesprochen werden. Grundsätzlich muss auch im Fahrradtourismus zwischen übernachtendem Tourismus (Radreise) und Tagestourismus (Radausflug) unterschieden werden. Der ADFC errechnet in seiner Radreiseanalyse für das Jahr 2018 eine Reisevolumen von rund 5,5 Mio. Fahrradreisen, die dem übernachtenden Tourismus zuzurechnen sind, während sich die Zahl der Tagesausflüge auf etwa 258 Mio. beläuft (vgl. ADFC 2019, S. 7), wobei insbesondere die Zahl der Tagesausflüge gegenüber dem Vorjahr einen deutlichen Anstieg zeigt, was wiederum die hohe witterungsbedingte Variabilität der Radreisen belegt.

Zwar nutzen beide Nachfragegruppen (mit Ausnahme der Beherbergungsbetriebe) die gleiche Infrastruktur und Dienstleistungen (z.B. Radwege, Abstellanlagen oder Gastronomie), doch sie generieren u.a. deutlich unterschiedliche ökonomische Effekte pro Kopf (vgl. BMWi 2009, S. 22ff.). Die Erfassung des Tagestourismus stellt eines der größten Probleme der Erfassung der touristischen Nachfrage dar (vgl. Schmude & Namberger 2015, S. 84). Dies gilt auch für das Marktsegment des Fahrradtourismus. Aus diesem Grund gelten die nachfolgenden Aussagen überwiegend für den übernachtenden Fahrradtourismus.

Teilgruppen nach Fahrradtyp

Die Unterscheidung der verschiedenen Teilgruppen kann einerseits nach dem von ihnen genutzten Fahrradtyp vorgenommen werden (z.B. Trecking- oder Tourenrad, Mountainbike, Rennrad etc.). Während die Fahrten von Tourenradlern, die teilweise auch als Streckenradler bezeichnet werden in erster Linie durch Natur- und Landschaftserlebnis motiviert sind (wobei weitere Motive wie Sport oder Kultur durchaus auch eine Rolle spielen), ist bei Mountainbikern und Rennradlern, die quantitativ eine deutlich kleinere Zielgruppe darstellen, das sportliche Motiv von zentralem Interesse. Auch die vom BMWi (2009) veröffentlichte Grundlagenuntersuchung zum Fahrradtourismus verwendet eine auf der Art des genutzten Fahrrads basierende Radfahrertypologie. Teilweise wird diese Typologie ergänzt durch die von den Radtouristen gewählten Streckentypen und es werden Streckenradler, die sich auf Durchzugsrouten fortbewegen, und Regio- bzw. Sterntourenradler, die auf Radrundkursen unterwegs sind, unterschieden (vgl. hierzu auch 2.2.2). Alternativ wird auch ausschließlich nach Streckentypen differenziert. Dies gilt etwa für die vom ADFC jährlich veröffentlichte Radreiseanalyse, die einige Charakteristika für Streckenradler (2018 rund 72 % aller Radtouristen in Deutschland) und Sterntourenradler (vgl. ADFC 2019, S. 17) ausweist (vgl. Tab. 2.5). Bei den Reisetypen nach Trendscope (2009) umfasst die streckenorientierte Typisierung zusätzlich auch die Urlaubsradler, deren reiseauslösendes Motiv nicht das Radfahren ist, die jedoch im Laufe des Urlaubs mindestens einen Radausflug unternehmen. Bei der streckenorientierten Typisierung werden andere Zielgruppen wie Rennradfahrer oder Mountainbiker nicht berücksichtigt (vgl. Hürten & Görtz 2012, S. 40).

Typisierung von Radreisenden

Andererseits werden die Radfahrer häufig auch nach soziodemographischen, verhaltensorientierten und/oder psychographischen Merkmalen typisiert. So unterscheidet etwa Trendscope (2010) sieben verschiedene Radreisetypen (vgl. Tab. 2.5), die auf der multivariaten Analyse einer Befragung von rund 5.000 Radtouristen in sechs europäischen Ländern beruht. Die Typen unterscheiden sich insbesondere durch ihre Motive und ihr Reiseverhalten (vgl. Hürten & Görtz 2012, S. 38 f.). Auch die vom DWIF in zahlreichen Studien angewendete Typisierung basiert auf verhaltensorientierten Aspekten sowie Motiven der Radtouristen und weist fünf Teilgruppen aus, wobei sich die Typen auch nach der Länge der zurückgelegten Strecken und der Reisedauer unterscheiden (vgl. Rosenau 2011, S. 29). Eine Ergänzung dieser Typisierung ist die Aufnahme der Gruppe der E-Biker (vgl. Tab. 2.5).

Tab. 2.5 Unterscheidung der Radtouristen nach Radreisetypen (eigene Zusammenstellung nach Hürten & Görtz 2012, S. 38 f.; Rosenau 2011, S. 29 und ADFC 2019)

Reisetypen nach Trendscope (2010)	Teilgruppen nach DWIF (2009)	Typisierung nach ADFC (2019)
Der statusorientierte Sammler	Tourenradler	Streckenradler
Der familiäre Balancesucher	Genussradler	Sterntourenradler
Der informierte Abenteurer	Familien mit Kindern	
Der serviceorientierte Paradiessucher	Mountainbiker	
Der gelassene Begegnungssucher	Radsportler	
Der zielorientierte Rationalist	(E-Biker)	
Der genügsame Planer		

Die verschiedenen Typisierungen werden häufig zu Untersuchungen des fahrradtouristischen Marktes für verschiedene räumliche Einheit genutzt und reichen von der Analyse des nationalen Marktes über bundeslandspezifische Untersuchungen bis hin zu Fallbeispielen einzelner Radwege. Wegen der unterschiedlichen methodischen Ansätze sind die ermittelten Befunde oft nur bedingt vergleichbar. Aus diesem Grund stützt sich die nachfolgende Darstellung (2.3.1 und 2.3.2) insbesondere auf die Radreiseanalyse des ADFC (diverse Jahrgänge) und die Grundlagenuntersuchung zum Fahrradtourismus des BMWi (2009).

2.3.1 Zur soziodemographischen Struktur der Radtouristen in Deutschland

Altersstruktur der Radreisenden

Die Altersstruktur der Radtouristen zeigt in den vergangenen Jahrzehnten in Deutschland eine deutliche Veränderung. Dies hat seine Ursache einerseits einer zunehmenden Alterung der Gesamtbevölkerung auf Grund des demographischen Wandels, andererseits profitiert das Marktsegment auch vom allgemein gestiegenen Gesundheitsbewusstsein. Die gestiegene Fitness der älteren Menschen und die zunehmende Verbreitung von E-Bikes unterstützen diese Entwicklung zusätzlich. Entsprechend zeigt die Altersstruktur der Radtouristen in Deutschland im Jahr 2018 bei einem Durchschnittsalter von 52 Jahren (zum Vergleich: 2014: 45,1 Jahre) eine deutliche Konzentration auf die Alterskohorten 45 bis 64 Jahre, der rund die Hälfte der Radtouristen angehören. Rund ein weiteres Drittel entfällt auf die Altersgruppe 25 bis 44 Jahre. Dabei ist die Geschlechterproportion nicht ausgeglichen, denn rund zwei Drittel der Radtouristen sind männlich.

Einkommen und Bildung der Radtouristen

Neben der Altersstruktur zeigen sich auch hinsichtlich der Einkommenssituation und des formalen Bildungsstandes der Radtouristen deutliche Abweichungen gegenüber den Nicht-Radtouristen. So sind die Radtouristen bei den höheren Bildungsabschlüssen mit deutlich größeren Anteilen vertreten als Nicht-Radtouristen (vgl. Abb. 2.9). Dies hat erwartungsgemäß auch einen positiven Einfluss auf ihre Einkommenssituation. Im Vergleich zu den Nicht-Reisenden sind die Radtouristen in den unteren Haushaltsnettoeinkommensgruppen (bis zu 2.000 €) unterproportional, in allen oberen Kategorien überproportional vertreten (vgl. Abb. 2.9). Diese Einkommensstruktur belegt, dass Radtouristen finanziell überdurchschnittlich gut ausgestattet sind und begründet die deutlich gestiegene ökonomische Attraktivität des Marktsegmentes.

Zusammenfassend lassen sich die Radtouristen in Deutschland wie folgt charakterisieren: überwiegend männlich, schwerpunktmäßig zwischen 45 und 64 Jahren alt, selten alleinreisend, meist selbst organisiert reisend, an Natur und Kultur interessiert, mit einem überdurchschnittlich hohen Bildungsniveau ausgestattet und über ein überdurchschnittlich hohes Haushaltseinkommen verfügend.

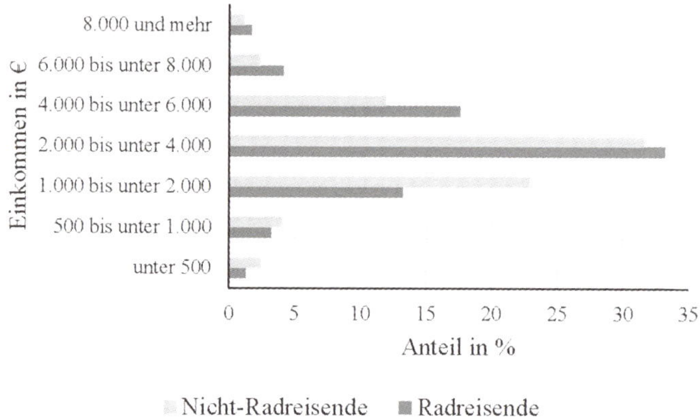

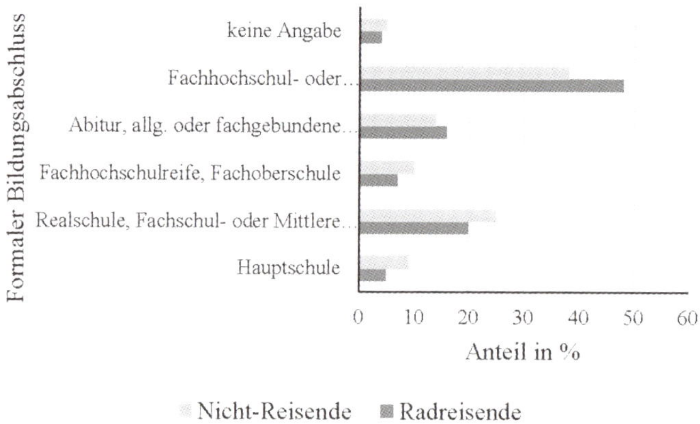

Abb. 2.9 Radtouristen in Deutschland im Vergleich zu Nicht-Radtouristen nach a) Einkommen und b) formalem Bildungsabschluss im Jahr 2016 (ADFC 2017, S. 40f.)

2.3.2 Zum touristischen Verhalten der Radtouristen in Deutschland

Das auf ihre Radreisen bezogene Verhalten der Touristen umfasst die Vorbereitung, Durchführung und Nachbereitung der Reisen. Dieses wird durch die Radreiseanalyse des ADCF in Deutschland seit dem Jahr 1999 regelmäßig erfasst. Nachfolgend werden die wichtigsten Ergebnisse der Radreiseanalyse 2019 (vgl. ADFC 2019) vorgestellt.

Informationsverhalten der Radtouristen

Zur Vorbereitung der Reisen greifen Radtouristen mittlerweile überwiegend auf das Internet zurück (83 %), Printprodukte wie Karten, Radreiseführer oder gedruckte Unterlagen von Tourist-Informationen spielen nur noch eine zweitrangige Rolle. Dagegen wird während ihrer Reisen die Ausschilderung der Routen von der Mehrheit der Touristen als wichtigste Informationsquelle bewertet (72 %), was die Bedeutung und Notwendigkeit einer einwandfreien Beschilderung nochmals unterstreicht. Zudem werden klassische Radkarten (58 %) und das mobile Internet (55 %) zur Information während der Reise genutzt. In der Nachbereitungsphase erfolgt die Informationsweitergabe vor allem persönlich im Freundes- und Bekanntenkreis (87%), während etwa ein Viertel der Radtouristen ihre Erfahrungen in dieser Phase über soziale Medien weitergeben.

Organisation der Reise durch Radtouristen

Radtouristen organisieren ihre Radurlaube zum ganz überwiegenden Teil selbst. So werden im Jahr 2018 in Deutschland lediglich 16% der Radurlaubsreisen ganz oder teilweise über Reiseveranstalter gebucht. Dabei nutzen 92% der Radtouristen ihr eigenes Fahrrad und bewegen sich zu zwei Dritteln auf Streckenrouten fort. Sie legen pro Tag im Durchschnitt 64 km zurück (Sternroutenfahrer 55 km) und sind durchschnittlich 10 Tage unterwegs (Sternroutenfahrer 7 Tage). Zur An- und Anreise werden der eigene PKW und die Bahn am häufigsten genutzt (zu jeweils 36%), rund ein Fünftel der Radtouristen führt ihre Reisen ausschließlich mit dem Fahrrad durch.

Gruppenkonstellation der Radtouristen und ihre Motivation

Obwohl Fahrradtourismus als eine sehr stark individuell geprägte Reiseform gilt, sind Radtouristen in der Regel nicht allein unterwegs (dies gilt nur etwa für jeden fünften Radurlauber), sondern führen ihre Radreise etwa zur Hälfte mit Partner/in und/oder Familie durch. Rund 30% unternehmen ihre Radreise mit Mitgliedern ihres Freundeskreises. Bei der Wahl der Destination spielt insbesondere die Landschaft eine wichtigere Rolle, wobei Flusslandschaften die bei weitem bevorzugte Landschaftsform ist. Dabei sind „in der Natur sein“ sowie „sportlich aktiv sein“ die häufigsten Gründe für die Wahl einer Fahrradreise als Urlaubsform.

Kopplungsaktivitäten von Radtouristen

Auch, wenn das reiseauslösende Motiv das Radfahren für die Radtouristen ist, so gehen sie während der von ihnen durchgeführten Radreisen auch anderen Aktivitäten nach, insbesondere sind dies der Besuch kultureller Sehenswürdigkeiten (68%), Wandern bzw. Spazierengehen (33% bzw. 32%) sowie Schwimmen/Baden (32%). Dies belegt die Notwendigkeit, dass radtouristische Destinationen ihren Gästen verschiedene Optionen anbieten müssen, um deren weitere Motive und Bedürfnisse zu befriedigen. Neben dem Grundnutzen (Radfahren) erwarten die Nachfrager also häufig einen Zusatznutzen bei Durchführung ihrer Radreisen. Dieses Koppeln von Aktivitäten kann in radtouristische Angebote integriert werden (z. B. RadelnPlus in Bayern: Radeln + Kultur, Kulinarisches und Badespass) und in Einzelfällen wird diese Entwicklung auch zur Thematisierung von radtouristischen Routen genutzt (z.B Via Danubia - Radeln auf den Spuren der Römer oder Radeln auf den Spuren des Blauen Reiters in Murnau). Ebenso wird dem Wunsch nach Koppelung von Aktivitäten durch die Entwicklung neuer Produkte aus verschiedenen Marktsegmenten Rechnung getragen (z. B. Radkreuzfahrten).

Ranking beliebter Radrouten

Durch die gestiegene Nachfrage nach radtouristischen Produkten versuchen immer mehr Destinationen sich auf dem Markt zu positionieren. Die Folge ist einerseits eine stark gestiegene Zahl von Radrouten, andererseits ein zunehmender Wettbewerb zwischen den Destinationen um die Radtouristen. Gleichwohl zeigt sich, dass es eine Reihe von Radrouten gibt, die seit Jahren konstant nachgefragt werden und damit zu den **beliebtesten Radrouten** in

Deutschland zählen, d.h. das Ranking der beliebtesten Radrouten ist in der Spitze relativ stabil: Im Jahr 2018 befinden sich unter den zehn beliebtesten Fahrradrouten in Deutschland insgesamt acht Routen, die bereits im Jahr 2012 unter den Top-10 platziert sind. Dabei handelt es sich meist um Routen entlang von Flüssen, Seen oder entlang von Küsten. Ähnliches lässt sich auch für die beliebtesten Radrouten im europäischen Ausland feststellen, wobei die Mehrzahl der Radreisen (rund zwei Drittel) aus dem deutschen Quellmarkt innerhalb von Deutschland stattfinden. Dies ist u.a. der Tatsache geschuldet, dass die Radreise für rund zwei Drittel der Radtouristen nicht der Haupturlaub, sondern eine zusätzliche Reise ist.

Stichwort

Ranking der beliebtesten Radrouten in Deutschland in den Jahren 2012 und 2018

Rang	Beliebtester Radweg 2012	Beliebtester Radweg 2018
1	Elbe-Radweg	Weser-Radweg
2	Rhein-Radweg	Elbe-Radweg
3	Donau-Radweg	Ruhrtal-Radweg
4	Weser-Radweg	Donau-Radweg
5	Ostseeküsten-Radweg	Bodensee-Radweg
6	Mosel-Radweg	Main-Radweg
7	Main-Radweg	Mosel-Radweg
8	Ems-Radweg	Rhein-Radweg
9	Altmühltal-Radweg	Ostseeküsten-Radweg
10	Bodensee-Radweg	Bodensee-Königssee-Radweg

ADFC 2013 und 2019

Saisonalität des Fahrradtourismus

Das Marktsegment Fahrradtourismus ist von einer deutlich stärkeren Saisonalität geprägt als der gesamte Tourismus in Deutschland, was durchaus verständlich ist, da er im Gegensatz zu anderen Marktsegmenten (z.B. Städte-, Tagungs- oder Wellnesstourismus) sehr stark witterungsabhängig ist. Insofern verwundert es nicht, dass drei Viertel der Radreisen in Deutschland in den Monaten Mai bis September durchgeführt werden (vgl. Abb. 2.10).

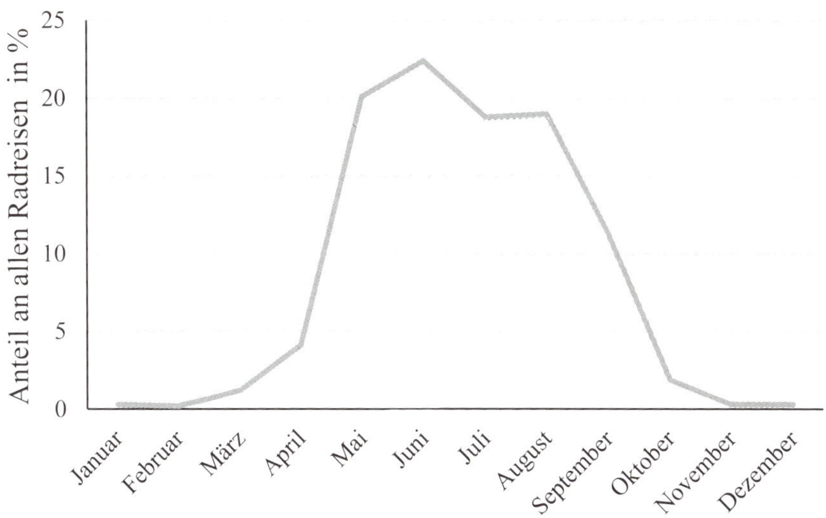

Abb. 2.10 Verteilung der Radreisen in Deutschland im Jahr 2018 nach Monaten (ADFC 2019)

2.4 Ökonomische Effekte durch Fahrradtourismus und (potentielle) Konflikte mit der Nachhaltigkeit

Auf Grund ihrer ökonomischen Situation (vgl. 2.2.2) gelten Fahrradtouristen - im Gegensatz zu früher - nicht mehr als „Billigtouristen". Dies zeigt sich etwa in der Wahl der Unterkünfte (überwiegend Hotels) sowie ihrem sonstigen Konsumverhalten während der Radreisen (Gastronomie, Eintritte etc.). Hierdurch erklärt sich nicht zuletzt die Attraktivität des Marktsegmentes Fahrradtourismus für viele Destinationen. Hierbei ist zu berücksichtigen, dass die radtouristischen Ausflügler in der Summe größere ökonomische Effekte als die übernachtenden Fahrradtouristen generieren. Zwar weisen die Ausflügler deutlich geringere Ausgaben pro Kopf aus als die übernachtenden Radtouristen, doch auf Grund der deutlich höheren Zahl an Radausflügen summieren sich ihre Ausgaben auf einen im Vergleich zum übernachtenden Fahrradtourismus höheren Gesamtumsatz.

Fahrradtouristische Umsätze

Da solche Erhebungen sehr zeit- und kostenintensiv sind, werden sie für das gesamte Marktsegment nur selten durchgeführt. Die letzte dieser Untersuchungen für Deutschland, die Grundlagenuntersuchung des BMWi zum Fahrradtourismus aus dem Jahr 2009, beziffert die Jahresumsätze für Deutschland durch radtouristische Tagesausflüge auf 2,448 Mrd. € gegenüber 1,421 Mrd. € durch den übernachtenden Radreisetourismus. Durch Vorleistungen (vgl. hierzu auch 2.4) generiert der Fahrradtourismus weitere 5,294 Mrd. €, so dass sich der Jahresgesamtumsatz durch das Marktsegment Fahrradtourismus in Deutschland auf rund 9,1 Mrd. € beläuft (vgl. BMWi 2009, S. 28 ff.). Dieser Umsatz variiert im Laufe der Jahre je nach Entwicklung der radtouristischen

Nachfrage, die u.a. witterungsbedingt schwankt. Es ist offensichtlich, dass der Fahrradtourismus ein wirtschaftlich wichtiges Marktsegment der Tourismuswirtschaft ist. Eine Modellrechnung auf Basis der vom BMWi (2009) ermittelten Umsätze führt zum Ergebnis, dass die im Fahrradtourismus generierten Umsätze rund 90.000 Arbeitsplätzen entsprechen. Hierbei sind die indirekten Effekte (z.B. Vorleistungen) mit einberechnet. Diese Vorleistungen werden z.B. durch die Fahrradindustrie erbracht.

Fahrradindustrie und -verkauf

Dabei ist der fahrradindustrielle Sektor in Deutschland durch einen Importüberschuss gekennzeichnet. Demnach produziert die heimische Fahrradindustrie in den letzten 10 Jahre zwischen 2 und 2,5 Mio. Fahrräder pro Jahr, die etwa zur Hälfte exportiert werden. Demgegenüber werden jedoch 2,75 bis 3,25 Mio. Fahrräder jährlich importiert. Wichtigste Importländer sind Kambodscha, Polen, Bulgarien und Portugal, in denen rund die Hälfte aller importierten Fahrräder produziert werden. Die Zahl der in Deutschland verkauften Fahrräder beläuft sich im Jahr 2018 auf rund 4,2 Mio. Fahrräder im Wert von rund 3,2 Mrd. € (vgl. ZIV 2019, S. 4ff.). Dabei handelt es sich einerseits um Ersatzbeschaffungen (Substitution alter Fahrräder), andererseits zeigt der Fahrradbestand in Deutschland insgesamt noch eine leicht zunehmende Tendenz. Hieran hat auch der Boom der E-Bikes einen wesentlichen Anteil.

E-Bikes

Im Jahr 2002 wurden in Deutschland lediglich rund 10.000 E-Bikes verkauft, doch schon im Jahr 2008 sind es erstmals mehr als 100.000. In den Folgejahren beschleunigt sich der Absatz weiter rapide: 2015 werden bereits mehr als 500.000 Elektro-Fahrräder verkauft und im Jahr 2018 knapp 1 Mio. (vgl. Abb. 2.11). Mittlerweile sind E-Bikes nach Trecking-Rädern der zweithäufigst verkaufte Fahrradtyp in Deutschland und er zeigt weiter die höchsten Zuwachsraten beim Fahrradabsatz. Nahezu jedes vierte verkaufte Fahrrad ist ein E-Bike. Diese Entwicklung hat mit dazu beigetragen, dass der durchschnittliche Preis je verkauftem Fahrrad in Deutschland kontinuierlich ansteigt: Wer-

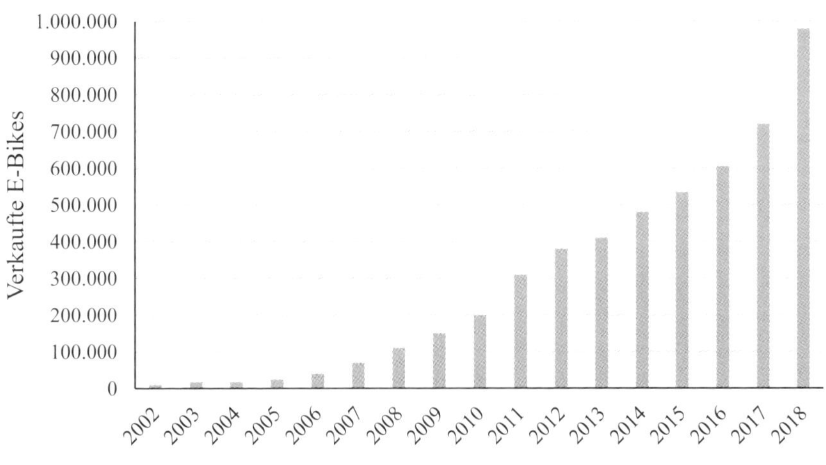

Abb. 2.11 Entwicklung der Verkaufszahlen für Fahrräder und E-Bikes in Deutschland von 2002 bis 2018 (ZIV diverse Jahrgänge)

den im Jahr 2009 noch 446 € pro Fahrrad verausgabt, sind es im Jahr 2018 bereits 756 € (vgl. ZIV 2010 und 2019). Dies unterstreicht nochmals, dass das Fahrrad mittlerweile nicht mehr das Transportmittel der „armen Leute" ist, sondern sich im Tourismus mit einem eigenen Marktsegment etabliert hat.

Umweltfreundlicher Fahrradtourismus

Hierbei profitiert das Marktsegment von seinem umweltfreundlichen Image und Fahrradtourismus wird allgemein als nachhaltige Tourismusform eingeschätzt. Dies liegt u.a. daran, dass dem Fahrrad als Transportmittel eine wichtige Rolle im Prozess der Mobilitätswende zugeschrieben wird, da es ein emissionsfreies Transportmittel ist, von dem zudem keine Lärmbelastung ausgeht. Zudem weist das Fahrrad gegenüber dem PKW einen deutlich geringeren Flächenanspruch auf (etwa beim ruhenden Verkehr mit 1,2 qm/Fahrrad gegenüber 12 qm/PKW). Allerdings ist bei einer weiteren Steigerung des touristischen Fahrradverkehrs zumindest in einzelnen Regionen ein Ausbau der Fahrradinfrastruktur notwendig.

Konflikte durch Fahrradtourismus

Trotz des positiven Images von Fahrradtourismus können innerhalb dieses Marktsegments durchaus auch Konflikte mit dem Aspekt der Nachhaltigkeit festgestellt werden. Insbesondere in Regionen, in denen es zum massenhaften Auftreten von Fahrradtouristen kommt (z.B. auf beliebten Fahrradrouten) und/oder in Regionen, in denen Touristen verschiedener Marktsegmente mit unterschiedlichen Interessen aufeinandertreffen (z.B. Wanderer und Mountainbiker in Waldgebieten), kann der Fahrradtourismus durchaus als Ursache von Auseinandersetzungen und Problemen gesehen werden, die meist in Zusammenhang mit dem Verhalten der Touristen stehen. Diese, die soziale Dimension von Nachhaltigkeit betreffenden Probleme könnten in Zukunft weiter zunehmen, da mit der zunehmenden Verbreitung von E-Bikes sich bisher nur von wenigen Radtouristen befahrene Gebiete mit einer größeren Zahl von Nutzern konfrontiert sehen. Dieses Problem und mögliche Lösungsansätze werden auch in der tourismuswissenschaftlichen Forschung aufgegriffen (z.B. Pröbstl-Haider et al. 2018). Neben den Nutzungskonflikten verschiedener Anspruchsgruppen können durch den Fahrradtourismus aber auch ökologische Belastungen und negative Folgen ausgelöst werden. Dies gilt insbesondere für Wege, deren Oberfläche aus ungebundenen Materialien besteht (z.B. Waldwege). Je nach Nutzungsfrequenz und verwendeten Fahrradreifen kann es z.B. zu Verdichtungen des Bodens und zur Schädigung der Vegetation kommen (vgl. Martin et al. 2018). Gemessen auf gesamten Fahrradtourismus betreffen diese Probleme aber aktuell „nur" wenige Regionen mit einem meist speziellen Angebot im Fahrradtourismus (z.B. Mountainbikern). Allerdings ist in diesem Zusammenhang zu beachten, dass es durch die E-Bikes zur **Ausweitung des Aktionsraumes** von Radtouristen kommt, da nunmehr auch Mittel- und sogar Hochgebirgsregionen versuchen, sich als radtouristische Destinationen anbieten (vgl. Breuer 2013), was durchaus erhebliches Konfliktpotential in sich birgt. Nicht zuletzt deshalb hat die Münchener Sektion des Deutschen Alpenvereins im Sommer 2018 beschlossen, dass es Ladestationen für E-Bike-Akkus auf den sektionseigenen Hütten nicht geben wird.

Stichwort

Ausweitung des Aktionsraumes:

Kein Ziel ist mehr unerreichbar?

E-Biking ist eine ganz neue Art des Radfahrens. Egal ob Du zu den E-ONROAD oder E-OFFROAD Fahrern gehörst, es wird Dich überraschen wie schnell Du große Distanzen ohne viel Anstrengungen erreichen kannst. Der Genuss des klassischen Radfahrens bleibt dabei erhalten. Mit einem E-Bike erreichen Deine Fahrerlebnisse ein ganz neues Niveau. Extreme Höhenmeter verlieren ihren Schrecken und kein Ziel scheint unerreichbar. Dein hybrider Freizeitradius erweitert sich auf über 100 km – einfach unglaublich sagst Du – Dann teste es selbst!

Werbung eines E-Bike-Herstellers

Fahrradtourismus und Regionalentwicklung

Mit dem Boom des Fahrradtourismus sehen viele Regionen dieses Marktsegment seit rund 20 Jahren als Mittel zur (touristischen) Regionalentwicklung, insbesondere für den ländlichen Raum. Dies gilt nicht nur für Deutschland und Europa, sondern u.a. auch für Australien, Neuseeland oder Asien. Entsprechend ist auch die Zahl der konkurrierenden Anbieter in diesem Marktsegment gestiegen und auch Regionen, in denen der (Fahrrad-)Tourismus noch vor 20 Jahren keine oder allenfalls eine untergeordnete Rolle gespielt hat, haben sich zu attraktiven radtouristischen Destinationen entwickelt (z.B. das Ruhrgebiet mit der Route der Industriekultur oder dem Emscher Park Radweg). Auch städtische Destinationen nutzen das Fahrrad zunehmend als Möglichkeit zur Produktgestaltung im Bereich des Städtetourismus. In der Konsequenz bedeutet dies für die Anbieterseite, dass eine erfolgreiche Positionierung auf dem radtouristischen Markt nur mit hochwertigen Produkten gelingen kann, die die Erwartungen der zunehmend erfahrenen radtouristischen Klientel befriedigt. Dabei ist es wichtig, auch neue Entwicklungen zu reagieren (z.B. Angebote für mobile Endgeräte). Grundsätzlich kann davon ausgegangen werden, dass das Marktsegment Fahrradtourismus auch weiterhin stark nachgefragt wird. ■

Fragen und Übungen

1. Erläutern Sie die Anforderungen an einen optimalen Fahrradweg.
2. Stellen Sie die Vor- und Nachteile verschiedener fahrradtouristischer Wegekonzepte gegenüber.
3. Begründen Sie, warum die radtouristischen Umsätze der Tagesausflügler in Deutschland höher als die Umsätze der übernachtenden Radtouristen ausfallen.
4. Beschreiben Sie typische soziodemographische Charakteristika von Radtouristen und nennen Sie wesentliche Aspekte ihres radtouristischen Verhaltens.
5. Diskutieren Sie, warum das Thema Nachhaltigkeit im Fahrradtourismus an Bedeutung gewinnt.

Literaturhinweise

ADFC (diverse Jahrgänge): ADFC-Radreiseanalyse. Berlin.
https//www.adfc.de/dossier/radreiseanalyse/
Seit 20 Jahren durchgeführte bundesweite Erhebung zum fahrradtouristischen Markt in Deutschland mit wechselnden Schwerpunktthemen.

Birkner, L.; Bormann, K.; Störk, V. (2019): Fahrradrouten. In: Borchert, R. (Hrsg.) (2019): Routentourismus. Heilbronner Reihe Tourismuswirtschaft, Band 29. Berlin, S. 121–216.
Beitrag aus einem Sammelwerk zum Routentourismus (neben Auto- und Wanderrouten), der sich auf Marketingaspekte konzentriert und zwei Fallbeispiele behandelt.

BMWi (= Bundesministerium für Wirtschaft und Technologie) (2009): Grundlagenuntersuchung Fahrradtourismus in Deutschland. Berlin. S. 22–61.
Umfassende Analyse des Fahrradtourismus in Deutschland mit Schwerpunkt auf die Ermittlung der ökonomischen Effekte dieses Marktsegments.

Dreyer, A.; Mühlnickel, E.; Miglbauer, E. (Hrsg.) (2012): Radtourismus. München.
Sammelband mit Überblick über Entwicklung, Potentiale und Perspektiven des Radtourismus in Deutschland und Europa mit zahlreichen Fallbeispielen.

Rosenau, J. (2011): Fahrradtourismus – ein deutscher Wachstumsmarkt. In: Borchert, R. (Hrsg.) (2011): Fahrradtourismus. Heilbronner Reihe Tourismuswirtschaft, Band 13. Berlin, S. 3–100.
Umfangreicher Beitrag aus einem Sammelband zum Fahrradtourismus mit Lehrbuchcharakter, der Angebots- und Nachfrageseite berücksichtigt.

3 Hochseekreuzfahrttourismus: Boom auf hoher See

Überblick

Kreuzfahrten erfreuen sich weltweit und in Deutschland seit rund 20 Jahren einer nahezu linear steigenden Nachfrage und auch für die Zukunft wird ein weiteres Wachstum prognostiziert. Entsprechend wächst auch die Kapazität der auf hoher See angebotenen Betten. Immer größere Kreuzfahrtschiffe (bis zu 6.800 Passagiere) werden zu schwimmenden Destinationen. Dabei ist die Angebotsseite durch eine starke Konzentration auf wenige Konzerne gekennzeichnet. Die Nachfrage zeigt insbesondere in der größten Kreuzfahrtnation – den USA und Deutschland – seit vielen Jahren ein ungebrochenes Wachstum. In der Zukunft gilt vor allem Asien als weiterer Wachstumsmarkt. Diese Erfolgsgeschichte wird in jüngster Zeit aber in Frage gestellt: ökologische Belastungen durch die Schiffe bzw. ihren Betrieb sowie die häufig schlechten Arbeitsbedingungen bzw. die Niedrigentlohnung von Arbeitskräften werden verstärkt diskutiert. Und auch die Auswirkungen des Kreuzfahrtmassentourismus in den angelaufenen Hafenstädten werden zunehmend unter dem Phänomen des Overtourism thematisiert, der zur Belastung für die einheimische Bevölkerung wird, die ökonomisch nur wenig vom Kreuzfahrtmarkt profitiert.

3.1 Abgrenzung der Hochseekreuzfahrten von anderen Kreuzfahrtarten

Abgrenzung Hochseekreuzfahrt

Grundsätzlich gibt es sehr unterschiedliche Formen der Schifffahrt, die im Tourismus eine Rolle spielen (vgl. Groß 2017, S. 158 ff.). Dazu gehören u.a. der Schiffslinienverkehr (z.B. Fährverkehr) oder die Kursschifffahrt auf Flüssen oder Seen. Ebenso zählen bestimmte Schiffscharter (z.B. Yachten oder Hausboote) zum touristischen Schiffsverkehr. Darunter fällt auch der sog. Bedarfsverkehr mit kurzen Ausflugsfahrten mit Fahrgastschiffen sowie die quantitativ im touristischen Schiffsverkehr dominierenden Kreuzfahrten, wobei der Begriff der Kreuzfahrten im deutschen Sprachgebrauch häufig als Synonym für Hochseekreuzfahrten verwendet wird, da diese Form der Kreuzfahrt quantitativ dominiert. Doch der Terminus Hochseekreuzfahrten weist bereits darauf hin, dass es offensichtlich auch andere Arten von Kreuzfahrten gibt. Dazu gehören insbesondere die Flusskreuzfahrten, aber auch Fährkreuzfahrten oder Kreuzfahrten auf Frachtschiffen. Dieses Kapitel widmet sich ausschließlich dem Marktsegment Hochseekreuzfahrten. Dass es sich hierbei um ein eigenes Marktsegment handelt, zeigt bereits die Abgrenzung gegenüber Flusskreuzfahrten vgl. Tab. 3.1). Zwar ist beiden Kreuzfahrtarten gemein, dass - im Gegensatz zu vielen anderen Formen der wassergebundenen Mobilität - nicht die möglichst schnelle Raumüberwindung im Zentrum des Interesses von Anbietern und Nachfragern steht. Während aber bei Hochseekreuzfahrten die Strecken größtenteils bei Nacht zurückgelegt werden, erfolgt dies bei Flusskreuzfahrten überwiegend tagsüber. Ein weiterer Unterschied ist die Tatsache, dass die Landgänge bei Flusskreuzfahrten eine noch größere Bedeutung als bei Hochseekreuzfahrten haben, bei denen das Schiff immer mehr selber zur Destination wird. Und auch wenn es den Anbietern beider Kreuzfahrtarten gelungen ist, jüngere Zielgruppen anzusprechen und das Durchschnittsalter zu senken, sind Flusskreuzfahrttouristen im Durchschnitt noch knapp zehn Jahre älter als Hochseekreuzfahrttouristen.

Merkmal	Flusskreuzfahrten	Hochseekreuzfahrten
Überwiegende Fahrzeit	Tagsüber (Fahrzeit und vorbeiziehende Landschaft sind wesentlicher Bestandteil der Reise)	Nachts (Fahrzeit dient primär dem Wechsel zwischen den Destinationen)
Überwiegende Liegezeit	Nachts in Häfen entlang der Fahrroute	Tagsüber in den für Landgänge angelaufenen Häfen
Routenführung	Durch Flussverlauf vorgegeben, Abhängigkeit vom Wasserstand	Möglichkeit zur Routenvariation
Größte Schiffe nach Zahl der Passagiere	Bis zu 400 Passagiere	Bis zu 5.500 Passagiere
Wichtigste Inhalte der Reise	vorbeiziehende Landschaft und Landgänge	Landgänge und Schiff
Alter der Nachfrager	Durchschnittsalter deutscher Teilnehmer rund 60 Jahre	Durchschnittsalter deutscher Teilnehmer rund 50 Jahre

Tab. 3.1 Gegenüberstellung ausgewählter Eigenschaften und Charakteristika von Fluss- und Hochseekreuzfahrten (nach Böttger 2015, Schäfer 1998, Schulz & Auer 2010, Steinecke 2018)

Produkt Kreuzfahrt

Trotz dieser Unterschiede kann auf Grund einiger Gemeinsamkeiten eine sowohl für Fluss- als auch für Hochseekreuzfahrten gültige Definition formuliert werden. Das darf aber nicht darüber hinwegtäuschen, dass es sich bei beiden Kreuzfahrtarten um eigenständige Marktsegmente handelt, die mit unterschiedlichen Konzepten und Strategien bearbeitet werden. Ein deutlicher Hinweis darauf ist auch die Tatsache, dass es nur wenige Anbieter gibt, die beide Kreuzfahrtarten in ihrem Produktportfolio führen. Bei **Kreuzfahrten** handelt es sich um relativ komplexe touristische Produkte, bei denen das Schiff als zentraler Produktbestandteil nicht nur Transportmittel ist, sondern im Sinne einer Pauschalreise weitere Leistungen wie Unterkunft, Verpflegung und Unterhaltung bietet. Es sei noch einmal betont, dass im Folgenden Flusskreuzfahrten nicht berücksichtigt werden: „Flusskreuzfahrten stellen ein eigenständiges Segment innerhalb der Kreuzfahrtbranche dar. Eine Kundenanalyse hat ergeben, dass es sich um zwei verschiedene Kundenkreise handelt. Noch vor wenigen Jahren wurde die Auffassung vertreten, dass Hochseekreuzfahrer zu Flusskreuzfahrern werden, wenn sie die Strapazen nicht mehr verkraften. Der Wechsel findet zwar statt, allerdings handelt sich es um eine ganz eigene Klientel“ (Perner 2000, S. 4).

Stichwort

Kreuzfahrten

Bei Kreuzfahrten handelt es sich um Reisen,

- die der Erholung, dem Vergnügen oder der Bildung gewidmet sind,
- die auf Fluss- oder Hochseeschiffen stattfinden,
- bei denen ein Leistungspaket aus Übernachtung (mindestens eine), An- und Abreise, Verpflegung (Vollpension), Entertainment, Bildung, „Begegnungen“, Ausflüge u.Ä. angeboten werden,
- bei der neben dem Abfahrts- und Ankunftshafen ein weiterer Hafen angesteuert werden.

3.2 Von den Anfängen der Erholungsreisen mit dem Schiff bis zum modernen Hochseekreuzfahrttourismus

Vorläufer der heutigen Kreuzfahrten

Wenngleich die Schifffahrt eine lange Geschichte aufweist, die weit in die vorchristliche Zeit zurückreicht, so kann von einem Kreuzfahrttourismus erst ab Ende des 19. Jahrhunderts gesprochen werden. Damit hat dieses Marktsegment eine deutlich kürzere Geschichte als andere touristische Marktsegment (z.B. Städtetourismus). Eine wesentliche Voraussetzung für die Entwicklung des Kreuzfahrttourismus ist die Erfindung der Dampfmaschine, die die Schifffahrt insgesamt revolutioniert. Hieraus resultiert u.a. die Einrichtung von Linienschifffahrtsverbindungen, die zunächst für den Post- und Pakettransport, dann aber auch zum Personentransport eingerichtet werden. Insbesondere die Atlantiküberquerung zwischen Europa und Amerika gewinnt im Laufe des 19. Jahrhunderts auf Grund der stark zunehmenden Auswanderung immer stärker für den Personentransport an Bedeutung. Während sich die Zahl der Auswanderer zwischen 1825 und 1834 noch auf 32.000 Personen beläuft, sind es zwischen 1875 und 1884 bereits 389.000 und zu Beginn des 20. Jahrhunderts (1905 bis 1914) bereits 1,012 Mio. an (vgl. Schulz & Auer 2010, S. 23). Schon zu dieser Zeit erfolgt die Personenbeförderung in verschiedenen Klassen (1. und 2. Klasse sowie auf dem Zwischendeck), wobei für die Einnahmen der Reedereien insbesondere der Transport in der 1. Klasse lukrativ ist. Verschiedene Reedereien aus Großbritannien, den USA und Deutschland befinden sich dabei in einem harten Wettbewerb, der zunächst über die Geschwindigkeit der Schiffe ausgetragen wird, später über ihre Ausstattung (vgl. Steinecke 2018, S. 20).

Das goldene Zeitalter der Passagierschifffahrt wird erst durch den Zweiten Weltkrieg unterbrochen. Zwar werden die Transatlantiküberfahrten nach dem Zweiten Weltkrieg wieder aufgenommen und die Zahl der beförderten Passagiere erreicht schnell wieder das Vorkriegsniveau, doch wird der transatlantische Linienschiffsverkehr ab Ende der 1950er Jahre immer stärker vom Linienflugverkehr verdrängt. Der erste Transatlantikflug mit einem Jet-Passagierflugzeug findet im Oktober 1958 mit 111 Passagieren und 11 Besatzungsmitgliedern mit einer Boeing 707 statt (vgl. Airlines.de 2008). Mit zunehmender Beförderungskapazität der Flugzeuge und dadurch sinkenden Flugpreisen wird die transatlantische Linienschifffahrt schließlich spätestens Ende der 1960er Jahre weitgehend obsolet. Die Reedereien sehen sich gezwungen, neue Geschäftsfelder zu suchen und neue Märkte zu erschließen. Eine Möglichkeit stellt der Hochseekreuzfahrttourismus dar, rund 100 Jahre nach den ersten Vorläufern von touristischen Hochseereisen.

Beginn des Kreuzfahrttourismus

Erste „Vergnügungs- und Erholungsreisen zur See" werden durch Thomas Cook in der zweiten Hälfte des 19. Jahrhunderts angeboten. 1862 organisiert der Reiseveranstalter eine 220 Tage dauernde Schiffsweltreise, wobei die Etappen mit vier verschiedenen Schiffen zurückgelegt werden (vgl. Heise 2012, S. 31). 1875 werden durch Thomas Cook erstmals wiederholt „Vergnügungs- und Erholungsreisen zur See" zum Nordkap durchgeführt. Sie gelten als erste **Vorläufer der heutigen Kreuzfahrten**, wenngleich dieser Begriff zu dieser Zeit noch nicht existiert (der Begriff „Cruise" wird erstmals 1884 verwendet). Gleiches gilt für die im Jahr 1891 angebotene „Luxuriöse Orient-Exkursion", die ebenfalls noch auf einem nicht speziell für Kreuzfahrten gebauten Schiff angeboten wird. An der 57-tägigen Fahrt mit 13 Landausflügen, die von der HAPAG angeboten wird, nehmen insgesamt 241 Passagiere teil (vgl. WÖST o.J.), Die 1847 gegründete Hamburg-Amerikanische Paketfahrt-Aktien-Gesellschaft (HAPAG) ist eines der größten Unternehmen im Post- und Auswandererverkehr in dieser Zeit. Ihr späterer Generaldirektor Albert Ballin setzt seine Idee einer „Lustreise zur See" mit dem Ziel um, die schwankende und insbesondere im Winter schwache Auslastung des Linienverkehrs auszugleichen. 1857 wird mit der Norddeutschen Lloyd (NDL) ein Konkurrenzunternehmen zur HAPAG gegründet, das ab der Wintersaison 1890 auch Nordlandreisen auf seinen Schiffen anbietet. Nicht zuletzt auf Grund des Erfolgs der Reisen beider Unternehmen und der starken Nachfrage nach diesen Reisen wird im Jahr 1900 von der HAPAG das erste speziell für Kreuzfahrten gebaute Schiff (Prinzessin Victoria Luise) in Dienst gestellt. Das Unternehmen baut die Flotte zu Beginn des 20. Jahrhunderts aus bzw. ergänzt die Kreuzfahrtflotte im Winter durch den Einsatz von Dampfschiffen aus dem Transatlantikfährverkehr. Diese erste

Blütezeit der frühen Kreuzfahrten endet jedoch abrupt mit Ausbruch des Ersten Weltkriegs.

Stichwort

Vorläufer und ausgewählte Ereignisse zur Entwicklung des Kreuzfahrttourismus bis zum Beginn des 20. Jahrhunderts

Jahr	Ereignis
1807	Erstes von einer Dampfmaschine angetriebenes Schiff (Clermont)
1840	Erster transatlantischer Dampferliniendienst, vorrangig zur Postbeförderung
1847	Gründung der HAPAG (Hamburg-Amerikanische Paketfahrt Aktiengesellschaft)
1857	Gründung der NDL (Norddeutsche Lloyd)
1862	Erste Schiffsweltreise, organisiert von Thomas Cook
1875	Nordkapfahrt der President Christie, organisiert von Thomas Cook
1890	Nordlandreise der Kaiser Wilhelm II, organisiert von der Norddeutschen Lloyd
1891	Orient-Exkursion der Augusta Victoria, organisiert von der HAPAG
1894	Nordland-Kreuzfahrt der Augusta Victoria, organisiert von der HAPAG
1896	Westindien-Kreuzfahrt der Columbia, organisiert von der HAPAG
1900	Stapellauf der Prinzessin Victoria Luise, erstes speziell für Hochseekreuzfahrten gebautes Schiff

nach Bischoff 2000, S. 36ff.; Schäfer 1998, S. 24ff.; Schulz & Auer 2010, S. 20ff.

Kreuzfahrten in der Zwischenkriegszeit

Nach dem Ersten Weltkrieg dauert es einige Jahre bis zunächst in den USA (Anfang der 1920er Jahre) und dann auch in Deutschland (ab 1925 wieder Kreuzfahrten angeboten werden. In Deutschland ist es die Reederei Hamburg Süd, die mit ihren Schiffen 16-tägige Nordlandkreuzfahrten kostengünstig anbietet. Auf Grund der hohen Nachfrage sind diese ersten Low-Budget-Kreuzfahrten (Schulz & Auer 2010, S. 29) erfolgreich und ein erster Schritt in Richtung eines Massentourismus im Kreuzfahrtsektor. In den 1930er Jahren greifen die Nationalsozialisten auf dieses Konzept zurück: Ihre Organisation „Kraft durch Freude" (KdF) chartert Schiffe anderer Veranstalter und lässt zusätzlich mit der Wilhelm Gustloff (1938) sowie der Roberts Ley (1939) zwei eigene Kreuzfahrtschiffe bauen. Angeboten werden die Kreuzfahrten zu einem Einheitspreis. An den KdF-Kreuzfahrten nehmen insgesamt 750.000 Menschen teil, insbesondere NS-Funktionäre, verdiente Parteigenossen und „alte Kämpfer" (vgl. Steinecke 2018, S. 26). Mit dem Ausbruch des Zweiten Weltkriegs kommt der Kreuzfahrttourismus wieder zum Erliegen.

Neubeginn nach dem Zweiten Weltkrieg

Nach dem Zweiten Weltkrieg dauert es in Deutschland bis Ende der 1950er Jahre, bis wieder erste Kreuzfahrten angeboten werden: 1958 bietet die HAPAG als erstes Unternehmen wieder Kreuzfahrten an, die mit dem Kreuzfahrtschiff Ariadne ins Nordland und ins Mittelmeer führen. Kreuzfahrten bleiben jedoch noch lange einem kleinen, elitären Kreis vorbehalten und es ist zu dieser Zeit nicht absehbar, dass sich das Marktsegment wenige Jahrzehnte später zu einem Massenmarkt entwickeln wird. Auch in der DDR entwickelt sich ein kleiner Kreuzfahrtsektor mit drei Schiffen: die 1958 neu gebaute Fritz Heckert, die 1946 in Schweden gebaute und 1960 von der DDR gekaufte Stockholm, die in Völkerfreundschaft umbenannt wird, sowie die 1980 in Hamburg gebaute und 1985 von der DDR gekaufte Astor (umbenannt in Arkona). Im Zeitraum von 1960 bis 1990 nehmen rund 280.000 DDR-Bürger an den vom Feriendienst des FDGB organisierten Kreuzfahrten teil (vgl. Steinecke 2018, S. 30). Damit ist - gemessen am gesamten Tourismusgeschehen - der Kreuzfahrttourismus in der DDR ein Nischensegment.

Entwicklung in den USA

Eine andere Entwicklung zeichnet sich jedoch auf dem amerikanischen Markt ab. Der Unternehmer Ted Arison greift die Idee der Low-Budget-Kreuzfahrten erneut auf, gründet mit dem norwegischen Reeder Knut Kloster im Jahr 1966 die Norwegian Cruise Line (NCL) und entwickelt die Idee von Clubkreuzfahrten mit sog. Fun-Ships, die ohne Kleiderordnung in legerem Ambiente kostengünstig angeboten werden. Nach der Trennung von seinem Partner gründet Arison im Jahr 1972 die Carnival Cruise Lines (CCL). Hilfreich für den Unternehmer ist die in den 1970er Jahren in den USA erfolgreiche TV-Serie „Love Boat". In der Folgezeit erlebt der Kreuzfahrttourismus einen Boom und macht den amerikanischen Markt zum Zentrum des Kreuzfahrttourismus. In dieser Zeit kommt es zur Gründung weiterer Kreuzfahrtunternehmen (z.B. 1968 Royal Caribbean Cruise Line). Eine weitere Folge des Booms ist der Bau immer größerer Kreuzfahrtschiffe, deren Angebot für die Passagiere kontinuierlich ausgeweitet wird, bis hin zu Floating Holiday Resorts mit einer Kapazität von bis zu 6.800 Passagieren und vielfältigen Möglichkeiten zur Urlaubsgestaltung (vgl. hierzu auch 3.3).

Entwicklung in Deutschland

Auch in Deutschland wird der Aufschwung des Kreuzfahrttourismus durch eine TV-Serie unterstützt: Die MS Deutschland der Peter Deilmann-Reederei ist seit 1981 das „Traumschiff" und die ZDF-Serie bringt die Kreuzfahrten allwöchentlich in die deutschen Wohnzimmer. Hierbei handelt es sich noch um die klassische Kreuzfahrt, doch 15 Jahre später hält das Clubkonzept mit dem ersten Clubschiff Einzug in die Kreuzfahrtbranche in Deutschland. Die AIDA steht in den folgenden Jahren als Synonym für das auch in Deutschland erfolgreich Clubkonzept und für den rasanten Aufschwung des Marktsegments Kreuzfahrttourismus. Heute gilt der Hochseekreuzfahrttourismus in Deutschland als eines der lukrativsten Marktsegmente im Tourismus. Seit rund 20 Jahren weist es ein an Passagierzahlen gemessenes nahezu lineares Wachstum auf, das sowohl auf der Anbieter- (vgl. 3.3) als auch auf der Nachfrageseite (vgl. 3.4) eine hohe Dynamik mit vielfältigen Entwicklungen und Veränderungen zeigt.

3.3 Aspekte der Angebotsseite im Hochseekreuzfahrttourismus

3.3.1 Kreuzfahrtarten sowie Routing und Fahrgebiete von Hochseekreuzfahrten

Differenzierung des Kernprodukts Kreuzfahrt

Wie die Definition des Terminus Kreuzfahrten bereits zeigt, werden mit Kreuzfahrten unterschiedliche Motive bedient (z.B. Erholung, Vergnügen oder Bildung), d.h. es ist im Verlauf des Produktlebenszyklus von Hochseekreuzfahrten immer mehr zur Ausdifferenzierung des originären Kernprodukts gekommen. Als originäres Kernprodukt kann sicherlich die „klassische" Kreuzfahrt betrachtet werden, die bis heute oft auch als Synonym für Kreuzfahrten insgesamt wahrgenommen wird, was etwa hinsichtlich des Images von Kreuzfahrten von Bedeutung ist. Neben der klassischen Kreuzfahrt haben sich mit der Club- bzw. Erlebniskreuzfahrt sowie der Studienkreuzfahrt zwei weitere wesentliche Arten von Hochseekreuzfahrten herausgebildet, denen unterschiedliche Charakteristika zugeschrieben werden können bzw. für deren Abgrenzung verschiedene Kriterien (z.B. Größe der Schiffe, Preis der Kreuzfahrt oder Angebot an Bord) herangezogen werden können (vgl. Schulz & Auer 2010, S. 79ff. und Steinecke 2018, S. 54ff.):

- So ist die klassische Kreuzfahrt in erster Linie der Entspannung, Ruhe und Erholung gewidmet. Weitere Merkmale sind exklusiver Service und eine hohe Qualität, was u.a. erklärt, warum klassische Kreuzfahrten eher im Hochpreissegment angesiedelt sind. Sie werden mehrheitlich auf mittelgroßen und kleinen Schiffen angeboten (vgl. 3.3.2). Bei klassischen Kreuzfahrten spielen zudem formale Aspekte (z.B. Kleiderordnung) und Rituale (z.B. Captains Dinner) eine wichtige Rolle. Nicht zuletzt daher werden Kreuzfahrten insgesamt von der breiten Öffentlichkeit zum Teil immer noch als sehr traditionelle, steife und luxuriöse Reisen wahrgenommen. Allerdings bemühen sich die Kreuzfahrtveranstalter seit Jahren um eine Verbesserung dieses **Image**s, indem sie u.a. spezielle Schulungen für Mitarbeiter/innen in Reisebüros anbieten, bei denen auch Gegenargumente und Lösungen für Vorurteile und (vermeintliche) Probleme dieser Reisen vermittelt werden (z.B. Fit-for-Cruise-Programm der fvw).
- Im Gegensatz zu den klassischen Kreuzfahrten finden Club- bzw. Erlebniskreuzfahrten in wesentlich legerer Atmosphäre statt, wenden sich an ein jüngeres Publikum (auch Familien mit Kindern) und bieten ein breites Entertainment-Programm (z.B. Shows, Musicals, Kabarett) sowie ein umfangreiches Sportprogramm (z.B. Kletterwände, Fitnesscenter, Golfsimu-

latoren). Bei diesem Kreuzfahrttyp werden die in der Regel großen bis sehr großen Schiffe (vgl. 3.3.2) immer mehr selbst zur Destination und die Landausflüge verlieren an Bedeutung. Diese Kreuzfahrten sind in der Regel nicht im Hochpreissegment angesiedelt und tragen zur Demokratisierung des Kreuzfahrttourismus bei.

- Studienkreuzfahrten fokussieren insbesondere (wie klassische landgebundene Studienfahrten) in erster Linie auf den Besuch kultureller Sehenswürdigkeiten, teilweise auch auf Naturhighlights. Der Schwerpunkt der Unterhaltung liegt eher auf fachlich ausgerichteten Vorträgen, denn auf reinem Entertainment. Entsprechend der im Vergleich zu den beiden anderen Arten geringeren Nachfrage nach Studienkreuzfahrten finden diese eher auf kleineren Kreuzfahrtschiffen (vgl. 3.3.2) statt und die Reisen verlaufen oft abseits der hoch frequentierten Routen.

Stichwort

Zum traditionellen, negativen Image von Kreuzfahrten

„Teuer, vornehm, feine Leute, gesellschaftliche Zwänge, fettmachendes Essen, Meer und nochmals Meer, langweilig, kostspielige Landausflüge, Nichts für Kinder/Twens/Familien, aber viele alte Leute" (Ganser 1991, S. 140).

… schwimmende[s] Seniorenheim… (Bertram 2003, S. 1).

„Luxus, Langeweile, Leberschaden" (Schrand 2003, S. 188).

Themenkreuzfahrten

Für diese drei Arten der Kreuzfahrten haben sich mittlerweile jeweils weitere Unterarten entwickelt. Beispielsweise werden für alle drei Hauptarten auch Themenkreuzfahrten angeboten. So können sich klassische Kreuzfahrten z.B. auf Themen aus den Bereichen (klassische) Musik, Literatur oder Kulinarik konzentrieren, während Club- und Erlebniskreuzfahrten auch als Veranstaltungen angeboten werden, bei denen ein (oder mehrere) Unterhaltungskünstler im Mittelpunkt steht (z.B. bei der von der TUI seit 2012 jährlich durchgeführten Rockliner-Kreuzfahrt mit Udo Lindenberg oder der seit 2013 jährlich einmal angebotenen Full Metal Cruise der TUI). Bei Studienkreuzfahrten ist ebenfalls eine thematische Schwerpunktsetzung möglich (z.B. historisch oder kunstgeschichtlich).

Weitere Sonderformen

Weitere Unterarten bzw. Sonderformen der Kreuzfahrt sind Expeditionskreuzfahrten, die besondere Reviere befahren (z.B. Arktis oder Antarktis) und Segelkreuzfahrten, bei denen die Passagiere teilweise einbezogen werden. Expeditions- und Segelkreuzfahrten sind eher hochpreisig und werden auf deutlich kleineren Schiffen als klassische und Clubkreuzfahrten angeboten. Eine weitere Sonderform ist die Leserreise (vgl. Bischoff, 2000, S. 43), bei der die Reedereien über Zeitschriften besonders kostengünstige Kreuzfahrten (meist in der Nebensaison) anbieten, um die Auslastung der Kreuzfahrtschiffe zu erhöhen und ggf. eine neue Klientel zu erschließen.

Teilweise sind die Abgrenzungen zwischen den Arten bzw. Unterarten der Kreuzfahrten nicht trennscharf, d.h. einzelne Angebote können u.U. mehreren Kategorien zugewiesen werden. Gleichwohl ist die Unterscheidung hilfreich, um eine möglichst exakte Ansprache der verschiedenen Zielgruppen (z.B. Paare, Familien mit Kindern, Singles, Einsteiger, sportlich Ambitionierte, Naturliebhaber etc.) zu erreichen. Dies spielt sowohl beim Marketing als auch bei der Planung und Preisgestaltung der Kreuzfahrten eine wichtige Rolle.

Routing bei Kreuzfahrten

Für die Planung und Gestaltung der Hochseekreuzfahrten können von den Anbietern verschiedene Routenvarianten gewählt werden (= Routing). Grundlegend ist die Unterscheidung in geschlossene und offene Ketten. Bei geschlossenen Ketten sind Start- und Zielhafen identisch, während bei offenen Ketten der Einschiffungshafen der Kreuzfahrt vom Ausschiffungshafen abweicht. In der Praxis werden geschlossene Ketten häufiger angeboten, nicht zuletzt, weil der organisatorische Aufwand und die Kosten für An- und Abreise bei offenen Ketten höher sind. Die weitere Differenzierung der Routentypen unterscheidet (vgl. Schulz & Auer 2010, S. 95ff.):

- Turnuskreuzfahrten sind geschlossene Ketten, die „nach Fahrplan" wiederholt (z.B. wöchentlich) durchgeführt werden. Dieser weit verbreitete Routentypus hat für die Kreuzfahrtanbieter eine Reihe von Vorteilen. So laufen die Abläufe in den Häfen routiniert ab und der wiederholt die gleichen Häfen anlaufende Anbieter erhält bessere Konditionen (z.B. Liegeplatzgebühren oder Passagiersteuern) insbesondere im Start- und Zielhafen, der auch als Basishafen oder Turnaround-Hafen bezeichnet wird.
- Schmetterlingskreuzfahrten sind ebenfalls geschlossene Ketten und bedienen vom Basishafen aus zwei Fahrtrouten, die abwechselnd angeboten werden (z.B. jeweils eine Woche). Für die Kreuzfahrtanbieter hat dies den Vorteil, zwei verschiedene Routen von einem Start- und Zielhafen anbieten zu können. Kreuzfahrttouristen können hingegen entscheiden, ob sie an beiden Routen oder nur an einer von beiden teilnehmen möchten.
- Positionierungskreuzfahrten sind offene Ketten und werden zum (klimabedingten) Wechsel von Fahrgebieten durchgeführt (z.B. zwischen Karibik und Mittelmeer). Dieser Typus ist durch eine Vielzahl von reinen Seetagen charakterisiert (wenige Landgänge). Daher werden Positionierungskreuzfahrten kostengünstiger als Turnus- und Schmetterlingskreuzfahrten angeboten.
- Freies Routing liegt bei Kreuzfahrten vor, bei denen in unregelmäßiger Abfolge (oder einmalig) Fahrten auf verschiedenen Routen und ggf. mehrere Fahrgebiete durchgeführt werden. Für die Anbieter sind diese Fahrten in Planung, Logistik und Durchführung sehr aufwändig. In der Regel werden solche Kreuzfahrten (z.B. Weltreisen) nur von einem keinen Teil der Passagiere komplett gebucht. Vielmehr nehmen diese häufig nur

an einer (oder ggf. mehreren) Teilstrecke(n) der Fahrt teil. Diese Routenwahl wird auch als personalisierte Kreuzfahrt bezeichnet.

Reviere des Kreuzfahrttourismus

Die verschiedenen Routentypen können in unterschiedlichen Fahrgebieten angeboten werden. Besonders stark frequentierte Zielgebiete des Kreuzfahrttourismus sind insbesondere die Karibik und mit deutlichem Abstand das Mittelmeer, da sie besonders gute Rahmenbedingungen für das Marktsegment bieten. Zum einen gibt es bevölkerungsreiche Länder mit guter Erreichbarkeit der beiden Reviere, in denen Kreuzfahrten stark nachgefragt werden. Zum anderen sind die klimatischen Bedingungen zumindest saisonal günstig (Wintersaison in der Karibik, Sommersaison im Mittelmeer) für den Kreuzfahrttourismus. Entsprechend setzen die Reedereien etwa die Hälfte ihrer Kapazitäten (gemessen an der Bettenkapazität) in diesen beiden Fahrgebieten ein (CLIA 2018, S. 6) und hier sind auch die weltweit am stärksten frequentierten Kreuzfahrthäfen (gemessen an der Zahl der Passagiere) lokalisiert (vgl. Steinecke 2018, S. 77). Da sich beide Reviere saisonal gut ergänzen, werden sie häufig über Positionskreuzfahrten von den Reedereien verbunden, wobei sich beide Fahrgebiete immer stärker zu Ganzjahresdestinationen des Kreuzfahrttourismus entwickeln. Zwar haben beide Kreuzfahrtreviere zwischen 2012 und 2017 relativ an Bedeutung eingebüßt, doch weisen sie, wie der gesamte Kreuzfahrtmarkt, in absoluten Zahlen weiterhin ein Wachstum auf (Karibik) oder stagnieren auf hohem Niveau (Mittelmeer) (vgl. Tab. 3.2). Auch auf die weiteren Kreuzfahrtreviere in Europa (z. B. Nordlandgebiete oder Ostsee) und Asien entfallen im Jahr 2017 bei steigender Tendenz mehr als 10 % der Bettenkapazität. Die asiatischen Reviere befinden sich noch in der Aufbauphase und zeigen das stärkste relative Wachstum hinsichtlich der eingesetzten Bettenkapazitäten. In einigen der mit

Tab. 3.2 Entwicklung der regionalen Verteilung der eingesetzten Bettenkapazitäten (ALBD = available lower berth days) der Reedereien in den Jahren 2012 und 2016 sowie ihre Zunahme in Mio. Betten (nach CLIA 2018, S. 6)

Region	2012	2017	Entwicklung 2012–2017
Karibik	37,3 %	34,7 %	15,1 Mio.
Mittelmeer	19,9 %	16,4 %	–0,5 Mio.
Europa ohne Mittelmeer	9,8 %	11,0 %	6,1 Mio.
Asien	3,6 %	10,4 %	14,5 Mio.
Australien	4,1 %	6,0 %	4,7 Mio.
Alaska	5,4 %	4,3 %	1,7 Mio.
Südamerika	3,4 %	2,2 %	–1,0 Mio.
Restliche	16,5 %	14,9 %	4,4 Mio.
Absolute ALBD	125,8 Mio.	170,6 Mio.	44,8 Mio.*

* Abweichung in der Gesamtsumme durch Rundungen

deutlich geringeren Anteilen an den Bettenkapazitäten angebotenen Fahrgebieten herrschen klimatisch bedingt saisonale Einschränkungen, so dass sie in der Regel nur wenige Monate befahren werden können. Zudem gibt es in einzelnen Revieren weitere Einschränkungen (z. B. zur Gewährleistung der Sicherheit).

Preissegmente von Kreuzfahrten

Bei der Preisgestaltung kann grob zwischen einem unterem und einem oberen Preissegment unterschieden werden. Beide können weiter differenziert werden. Das untere Preissegment setzt sich aus Kreuzfahrten der Budget- (75–125 € Tagesrate) und Standard-Kategorie (126–175 €) zusammen, während die Premium- (176–250 €), die Luxus- (251–400 €) und die Ultra-Luxus-Kategorie (401 € und mehr) das obere Preissegment bilden (Mordhorst 2016, S. 18). Als Folge des Wettbewerbs zwischen den Kreuzfahrtanbietern zeigt sich eine immer stärkere Angebotsdifferenzierung. So werden Kreuzfahrten nach verschiedene Konzepten entwickelt (vgl. Steinecke 2018, S. 118ff.):

- Schnupperkreuzfahrten (preisgünstige Kurzzeitkreuzfahrten insbesondere zur Neukundengewinnung),
- Freestyle-Cruising (flexible und individuelle Gestaltung des Tagesablaufs (z. B. bei Mahlzeiten) in legerer Atmosphäre),
- Ship-in Ship (separate Bereiche mit sehr hochwertiger Ausstattung (z. B. besonders große Suiten) und exklusivem Service (z. B. Butler) sowie individuellen (Zusatz-)Leistungen (z. B. für Landgänge) oder
- All-Inclusive (Reisepreis enthält in der Regel Verpflegungsleistungen, Zugang zum Entertainment- und Freizeitangebot sowie zum Spa, während einzelne Leistungen wie Spa-Anwendungen, Landausflüge und bestimmte Getränke zusätzlich zu bezahlen sind).

Die Konzepte orientieren sich teilweise an Konzepten aus dem Beherbergungssektor. Allerdings gibt es auch gescheiterte Konzepte, wie das dem Low-Cost-Sektor der Luftfahrt übernommene No-Frills-Konzept, bei dem außer der Grundleistung alle Zusatzleistungen kostenpflichtig sind. Für die konkrete Preisgestaltung ist neben dem Schiff und dem darauf verfolgten Konzept sowie der Ausstattung des Schiffs (vgl. 3.3.2) auch die Fahrzeit (Haupt- und Nebensaison) entscheidend.

3.2.2 Hochseekreuzfahrtschiffe und Reedereien

Größenklassen von Kreuzfahrtschiffen

Die Hochseekreuzfahrtflotten setzen sich aus Schiffen ganz unterschiedlicher **Größe** zusammen, wobei die Zahl der potentiell zu befördernden Passagiere Grundlage für die nachfolgende Kategorisierung ist. Die kleinsten Kreuzfahrtschiffe (für bis zu 250 Passagiere) werden als Boutique Schiffe bezeichnet. Sie werden häufig für Luxus- oder Expeditionskreuzfahrten (vgl. 3.3.1) eingesetzt. Die zweite Größenklasse umfasst mittelgroße Schiffe (für 250 bis 500

Passagiere), die vorwiegend für klassische Kreuzfahrten (vgl. 3.3.1) genutzt werden. Vorteil der kleinen und mittelgroßen Schiffe ist die Tatsache, dass sie auch kleinere Häfen anlaufen und auf „ausgefalleneren" Routen verkehren können. Große Schiffe (für 500 bis 1.000 Passagiere) sind in der Regel nicht so hochwertig ausgestattet (insbesondere mit Freizeit- und Sporteinrichtungen) wie die sehr großen Schiffe (für 1.000 bis 2.500 Passagiere), die typischerweise für Club- und Erlebniskreuzfahrten eingesetzt werden und ein großes Betreuungs- und Entertainmentprogramm aufweisen. Schließlich bilden die Mega- und Gigaschiffe (für mehr als 2.500 Passagiere) die oberste Größenklasse. Dabei handelt es sich um schwimmende Ressorts mit einem umfassenden Angebot an Sport-, Freizeit- und Entertainmentangeboten, so dass diese Schiffe selbst zur touristischen Destination werden. An den Grenzen ist die Einteilung der Größenklassen fließend und es finden sich in der Literatur auch von den hier angegebenen Werten leicht abweichende Grenzen. Um die Entwicklungskosten für die Kreuzfahrtschiffe zu reduzieren, geben die Reedereien verstärkt baugleiche oder nahezu baugleiche Schwesterschiffe in Auftrag. Dies gilt insbesondere für die Mega- und Gigaschiffe.

Stichwort

Die größten Hochseekreuzfahrtschiffe (nach Bruttoraumzahl = BRZ) weltweit im Jahr 2019 sowie der maximalen Zahl der Passagiere und Crew und Jahr des Stapellaufs

Schiff	Länge	BRZ	Passagiere	Crew	Stapellauf
Symphony of the Seas	362 m	228.081	5.518	2.200	2017
Harmony of the Seas	362 m	226.963	5.479	2.200	2016
Oasis of the Seas Allure of the Seas	360 m	225.282	5.400	2.165	2009 2010
AIDAnova	325 m	183.858	6.654	1.500	2018
MSC Meraviglia MSC Belissima	315 m	171.589	4.488	1.536	2016 2018
Spectrum of the Seas Quantum of the Seas Anthem of the Seas Ovation of the Seas	348 m	168.666	4.180	1.550	2019 2014 2015 2016
Norwegian Bliss Norwegian Joy Norwegian Escape	326 m	168.028	4.266	1.700	2018 2017 2015
Norwegian Epic	329 m	155.873	4.100	1.753	2009

eigene Zusammenstellung

Bewertungskriterien für Kreuzfahrtschiffe

Zum größenunabhängigen Vergleich der Schiffe untereinander und zur Einschätzung der Qualität der auf ihnen angebotenen Kreuzfahrten können verschiedene Kriterien herangezogen werden. Die gebräuchlichsten Kriterien sind (vgl. Schulz 2013):

- Die Pax-Crew-Ratio, mit der die Anzahl der Passagiere ins Behältnis zur Zahl der Besatzungsmitglieder gesetzt wird. Die Pax-Crew-Ratio nimmt für gewöhnlich Werte zwischen 1 und 5 an (vgl. Tab.3.3). Als Regel gilt: Je geringer die Pax-Crew-Ratio, desto teurer die Kreuzfahrt.
- Die Pax-Space-Ratio, mit der die je Passagier zur Verfügung stehende Fläche angegeben wird (BRZ im Verhältnis zur Zahl der Passagiere). Für die ganz überwiegende Zahl der Schiffe nimmt die Pax-Space-Ratio werde zwischen 25 und 50 an, wobei im Luxusbereich auch noch höhere Werte erreicht werden können. Daher gilt hier als Regel: Je höher die Pax-Space-Ratio, desto teurer die Kreuzfahrt.
- Die Tagesrate, die den durchschnittlichen Umsatz je Passagier angibt. Logischerweise gilt auch hier: Je höher die Tagesrate, desto teurer die Kreuzfahrt.
- Die Berlitz Punkte, mit der die Qualität eines Schiffes in Sternen angegeben wird (vergleichbar zur Hotelklassifizierung). Zur Bewertung werden die fünf Kriterien Schiff, Unterkunft, Küche, Service und Unterhaltungsangebot verwendet, die ihrerseits in 20 Unterkriterien unterteilt werden. Je Unterkriterium können maximal 100 Punkte erreicht werden, sodass sich der Maximalwert auf 2.000 beläuft. Die Bewertung reicht von einem Stern (bis 650 Punkte = mangelhaftes Kreuzfahrterlebnis) bis zu fünf Sternen plus (mehr als 1.850 Punkte = hervorragendes Luxuskreuzfahrterlebnis).

Die Werte der Bewertungskriterien können innerhalb der Flotte von Kreuzfahrtunternehmen durchaus variieren (vgl. Tab. 3.3), insbesondere dann, wenn mit verschiedenen Schiffen unterschiedliche Zielgruppen angesprochen werden.

Tab. 3.3 Pax-Crew-Ratio und Pax-Space-Ratio für die Hochseeflotten ausgesuchter Kreuzfahrtunternehmen (mindestens 10 Schiffe) im Jahr 2015 (nach The National Institute of Cheer 2015)

Kreuzfahrtunternehmen (Schiffe)	Pax-Crew-Ratio (Min-Max)	Pax-Space-Ratio (Min-Max)
AIDA Cruises (11)	3,20–4,62	25,00–28,00 qm
Carnival Cruises (25)	2,23–3,39	25,90–41,67 qm
Celebrety Cruises (11)	1,41–2,62	29,92–39,42 qm
Costa Cruises (15)	2,22–3,95	27,28–32,77 qm
Holland America Line (16)	1,78–3,12	33,47–41,74 qm
MSC Cruises (14)	2,22–3,75	28,00–34,84 qm
Norwegian Cruise Line (16)	2,03–3,86	22,11–35,00 qm
Princess Cruises (18)	1,82–3,21	32,68–39,00 qm

Entwicklung der Anbieterseite

Da das touristische Marktsegment Kreuzfahrttourismus seit vielen Jahren wächst (zunächst in den USA, mit zeitlichem Verzug dann auch in Europa; vgl. 3.2), ist auch die Zahl der eingesetzten Schiffe sowie die der darauf angebotenen Bettenkapazität sowie die Zahl der teilnehmenden Passagiere (vgl. 3.4) deutlich angestiegen. Betrachtet man die Anbieterseite, zeigt sich für die anbietenden Reedereien der Kreuzfahrtbranche jedoch ein schon früh einsetzender Konzentrationsprozess. Entsprechend existieren wenige Konzerne, die mehr als drei Viertel des Marktes – gemessen an der Zahl der Schiffe, an der Bettenkapazität, an den beförderten Passagieren oder am Umsatz – auf sich vereinen. Diese Konzerne bieten die Kreuzfahrten allerdings unter dem Namen einer Vielzahl unterschiedlicher Reedereien und Marken an, so dass beim Nachfrager häufig der Eindruck einer Unternehmensvielfalt auf dem Kreuzfahrtmarkt besteht. Durch die Führung unterschiedlicher Reedereien unter einem Konzerndach ist es den Konzernen möglich, unterschiedliche Märkte (nach Kreuzfahrtart und regional) abzudecken. So werden beispielsweise Kreuzfahrten von AIDA (Mutterkonzern ist die Carnival Corporation) vor allem auf dem deutschen Markt angeboten und nachgefragt, was dazu führt, dass die Reederei häufig als deutsches Unternehmen wahrgenommen wird. Entsprechend hat AIDA im Jahr die größte gestützte Bekanntheit (82%) aller Kreuzfahrtanbieter in der deutschen Bevölkerung (vor MSC mit 67%, TUI mit 56% und Costa mit 53%) (vgl. Nordlight Research 2018).

Größte Kreuzfahrtkonzerne

Die mit Abstand größten Anbieter sind die beiden US-amerikanischen Konzerne Carnival Corporation und Royal Caribbean Cruises. Für die Carnival Corporation sind Ende 2018 insgesamt 103 Hochseekreuzfahrtschiffe im Einsatz, die von den neun Reedereien betrieben werden (Carnival Cruise Lines, Princess Cruises, Holland America Line, Costa Cruises, AIDA Cruises, P&O Cruises, Seabourn Cruises, Cunard, Fathom). Der Royal Caribbean Cruises gehören Ende 2018 vier Reedereien mit 53 Schiffen an (Royal Caribbean International, Celebrity Cruises, Pullmann Cruises, Azamara Club Cruises, Crosiere de France), zusätzlich ist der Konzern u.a. zu 35% an SkySea Cruises, zu 50% an TUI Cruises und zu 66,7% an Silver Cruises beteiligt. Nicht zuletzt auf Grund der oligopolistischen Struktur gilt die Kreuzfahrtbranche als stark globalisiertes Marktsegment des Tourismus (vgl. Wood 2000). Mit deutlichem Abstand zu den beiden großen US-amerikanischen Konzernen folgen einige mittelgroße Anbieter wie Norwegian Cruise Line, MSC Crociere, Hurtigrouten oder TUI Cruises mit bis zu gut 10% Marktanteil. Schließlich gibt es noch eine Reihe ganz kleiner Anbieter mit geringen Marktanteilen, und die im Extremfall nur über ein Schiff verfügen (z.B. der Reiseveranstalter FTI mit der MS Berlin oder das auf Flusskreuzfahrten spezialisierte Unternehmen Plantour mit der MS Hamburg).

Flaggenproblematik

Die Reedereien betreiben ihre Kreuzfahrtschiffe häufig unter „fremder" Flagge, sog. Billigflaggen (Flags of Convenience). So fahren alle Kreuzfahrtschiffe der TUI unter der Flagge Maltas, das nach den Bahamas, Panama und Bermuda viertwichtigste Flaggennation für Kreuzfahrtschiffe ist. Die Kreuzfahrtflotte von AIDA fährt hingegen unter italienischer Flagge. Die Schiffe amerikanischer Reedereien fahren vor allem unter der Flagge der Bahamas oder der von Panama. Es wird davon ausgegangen, dass nach dieser bereits seit vielen Jahren ausgeübten Praxis rund 80% der Kreuzfahrtschiffe unter Billigflaggen fahren (vgl. Grass 2013). Die Wahl einer fremden Flagge hat ihren Grund in den von diesen Flaggenstaaten gewährten Steuervergünstigungen, die sowohl den Schiffsverkehr selbst als auch die Einkommen betrifft. Beispielsweise erhebt Malta lediglich eine Registrierungsgebühr für die Schiffe sowie eine niedrige Tonnagesteuer, Italien verzichtet auf das Abführen der Lohnsteuer durch die Reedereien. So lag die Steuerbelastung von TUI Cruises im Jahr 2015 bei nur 0,05%, ein Jahr zuvor bei 0,06% (vgl. Hecking 2017). Ein weiterer Vorteil durch die Billigflaggen ist die Tatsache, dass jeweils das Arbeitsrecht des Flaggenstaates auf den Kreuzfahrtschiffen gilt (vgl. hierzu auch 3.5.3).

Events: Messen und Schiffstaufen

Nicht zuletzt zur Neukundengewinnung, aber auch zur Kundenbindung veranstalten die Anbieter von Kreuzfahrten verschiedene Events. Hierzu gehören die auch teilweise für die Öffentlichkeit zugänglichen Kreuzfahrtmessen. Die weltweit größte Veranstaltung ist die seit dem Jahr 1985 jährlich stattfindende Seatrade Cruise Global in Miami. Im Jahr 2019 werden die mehr als 700 ausstellenden Unternehmen (davon 46 aus Deutschland) von über 13.000 Fachbesuchern aufgesucht (vgl. AUMA 2020). Während sich diese Veranstaltung ausschließlich an die Angebotsseite des Marktsegmentes wendet, wird mit Events wie den Cruise Days in Hamburg die Nachfrageseite direkt angesprochen. Die im zweijährigen Rhythmus durchgeführte Veranstaltung präsentiert der Öffentlichkeit verschiedene Kreuzfahrtschiffe und ein umfangreiches Unterhaltungsprogramm rund um das Thema Kreuzfahrt. Die Veranstaltung im Jahr 2019 mit 12 Kreuzfahrtschiffen wird von rund 500.000 Menschen besucht und ist die größte derartige Veranstaltung in Europa (Hamburg Cruise Mag 2019). Mit einer vergleichbaren Zielsetzung wie die Cruise Days werden **Schiffstaufen** von Kreuzfahrtschiffen immer mehr zu öffentlichen Events. Für die Patenschaft der Schiffe werden (vermeintliche) Prominente gewonnen, mit deren Unterstützung die Schiffstaufen öffentlichkeitswirksam inszeniert werden.

Stichwort

Schiffstaufen: Das Beispiel der AIDA-Flotte

Schiff	Taufdatum	Ort	Paten
AIDAcara	07.06.1996	Rostock	Christiane Herzog
AIDAvita	04.05.2002	Warnemünde	Doris Schröder-Köpf
AIDAaura	12.04.2003	Warnemünde	Heidi Klum
AIDAdiva	20.04.2007	Hamburg	Maria Galleski
AIDAbella	23.04.2008	Warnemünde	Eva Padberg
AIDAluna	04.04.2009	Palma de Mallorca	Franziska Knuppe
AIDAblu	09.02.2010	Hamburg	Jette Joop
AIDAsol	09.04.2011	Kiel	Bettina Zwickler
AIDAmar	12.05.2012	Hamburg	Sissi Franziska Kuhlmann
AIDAstella	16.03.2013	Warnemünde	10 Taufpaten*
AIDAprima	07.05.2016	Hamburg	Emma Schwaiger
AIDAperla	30.06.2017	Palma de Mallorca	Lena Gercke
AIDAnova	31.08.2018	Papenburg	Familie Mirzer**
AIDAmira	30.11.2019	Palma de Mallorca	Franziska Knuppe

* 8 Mitarbeiter/innen von AIDA Cruises, je eine der Meyer Werft und des Architekturbüros Partner Ship Design

** durch ein Casting der BILD am Sonntag ausgewählt

AIDA 2019

3.4 Nachfrageseite im Hochseekreuzfahrtmarkt mit besondere Berücksichtigung des deutschen Quellmarkts

Entwicklung der globalen Kreuzfahrtnachfrage

Sowohl aus globaler Perspektive als auch mit Blick auf den deutschen Quellmarkt ist der Kreuzfahrttourismus eines der erfolgreichsten Marktsegmente der Tourismuswirtschaft seit den 1970er Jahren (Nordamerika) bzw. seit den 1990er Jahren (Westeuropa) (vgl. auch 3.2). Dies lässt sich insbesondere an den Zahlen der an Kreuzfahrten teilnehmenden Passagiere zeigen. Sie weisen sowohl global als auch in Deutschland eine nahezu ungebrochene Zunahme auf (vgl. Abb. 3.1). Dabei stammen rund die Hälfte der Kreuzfahrttouristen vom nordamerikanischen Quellmarkt und ein weiteres Viertel wird in Europa rekrutiert (vgl. CLIA 2019). Das Wachstum für den deutschen Quellmarkt fällt insbesondere nach 2008 relativ noch stärker aus als der Zuwachs für den globalen Kreuzfahrtmarkt (vgl. Abb. 3.1): So haben sich die Passagierzahlen im deutschen Kreuzfahrtsektor im Zeitraum zwischen den Jahren 2000 und 2018 nahezu um den Faktor sechs erhöht, während sie sich aus globaler Sicht „nur" knapp vervierfacht haben. Die Prognosen gehen für die nähere Zukunft davon aus, dass sich dieses Wachstum (evtl. mit deutlicher Abschwächung) fortsetzen wird. Im Jahr 2018 beträgt die Penetrationsrate für Kreuzfahrten in Deutschland (= der Anteil der Bevölkerung, der an einer Kreuzfahrt teilnimmt) zwischen 2% und 3% (je nachdem, zu welcher Grundgesamtheit die Zahl der Kreuzfahrttouristen in Relation gesetzt wird), doch wird sie als noch steigerungsfähig eingeschätzt, insbesondere im Vergleich zu den USA.

Abb. 3.1 Globale und auf den Quellmarkt Deutschland bezogene Entwicklung der Passagierzahlen im Kreuzfahrttourismus im Zeitraum 2000 bis 2018 (indexierte Darstellung mit 2000 = 100 nach Brida & Zapata 2010, S. 208 und CLIA diverse Jahrgänge)

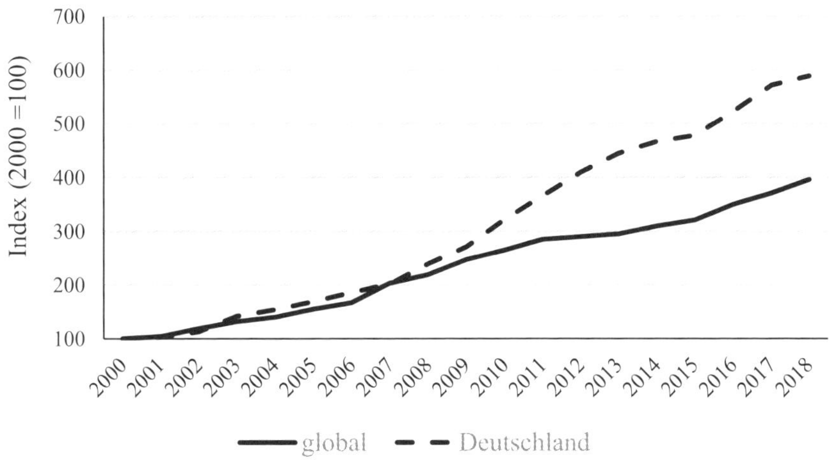

Entwicklung der Kreuzfahrtnachfrage in Europa

Innerhalb von Europa sind Deutschland und Großbritannien die beiden wichtigsten Kreuzfahrtmärkte (vgl. Abb. 3.2.). Während zunächst Großbritannien zu Beginn des 21. Jahrhunderts noch die deutlich höchsten Passagierzahlen aufweist, wächst die Nachfrage nach Kreuzfahrten in den folgenden Jahren in Deutschland deutlich stärker. Ab dem Jahr 2013 nimmt Deutschland im europäischen Kreuzfahrtmarkt den ersten Rang nach der Zahl der Passagiere ein. Die Passagierzahlen in den Mittelmeerländern Spanien, Frankreich und Italien fallen dagegen deutlich geringer aus und zeigen eher stagnative Tendenzen. Die Verteilung der Kreuzfahrtnachfrage auf dem deutschen Quellmarkt ist nahezu gleichgewichtet zwischen unterem und oberen Preissegment (vgl. 3.3.1), wobei die Luxus- und der Ultra-Luxus-Kategorien die geringsten Anteile aufweisen (vgl. Mordhorst 2016, S. 18).

Reisedauer und Umsatz

Zur Analyse des deutschen Kreuzfahrtmarktes können einige **Kennzahlen** herangezogen werden. Neben der Zahl der Kreuzfahrten ist auch die Dauer der Reisen von Bedeutung, da sich aus dem Produkt beider Größen die Passagiernächte ergeben, die wiederum in Kombination mit dem Reisepreis wesent-

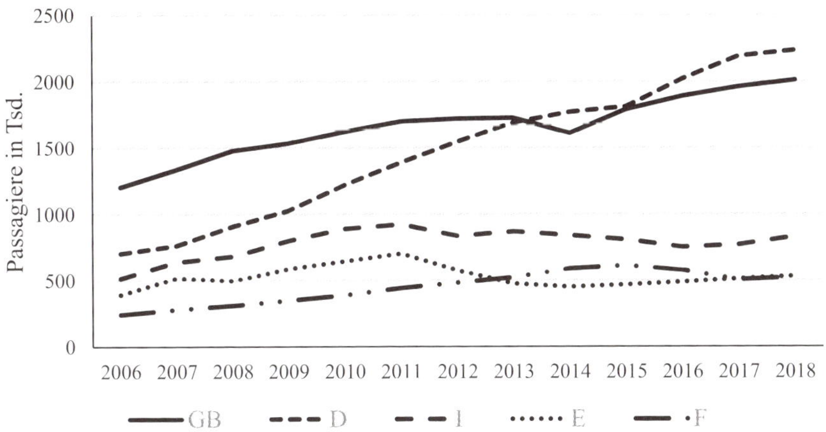

Abb. 3.2 Entwicklung der Passagierzahlen für Hochseekreuzfahrten aus Deutschland, Großbritannien, Spanien, Frankreich und Italien im Zeitraum 2006 bis 2018 (nach CLIA diverse Jahrgänge)

lich für den Umsatz der Kreuzfahrtanbieter ist. Die durchschnittliche Dauer einer Kreuzfahrtreise beträgt in Deutschland seit einigen Jahren mit geringen Schwankungen zwischen 8,7 und 9,7 Tagen und liegt über dem globalen Durchschnittswert von 7 Tagen (vgl. CLIA verschiedene Jahrgänge). Somit werden auf dem deutschen Kreuzfahrtmarkt im Jahr 2018 insgesamt 20,32 Mio. Passagiernächte realisiert. Der durchschnittliche Preis je Kreuzfahrtreise zeigt einen geringen Anstieg und erreicht im Jahr 2018 in Deutschland 2.125 € (2017: 2.070 €). Er ist damit rund doppelt so hoch wie der durchschnittliche Preis für alle Urlaubsreisen in Deutschland, der im Jahr 2018 bei 1.017 € liegt (vgl. VIR 2019, S. 26). Legt man den Durchschnittspreis einer Kreuzfahrtreise zu Grunde, so kann für das Jahr 2018 insgesamt von einem Umsatz von 4,745 Mrd. € im deutschen Hochseekreuzfahrtmarkt ausgegangen werden. Damit ist dieses Marktsegment ein wichtige Säule der deutschen Tourismuswirtschaft, mit der rund 6,6 % des gesamten touristischen Umsatzes generiert werden.

Stichwort

Kennzahlen des deutschen Kreuzfahrtmarktes im Jahr 2018

Kennzahl	Ergebnis 2018
Kreuzfahrtpassagiere	2,233 Mio.
Durchschnittliche Dauer	9,1 Tage
Passagiernächte	20,320 Mio.
Durchschnittlicher Reisepreis	2.135 €
Umsatz	4,745 Mrd. €
Durchschnittsalter	49 Jahre

nach CLIA 2019 und VIR 2019, S. 26

Wahl des Fahrtreviers

Bei der Destinationswahl spielt die Distanz zwischen Rekrutierungsmarkt und Fahrgebiet für die Nachfrager eine wichtige Rolle. So ist die Karibik meist gewählte Destination für nordamerikanische Kreuzfahrttouristen, während sich mehr als die Hälfte der Nachfrage aus Deutschland auf europäische Reviere konzentriert (vgl. Abb. 3.3). Dabei haben insbesondere die nordeuropäischen Fahrgebiete eine überdurchschnittlich angewachsene Nachfrage zu verzeichnen. Hingegen entfällt auf die Karibik und Nordamerika „nur" rund jede fünfte Kreuzfahrt deutscher Touristen.

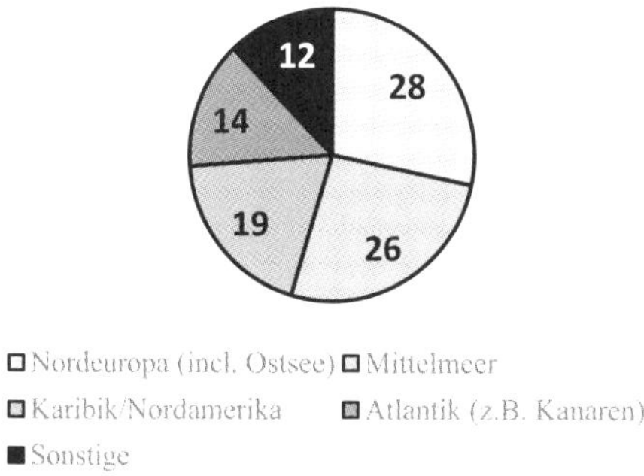

Abb. 3.3 Zusammensetzung der von deutschen Kreuzfahrttouristen gewählten Fahrtreviere im Jahr 2017 (VIR 2018, S. 29)

Alter, Bildung und Einkommen der Kreuzfahrttouristen

Nicht zuletzt durch die Entwicklung neuer Konzepte seit den 1990er Jahren (vgl. 3.2) ist es den Kreuzfahrtanbietern gelungen, ein jüngeres Publikum zu erschließen. Entsprechend ist das Durchschnittsalter der Kreuzfahrttouristen deutlich gesunken: In den USA geht es bereits im Zeitraum 1989 bis 2008 von 60 auf 52 Jahre zurück (vgl. Steinecke 2018, S. 61) und auch das Durchschnittsalter der deutschen Kreuzfahrttouristen sinkt im Vergleich zu 1995 (58 Jahre) bis auf knapp unter 50 Jahre (vgl. CLIA 2019, S. 5), wobei die Altersklasse 50 bis 59 Jahre immer noch mit 26 % am stärksten besetzt ist. Auf die darüber liegenden beiden Alterskohorten (60 bis 69 Jahre sowie 70 Jahre und

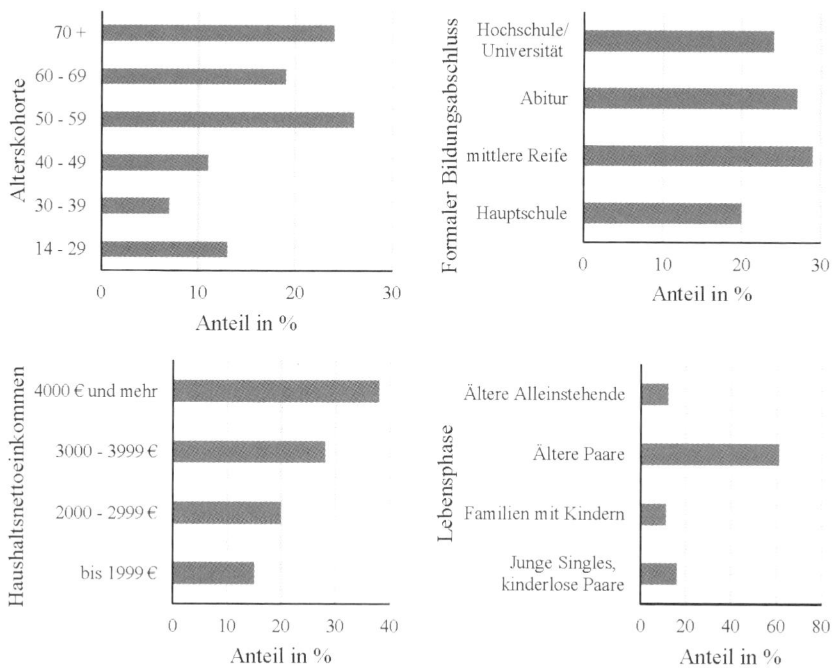

Abb. 3.4 Alters-, Bildungs- und Einkommensstruktur sowie Lebensphase der deutschen Kreuzfahrttouristen im Jahr 2018 (VIR 2019, S. 27)

älter) entfällt zusammen ein weiteres Drittel (vgl. Abb. 3.4). Für die deutschen Kreuzfahrttouristen kann weiter festgestellt werden, dass sie überdurchschnittlich gut gebildet sind und über ein überdurchschnittlich hohes Haushaltseinkommen verfügen (vgl. Abb. 3.4). Stärkste Nachfragegruppe sind ältere Paare, auf die nahezu zwei Drittel der Kreuzfahrten entfallen, während Familien mit Kindern nur rund 10% der Kreuzfahrtklientel stellen (vgl. Abb. 3.4). Auch ältere Alleinstehende machen nur einen geringen Anteil an der gesamten Nachfrage aus.

Repeater

Ein weiteres Merkmal von Kreuzfahrttouristen ist, dass ein hoher Anteil „Wiederholungstäter" (repeater) ist, wobei sie durchaus zwischen verschiedenen Schiffen und Fahrgebieten wechseln. Für den amerikanischen Markt liegt die Wiederholerquote bei über 60% und ist im Hochpreissegment am höchsten (vgl. FCCA 2013). Die Kreuzfahrtanbieter reagieren auf dieses Verhalten bzw. versuchen es zu unterstützen, indem sie vielfältige Angebote für Wiederholer auflegen, ihnen besondere Vorteile einräumen oder Upgrades gewähren.

Aspekt Sicherheit im Kreuzfahrttourismus

Wenngleich die Entwicklung des Kreuzfahrttourismus seit mehr als 20 Jahren eine Erfolgsgeschichte ist, reagieren (potentielle) Kreuzfahrttouristen relativ sensibel auf negative Nachrichten in diesem Tourismussegment. Dabei verzichten sie nicht auf eine Kreuzfahrt, sondern die Kriterien, nach denen sie ihre Reiseentscheidung treffen, verändern sich. So gewinnt der Aspekt Sicherheit nach dem Unglück der Costa Concordia in Italien im Jahr 2012 stark an Bedeutung und ist vorübergehend wichtigstes Buchungskriterium für die Nachfrager. Dagegen haben weitere, weniger dramatische Unfälle sowie mehrere (drohende) Piratenangriffe auf Kreuzfahrtschiffe kaum Einfluss auf das Buchungsverhalten. Im Jahr 2015 ist der Aspekt Sicherheit nach Kundenangaben vor dem Routing und dem Preis wichtigstes Kaufkriterium (vgl. fvw 2016a, S. 22). Ebenso spielen ein bestimmtes Kreuzfahrtunternehmen (Marke) oder ein bestimmtes Schiff eine deutlich geringere Rolle bei der Kaufentscheidung. Trotz der stärkeren Berücksichtigung des Sicherheitsaspekts kommt es nach dem Unglück der Costa Concordia mit 32 Todesopfern nicht zu einem Buchungsrückgang von Kreuzfahrten insgesamt, sondern es ist lediglich der Anbieter Costa von (kurzfristigen) Buchungsrückgängen bzw. Stornierungen betroffen. Zudem verlieren „tagesaktuelle" Aspekte beim Touristen auch schnell wieder an Bedeutung und im Jahr 2017 nimmt der Aspekt Sicherheit nur noch den fünften Platz bei der Rangliste der Kaufkriterien ein (nach dem Preis, der Marke, dem Schiff und dem Routing; fvw 2017, S. 7). Hierbei wird jedoch die wahrgenommene Sicherheit durch die Nachfrager bewertet, die in der Regel von der objektiven Sicherheit abweicht. Zwar gibt es bei Hochseekreuzfahrten eine Reihe von potentiellen Sicherheitsbedrohungen wie durch Feuer (z.B. im Maschinenraum), technische Probleme (z.B. Schäden an der Antriebstechnik), Navigationsfehler z.B. Kollisionen), Wetterbedingungen (z.B. Stürme), Kriminalität (z.B. bei Landgängen) oder Unfälle (z.B. Mann-über-Bord), doch gemessen an der Relation zwischen Teilnehmerzahlen und Zahl von Toten und Verletzten (vgl. Tab. 3.4.) sind Kreuzfahrten eine sehr sichere Urlaubsart: Je 100.000 Passagieren kommt es zu deutlich weniger als einem Todesfall und einem Verletzten (zum Vergleich: In Deutschland gibt es je 100.000 Einwohner 4,1 bzw. je 100.000 motorisierten Fahrzeugen 5,7 Verkehrstote; WHO 2018). Nicht berücksichtigt sind hierbei die „Mann-über-Bord"-Fälle. In Zeitraum von 2009 bis 2018 betrifft das 153 Personen, in weiteren 39 Fällen konnten die Personen gerettet werden (vgl. Wild 2019).

Tab. 3.4 Zahl der Passagiere, Todesfälle nach Passagieren und Crewmitgliedern sowie Zahl der Verletzten auf Hochseekreuzfahrten weltweit im Zeitraum von 2009 bis 2018 (nach Wild 2019 und CLIA diverse Jahrgänge)

Jahr	Passagiere weltweit (Mio.)	Todesfälle Passagiere	Todesfälle Crew	Todesfälle je 100.000 Personen	Verletzte insgesamt	Verletzte je 100.000 Personen
2009	17,8	0	0	0	3	0,017
2010	19,1	3	3	0,034	31	0,162
2011	20,5	1	3	0,021	11	0,054
2012	20,9	27	5	0,153	164	0,785
2013	21,3	0	8	0,037	8	0,037
2014	22,3	1	6	0,031	12	0,054
2015	23,1	1	1	0,009	25	0,108
2016	25,2	0	3	0,012	7	0,028
2017	26,7	0	1	0,004	0	0
2018	28,5	1	1	0,007	2	0,007

3.5 Effekte durch den Hochseekreuzfahrttourismus

3.5.1 Ökonomische Effekte durch Hochseekreuzfahrttourismus

Direkte, indirekte und induzierte Effekte

Wie durch andere Marksegmenten des Tourismus werden auch durch Kreuzfahrtourismus unterschiedliche ökonomische Effekte ausgelöst. Insbesondere die direkten, indirekten und induzierten ökonomischen Effekte (vgl. Schmude & Namberger 2015, S. 88) sind in diesem Zusammenhang von Bedeutung. Während sich die direkten Effekte insbesondere auf die Reedereien als Veranstalter der Kreuzfahrten (z.B. durch den Reisepreis) sowie auf die Destinationen als Zielgebiete (z.B. durch Hafengebühren) konzentrieren, gibt es eine Vielzahl vor- und nachgelagerten Bereiche, die über indirekte Effekte ebenfalls von dieser Branche profitieren. Hierzu zählen u.a. die Werftindustrie (Bau der Kreuzfahrtschiffe), die Lebensmittelindustrie (Versorgung von Passagieren und Crew mit Nahrungs- und Genussmitteln), die Mineralölindustrie

(Versorgung der Schiffe mit Treibstoffen), die Abfallentsorgungsindustrie (landseitige Entsorgung der Abfälle), die Reiseveranstalter und Reisemittlerbranche (Organisation und Verkauf der Kreuzfahrten) sowie die Verkehrsunternehmen (An- und Abreise zum Einschiffungs- bzw. Ausschiffungshafen). Induzierte Effekte treten dann auf, wenn die Einnahmen dieser Akteure sowie der bei ihnen Beschäftigten zu weiteren Ausgaben führen. Dies betrifft etwa die zahlreichen Industrie- und Handwerksbetriebe, die als Zulieferer für die Werftindustrie arbeiten, oder landwirtschaftliche Betriebe, bei denen die Lebensmittelindustrie die von ihr benötigten Produkte erwerben.

Die hohe **ökonomische Bedeutung** der Kreuzfahrtindustrie wird vom Branchenverband CLIA (= Cruise Line International Association) regelmäßig anhand verschiedener Statistiken (Arbeitsplätze, Ausgaben etc.) veröffentlicht. Danach werden durch die Kreuzfahrtindustrie im Jahr 2017 rund 61 Mrd. US $ an direkten ökonomischen Effekten generiert (Ausgaben der Passagiere, der Crewmitglieder sowie der Kreuzfahrtunternehmen), von denen 47 % auf Nordamerika und 35 % auf Europa entfallen. Berücksichtigt man zusätzlich die indirekten und induzierten Effekte erhöhen sich die Ausgaben auf 134 Mrd. €. Die Kreuzfahrtunternehmen bezahlen rund 19,6 Mrd. US $ an direkten Löhnen und Gehältern und schafften damit umgerechnet etwa 530.000 Vollzeitarbeitsplätze, von denen wiederum 44 % auf nordamerikanische und knapp 37 % auf europäische Anbieter entfallen. Unter Einbeziehung des Multiplikatoreffekts (indirekte und induzierte Effekte) erhöht sich die Summe für Löhne und Gehälter auf 45,6 Mrd. US $, was in etwa 1,1 Mio. Vollzeitarbeitsplätzen entspricht (vgl. CLIA 2018, S. 20 ff.).

Stichwort

Ökonomische Bedeutung der Kreuzfahrtindustrie in Europa im Jahr 2017

Auszug aus dem Executive Summary:

- „During 2017 there were 40 cruise lines domiciled in Europe, operating 137 cruise ships with a capacity of around 164,000 lower berths. Another 75 vessels with a capacity of around 95,000 lower berths were deployed in Europe by 23 non- European lines.
- An estimated 6.96 million European residents booked cruises, a 7.8 percent increase over 2015, representing about 26 percent of all cruise passengers worldwide.
- An estimated 6.50 million passengers embarked on their cruises from a European port, a 6.2 percent increase over 2015. Of these around 5.5 million were European nationals and about 1.0 million came from outside Europe.
- The vast majority of these cruises visited ports in the Mediterranean, the Baltic and other European regions, generating 34.10 million passenger visits at a total of around 260 European port cities, an increase of 9.4 percent from 2015.
- In addition, an estimated 16.8 million crew also arrived at European ports.

[…]

> The total economic impacts of the cruise industry included the following:
> - € 47.9 billion in total output, which is up about 17 percent over 2015
> - € 19.7 billion in direct spending by cruise lines and their passengers and crew,
> - 403,621 jobs, and
> - € 12.8 billion in employee compensation.
>
> These impacts are the sum of the direct, indirect and induced impacts of the cruise industry. In summary, each €1 million in direct cruise industry expenditures generated:
> - € 2.43 million in business output, and
> - approximately 21 jobs paying an average annual wage of approximately € 31,650."
>
> CLIA 2018, S. 2

Werften für Kreuzfahrtschiffe

Insbesondere das Beispiel der Werftindustrie unterstreicht die große indirekte volkswirtschaftliche Bedeutung des Kreuzfahrttourismus. Die Konstruktion und der Bau von Kreuzfahrtschiffen ist eine anspruchsvolle und hochkomplexe Aufgabe, weil jedes Schiff ein Unikat ist, das auf Bestellung produziert wird. Insbesondere aus diesem Grund gibt es weltweit nur wenige Werften, die in der Lage sind, den Qualitätsansprüchen der beauftragenden Reedereien gerecht zu werden. In Europa sind dies insbesondere die Meyer-Werft in Papenburg und weiteren Standorten in Rostock (beide Deutschland) bzw. Turku (Finnland), die Fincantieri-Werft mit Sitz in Triest (Italien) und die Werft Chantier de l'Atlantique (ehemals STX) in St. Nazaire (Frankreich), an der Fincantieri eine Beteiligung von 50% hält. Zwar treten verstärkt auch asiatische Konkurrenten in diesen Markt ein, doch zeigt sich, dass der Bau von Kreuzfahrtschiffen ein ganz spezielles Know-how erfordert. So ist AIDA Cruises nach schlechten Erfahrungen (u.a. Verzögerungen bei der Fertigstellung) mit zwei Neubauten (AIDAprima und AIDAperla) auf der Mitsubishi Heavy Industries-Werft (Nagasaki/Japan) im Jahr 2016 wieder als Auftraggeber zur Meyer-Werft zurückgekehrt (z.B. für die im Jahr 2018 in Dienst gestellte AIDAnova), bei der sie zuvor schon sieben Kreuzfahrtschiffe hatte konstruieren und bauen lassen.

Beispiel Meyer-Werft

Die regionalökonomische Bedeutung auf Grund der indirekten und induzierten Effekte durch den Schiffsbau wird am Beispiel der Meyer-Werft in Papenburg deutlich: In einer strukturschwachen Region (Emsland) ist die Werft mit rund 3.450 Beschäftigten wichtigster Arbeitgeber (bei einem durchschnittlichen Alter der Arbeitnehmer von 38 Jahren und durchschnittlicher Betriebszugehörigkeit von 13 Jahren) und hat ihrerseits zahlreiche Zulieferer (vgl. Meyer-Werft 2019). Auf Grund der Expertise im Kreuzfahrtschiffbau verzeichnet das Orderbuch der Werft im Jahr 2019 bereits elf weitere Aufträge bis zum Jahr 2023, wobei die Werft von der positiven Entwicklung des Marktsegment Kreuzfahrttourismus profitiert, denn nahezu alle großen Kreuzfahrtanbieter bauen ihre Flotte weiter aus. Dadurch werden die Kapazitäten im Markt deutlich zunehmen (vgl. Tab. 3.5), was wiederum den Wettbewerbsdruck erhöhen kann, sollte die Nachfrage nach Kreuzfahrten nicht in gleichem Maße weiter steigen.

Jahr	Schiffe	Bettenkapazität	Investition in Mrd. €
2018	15	33.664	6,293
2019	22	42.147	7,929
2020	17	40.314	7,566
2021	14	40.263	7,780
2018–2021	68	156.389	29,568

Tab. 3.5 Beauftragte Neubauten von Hochseekreuzfahrtschiffen nach Zahl der Schiffe, ihrer Bettenkapazität und der Höhe der Investition im Zeitraum 2018 bis 2021 (CLIA 2018)

Ökonomische Effekte für die Zielgebiete

Oft kontrovers diskutiert werden die ökonomischen Effekte in den Zielgebieten von Kreuzfahrten. Einerseits können die Destinationen durch Lotsen-, und Hafengebühren sowie Passagiersteuern oder die landseitige Ver- und Entsorgung vom Kreuzfahrttourismus profitieren, wobei diese Gebühren und Einnahmen in der Höhe sehr stark variieren können und durch den zunehmenden Wettbewerb (insbesondere in der Karibik) auch ein Preiswettbewerb zwischen den Destinationen stattfindet. Andererseits können durch landseitige Angebote in der Destination (z.B. Gastronomie- und Ausflugsangebote) zusätzliche Einnahmen für einen Teil der Bevölkerung in den Destinationen generiert werden, wobei die Höhe der hierdurch realisierten tatsächlichen Einnahmen zwischen den Destinationen ebenfalls sehr stark variiert. Dabei besteht bereits ein erheblicher Unterschied in den Einnahmen zwischen den Ein- und Ausschiffungshafenstandorten (Home Ports) und den während der Kreuzfahrt angelaufenen Stopover-Häfen (vgl. Steinecke 2018, S. 150f.). Die nach Destinationen sehr unterschiedlichen, im Vergleich zu Touristen anderer Marktsegmente vergleichsweise niedrigen Pro-Kopf-Ausgaben der Passagiere beruhen nicht zuletzt auch darauf, dass die Anbieter von Kreuzfahrten bemüht sind, auch an den landseitigen Ausgaben ihrer Gäste zu partizipieren und z.B. Ausflüge und/oder Transportleistungen für Landgänge bereits auf dem Schiff verkaufen. Einen nicht unerheblichen Teil der Einnahmen aus dem Verkauf für diese landseitigen Aktivitäten behalten die Kreuzfahrtunternehmen dann als Provision ein.

Die Destinationen für den Kreuzfahrttourismus stecken dadurch zunehmend in einem Dilemma: Auf der einen Seite muss in den Destinationen ein ausreichend großes und leistungsfähiges landseitiges Angebot bereitgestellt werden, das es erlaubt, eine große Zahl gleichzeitig nachfragender Touristen zu versorgen. Auf der anderen Seite bleiben diese Touristen nur für einen sehr kurzen Zeitraum in der Destination und treten häufig auch nur saisonal auf, d.h. nicht zuletzt durch die große zeitliche und räumliche Konzentration des Auftretens von Touristen wird das Segment des Kreuzfahrttourismus in den

Destinationen zunehmend kritisch bewertet (vgl. Castillo-Manzona 2015), wobei hierfür zusätzlich auch ökologische (vgl. 3.5.2) und soziokulturelle Gründe (vgl. (3.5.2) mitverantwortlich sind.

3.5.2 Ökologische Effekte durch Hochseekreuzfahrttourismus

Wie jede andere Form des Tourismus belastet auch der Hochseekreuzfahrttourismus die Umwelt. Am offensichtlichsten wird dies durch den Treibstoffverbrauch und die hierdurch verursachten Emissionen (Schwefel- und Stickoxide, Kohlenstoffdioxid, Ruß und Feinstaub). Insbesondere dieser Aspekt wird in der jüngeren Vergangenheit intensiv (und z.T. sehr emotional) diskutiert. Je nach Perspektive und Interesse werden – mit entsprechend unterschiedlichen Ergebnissen – Vergleiche mit den Emissionen von PKW herangezogen. Bei der Diskussion der durch den Kreuzfahrttourismus verursachten ökologischen Belastungen sollte berücksichtigt werden, dass dieses Marktsegment mit den im Einsatz befindlichen Schiffen lediglich etwa 0,5 % der auf den Weltmeeren fahrenden Schiffsflotte ausmacht (nach UBA 2019b). Gleichwohl sind Diskussionen um die ökologischen Auswirkungen und Anstrengungen zur Verbesserung der Situation berechtigt und notwendig. Um die ökologische Gesamtbelastung von Kreuzfahrten abzuschätzen, müssen neben der Kreuzfahrt selbst auch Effekte bei der Erstellung der Reise im Quellgebiet sowie die An- und Abreise zum Ein- bzw. vom Ausschiffungshafen berücksichtigt werden. Allerdings konzentriert sich die Diskussion um die ökologischen Effekte in der Regel auf die Fahrt- und Liegezeiten der Kreuzfahrtschiffe.

Emissions- und Treibstoffproblematik

Entscheidend für die Art und Höhe der Emissionen durch das Kreuzfahrtschiff ist der verwendete Treibstoff. Die überwiegende Mehrzahl der Kreuzfahrtschiffe wird aus Kostengründen mit Schweröl angetrieben, das jedoch einen vergleichsweise hohen Schwefelanteil aufweist. Lediglich in den sog. Emissionskontrollgebieten (ECA = Emission Control Areas) müssen weniger belastende Treibstoffe mit niedrigerem Schwefelgehalt bzw. Abgasnachbehandlungssysteme (Scrubber) eingesetzt werden. Seit dem 1. Januar 2020 darf der Schiffstreibstoff außerhalb der ECAs nicht mehr als 0,5 % Schwefel enthalten (zuvor: 3,5 %). Innerhalb der ECAs und in europäischen Häfen gilt ein Grenzwert für den Schwefelanteil am Treibstoff von 0,1 % (vgl. Neumeier 2019a). ECAs werden von der IMO (= International Maritime Organization) festgelegt, einer Organisation der UNO. Die zulässigen Grenzwerte zur Verhütung der Meeresverschmutzung durch Schiffe sind seit dem 2.11.1973 durch das internationale **MARPOL-Übereinkommen** festgelegt und werden regelmäßig überprüft bzw. aktualisiert. Das Abkommen regelt insgesamt sechs Verschmutzungsbereiche. Die Überprüfung der Einhaltung der Grenzwerte obliegt den Staaten, unter deren Flagge das jeweilige Schiff fährt. Da nicht alle Flaggenstaaten eine effiziente Kontrolle ihrer Schiffe gewährleisten können oder wollen, gilt zudem die Hafenstaatenkontrolle, d.h. die Staaten, deren Häfen von einem Schiff angelaufen werden, haben ebenfalls ein Kontroll- und Sanktionsrecht.

Stichwort

MARPOL-Übereinkommen

+ Anlage 1 Verhütung der Verschmutzung durch Öl
+ Anlage 2 Verhütung der Verschmutzung durch schädliche flüssige Stoffe
+ Anlage 3 Verhütung der Verschmutzung durch Schadstoffe, die in verpackter Form befördert werden
+ Anlage 4 Verhütung der Verschmutzung durch Schiffsabwasser
+ Anlage 5 Verhütung der Verschmutzung durch Schiffsmüll
+ Anlage 6 Verhütung der Luftverunreinigung durch Seeschiffe

Bundesamt für Seeschifffahrt und Hydrographie 2019

Energieversorgung im Hafen

Da Kreuzfahrtschiffe auch während der Liegezeit im Hafen einen hohen Energiebedarf haben, ist ihre energetische Versorgung sehr aufwändig. Zur Energieversorgung werden derzeit zum ganz überwiegenden Teil noch die Schiffsmotoren genutzt. Um die Emissionen der Kreuzfahrtschiffe während ihrer Liegezeit im Hafen zu reduzieren, kann die Energieversorgung für den Bordbetrieb landseitig erfolgen (etwa durch Landstrom). Allerdings müssen dafür landseitig als auch auf dem Schiff die notwendigen technischen Voraussetzungen geschaffen werden. Die für Landstrom notwendigen Anlagen erfordern hohe Investitionen, zudem ist der landseitige Strom teurer ist als die schiffsseitige Energieversorgung. Weltweit gibt es im Jahr 2019 nur 13 Häfen mit Landstrom-Einrichtungen (überwiegend in Häfen an der nordamerikanischen Westküste). In Europa verfügen lediglich Kristiansand (Norwegen) sowie seit dem Jahr 2017 der Kreuzfahrt-Terminal in Hamburg-Altona über derartige Einrichtungen (vgl. Neumeier 2019b). In Warnemünde bei Rostock soll im Jahr 2020 eine Landstromanlage in Betrieb gehen. Um nicht nur eine Verlagerung der Emissionen zu erreichen (vom Hafen der meist in der Nähe der Stadtzentren liegt, zu den Standorten der stromproduzierenden Kraftwerke) ist es wichtig, dass zur landseitigen Stromerzeugung regenerative Ressourcen eingesetzt werden.

LNG als Alternative

Eine neue Technologie stellt der Antrieb von Kreuzfahrtschiffen mit LNG (Liquefied Natural Gas) dar. Hierdurch wird die Emission von Stickoxiden drastisch reduziert, Feinstaub fällt gar nicht an – allerdings wird Methan-Gas emittiert. Bisher ist die Ende 2018 in Dienst gestellte AIDAnova das einzige Kreuzfahrtschiff weltweit, das sowohl im Hafen als auch auf See überwiegend mit Flüssiggas angetrieben wird. Weitere LNG-angetriebene Schiffen befinden sich im Bau bzw. sind bestellt: Costa Crociere startet mit der Costa Smeralda ihr erstes LNG-Kreuzfahrtschiff im Herbst 2019, AIDA lässt zwei Schwesterschiffe der AIDAnova bauen, die 2021 und 2023 ihren Betrieb aufnehmen, und Tui Cruises erhält 2024 und 2026 ihre ersten beiden LNG-Schiffe. Als weitere Alternative zu den bisher eingesetzten Treibstoffen gelten Biogas (LBG = Liquefied BioGas), das von Hurtigrouten ab 2020 erstmals eingesetzt wird, Brennstoffzellen (von Royal Caribbean International geplant) oder Hybrid-Antriebe.

Ein Grund für die langsame Umstellung auf andere Technologien ist die lange Laufzeit von Kreuzfahrtschiffen, denn die Um- und/oder Nachrüstung von bereits in Dienst gestellten Schiffen ist technisch z.T. nicht möglich, teilweise wirtschaftlich nicht darstellbar. Für Schiffsneubauten, die eine lange Vorlauf- und Planungszeit haben, werden die zulässigen Grenzwerte für Emissionen stufenweise reduziert (etwa für Stickoxide), wobei sich diese Grenzwerte durch Katalysatoren (Stickoxide), Scrubber (Feinstaub, Schwefeloxid) und Energieeffizienzmassnahmen realisieren lassen. Daneben gibt es eine Reihe weiterer möglicher Maßnahmen, um die Emissionen zu reduzieren (z.B. sinkt durch Verringerung der Fahrgeschwindigkeit der Kohlenstoffdioxidausstoß). Angesichts des zeitintensiven Umstellungsprozesses verwundert es nicht, dass der NABU in seinem regelmäßig veröffentlichten Kreuzfahrt-Ranking (zuletzt 2019) für die in Europa eingesetzten Schiffe nur wenigen Schiffen gute Noten in Bezug auf die von ihnen emittierten Luftschadstoffe bescheinigt (vgl. Tab. 3.6), wobei auch diese Schiffe eine negative Klimabilanz attestiert bekommen. Insgesamt befinden sich in der Untersuchung mit einer Ausnahme nur Schiffe, die zum Zeitpunkt des Rankings jünger als drei Jahre sind.

Tab. 3.6 Spitzenplätze im Kreuzfahrt-Ranking des NABU 2019 bzgl. Luftschadstoffen und Klimabilanz (NABU 2019)

Rang	Reederei	Schiff	Jungfernfahrt	Passagiere	Luftschadstoffe	Klimabilanz
1	AIDA	AIDAnova	2018	6500	++++	
	Costa Crociere	Costa Smeralda	2019	6500	++++	
3	Hapag Lloyd	Europa 2	2013	500	++	+
	Hapag Lloyd	Hanseatic Nation	2019	230	++	+
	Hapag Lloyd	Hanseatic Inspiration	2019	230	++	+
6	AIDA	AIDAprima	2016	4350	++	+
	AIDA	AIDAperla	2017	4350	++	+
	Ponant	La Bougainville	2019	184	++	
	Ponant	Le Durmont-d'Urville	2019	184	++	
	Ponant	Le Champlain	2019	184	++	
	Ponant	Le Laperouse	2019	184	++	

Luftreinhaltung: + = Einsatz einer Technologie, die den Luftschadstoffausstoß deutlich verringert (z.B. LNG).

Klimaschutz: + = Einsatz einer Technologie, die den Treibhausgasausstoß deutlich verringert (z.B. Landstrom).

Weitere ökologische Belastungen

Neben den ökologischen Belastungen durch Emissionen sind auch die Wasserverschmutzung durch Kreuzfahrtschiffe und die Müllproblematik weitere umweltrelevante Aspekte des Kreuzfahrttourismus. Der Wasserverbrauch auf Kreuzfahrtschiffen ist im Vergleich zum Alltag und zu anderen Tourismusarten vergleichsweise hoch und es entstehen große Mengen an Abwässern. Hierbei müssen unterschiedliche Abwasserarten unterschieden werden (Schwarzwasser, Grauwasser, Bilgenwasser, Ballastwasser). Diese unterschiedlich belasteten Abwässer dürfen je nach Aufbereitungsgrad außerhalb der 3-Meilen-, der 12-Meilen- bzw. der 50-Meilen-Zone ins Meer geleitet werden, wobei je nach Abwasserart Belastungsgrenzwerte bzw. Aufbereitungsvorschriften bestehen, die im MARPOL-Übereinkommen (Annex IV für Abwässer) geregelt sind (vgl. Köster et al. 2016). Schließlich belasten auch Schiffsanstriche bzw. Beschichtungen von Schiffsrumpf und -schrauben das Wasser. Sie werden verwendet, um das Ansiedeln von Organismen zu verhindern (Antifouling) und somit den Strömungswiderstand reduzieren, was zur Einsparung von Treibstoffkosten beiträgt. Seit dem Verbot der giftigen Tributylzinn-haltigen Anstriche (TBT) im Jahr 2008 werden Kupferverbindungen und/oder Biozide eingesetzt. Zwar sind diese Antifouling-Biozide nicht so extrem schädlich wie TBT, aber die hochwirksamen und oft schwer abbaubaren Substanzen können ebenso unerwünschte Wirkungen auf die im Wasser lebenden Organismen haben (vgl. UBA 2018a). Das Müllaufkommen ist im Kreuzfahrttourismus im Vergleich zu anderen Tourismusarten ebenfalls deutlich höher. Ähnlich wie bei Emissionen und Abwasser ist auch die Müllentsorgung im MARPOL-Übereinkommen (Annex V) geregelt.

3.5.3 Soziokulturelle Effekte durch Hochseekreuzfahrttourismus

Kurze Aufenthaltsdauer, geringe Ausgaben

Die Begegnung der Kreuzfahrttouristen mit den Einheimischen in den angelaufenen Zielgebieten der Kreuzfahrtschiffe reduziert sich durch die kurze Aufenthaltsdauer der Schiffe in der einzelnen Destination auf wenige Stunden, wenn sie überhaupt stattfindet. Auf Grund der kurzen Aufenthaltszeit ist auch der räumliche Aktionsraum der Kreuzfahrttouristen sehr klein und konzentriert sich auf wenige, in der Nähe der Häfen gelegene Attraktionspunkte. So beläuft sich in der Karibik die durchschnittliche Aufenthaltsdauer der Kreuzfahrttouristen an Land (über alle karibischen Destination) auf knapp unter 4,5 Stunden, wobei sie in Costa Rica mit gut 5,5 Stunden ihr Maximum erreicht (vgl. Tab. 3.7). Durch die kurze Aufenthaltsdauer fallen entsprechend auch die ökonomischen Effekte in der Destination relativ gering aus. Diese werden überwiegend durch (organisierte) Landausausflüge, durch den Konsum der Kreuzfahrttouristen in der im Zielgebiet angebotenen Gastronomie oder durch die Shopping-Aktivitäten der Reisenden in der Destination generiert. In der Karibik werden jedoch nur von etwas mehr als der Hälfte der Kreuzfahrttouristen Landausflüge durchgeführt (vgl. Tab. 3.7), die wiederum zu drei Viertel über den Kreuzfahrtanbieter gebucht werden, was den direkten ökonomischen Effekt für die lokalen Akteure reduziert. Dies wird noch durch die Tatsache (negativ)verstärkt, dass Kreuzfahrttouristen nur geringe Umsätze in den von ihnen besuchten Destinationen tätigen, da sie die meisten Leistungen (insbesondere Übernachtung und Verpflegung) auf dem Kreuzfahrtschiff in Anspruch nehmen und diese Ausgaben beim Veranstalter bezahlt werden.

Tab. 3.7 Durchschnittliche Aufenthaltsdauer in ausgewählten karibischen Destinationen und Anteil der Landausflüge buchenden Kreuzfahrttouristen (nach BREA 2015)

Destination	Aufenthaltsdauer	Anteil Landausflüge
Antigua	4 Std. 07 Min.	55,4%
Costa Rica	5 Std. 33 Min.	77,6%
Dominica	3 Std. 44 Min.	62,8%
Guadeloupe	5 Std. 13 Min.	66,2%
Martinique	4 Std. 16 Min.	50,7%
St. Lucia	4 Std. 28 Min.	67,1%
St. Maarten	4 Std. 41 Min.	52,2%
Trinidad	3 Std. 59 Min.	60,2%
Alle	4 Std. 23 Min.	55,5%

Kulturelle Wirkungen durch Reisende und Bereiste

Trotz der kurzen Aufenthaltsdauer und der daraus resultierenden kurzen Kontaktzeit zwischen Reisenden und Bereisten können insbesondere bei größerer kultureller Distanz zwischen beiden Gruppen beiderseits kulturelle Wirkungen ausgelöst werden. Diese gehen einerseits von den Reisenden durch ihr Auftreten, ihre Verhaltensweisen und ihren Konsum im Zielgebiet aus. Je nach Intensität der Kontakte und der „Widerstandsfähigkeit" (vgl. Steinecke 2018, S. 172) der Einheimischen in den Zielgebieten reicht das Spektrum vom Demonstrationseffekt (Vorleben von Konsum- und Verhaltensmustern durch die Reisenden) bis hin zu Imitations-, Identifikations- oder Akkulturationseffekten (von der Nachahmung bis hin zur innerlichen Übernahme und Angleichung fremder Kulturelemente durch die Bereisten) (Schmude & Namberger 2015, S. 102ff.). Andererseits können die Einheimischen den Kreuzfahrttouristen durch die von ihnen angebotenen (kulturellen) Konsumartikel eine falsche Vorstellung ihres Lebensstils und ihrer Kultur vermitteln, wenn es sich hierbei nicht um authentische, sondern importierte Billigwaren handelt (analog zur Airport-Art). In einigen Zielgebieten werden darüber hinaus in eigens am Kreuzfahrthafen gebauten Shopping-Center Waren internationaler Unternehmen angeboten (vgl. Abb. 3.5). Das Warenangebot richtet sich dort nahezu ausschließlich an die Touristen, da sie für die einheimische Bevölkerung nicht erschwinglich sind.

Abb. 3.5 Shopping-Center am Kreuzfahrthafen in St. John's/Antigua und traditioneller Markt am Kreuzfahrt-Terminal in Pointe-á-Pitre/Guadeloupe (Aufnahmen Schmude 2016 bzw. 2010)

Overtourism

Neben der kurzen Aufenthaltsdauer und den kulturellen Wirkungen stellt auch das massenhafte Auftreten der Kreuzfahrttouristen ein Problem dar und hat eine Diskussion über Overtourism ausgelöst. Durch den Boom des Kreuzfahrttourismus ist in vielen Destinationen die Hafeninfrastruktur ausgebaut worden, so dass die Häfen von mehreren Kreuzfahrtschiffen gleichzeitig angelaufen werden können (vgl. Abb. 3.6). Als Folge wird die Tragfähigkeit touristischer Destinationen diskutiert, die in der Wahrnehmung von Einheimischen und/oder Reisenden durch zu viele Touristen überschritten wird, sodass einerseits die Lebensqualität der Einheimischen, andererseits das touristische Erlebnis der Reisenden leidet. Während größere Städte (z.B. Istanbul oder Hamburg) das massenhafte Auftreten von Kreuzfahrttouristen noch relativ gut bewältigen, führt die zeitlich konzentrierte Belastung in kleineren Städte (z.B. Venedig oder Dubrovnik) oder insbesondere auf kleinen Inseln oftmals zu Problemen. Hierbei werden verschiedene Dimensionen der Tragfähigkeit unterschieden (vgl. Namberger et al. 2019, S. 5): Neben der infrastrukturellen, ökonomischen und ökologischen werden in jüngerer Zeit insbesondere die soziale, kulturelle und perzeptuelle Tragfähigkeit diskutiert. Die Belastungen für die einheimische Bevölkerung hat in jüngster Zeit Proteste gegen (Kreuzfahrt-)Touristen ausgelöst (z.B. Venedig oder Barcelona). Die betroffenen Zielgebiete befinden sich hierbei in einem Dilemma: Einerseits ist Kreuzfahrttourismus für sie auf Grund der niedrigen Pro-Kopf-Ausgaben je Reisendem nur bei einer hohen Anzahl von Kreuzfahrttouristen attraktiv, andererseits drohen Auseinandersetzungen zwischen Reisenden und einheimischer Bevölkerung. Einzelne Destinationen reagieren hierauf mit der Beschränkung der Zahl der Schiffe, die ihre Häfen gleichzeitig anlaufen dürfen. Weitere Maßnahmen zur Bewältigung des Problems Overtourism werden u.a. in der Entwicklung umfassender Tourismuskonzepte, in der Sperrung einzelner Fahrtreviere, im Ausbau weiterer Häfen, in Maßnahmen zur Verkehrs- und Besucherlenkung oder in einem verstäkten Binnenmarketing sowie in der Einbeziehung der lokalen Bevölkerung in touristische Planungen gesehen (vgl. Steinecke 2018, S. 177f.).

Abb. 3.6 Kreuzfahrthafen Istanbul: Einlaufen des vierten Kreuzfahrtschiffes (Aufnahme Schmude 2014)

Bei der Diskussion der Rolle des Kreuzfahrttourismus in Zusammenhang mit Overtourism wird allerdings häufig vergessen, dass es sich bei den betroffenen Destinationen in der Regel um Zielgebiete handelt, die auch von Touristen anderer Marktsegmente sehr stark frequentiert werden, und die Überlastungserscheinungen vor allem durch den kumulativen Besuchereffekt verursacht werden. Allerdings sind die in kurzer Zeit und in großer Zahl auftretenden Kreuzfahrttouristen in der Wahrnehmung der Einheimischen wesentlich präsenter als individuell reisende Touristen. So kommen beispielsweise „nur" rund 20% der rund 3,5 Mio. Bergen (Norwegen) besuchenden Touristen mit dem Kreuzfahrtschiff, aber genau diese Gruppe gilt als Verursacher des dort wahrgenommen Overtourism (vgl. Lassmann 2019, S. 8).

Arbeitsbedingungen und Bezahlung auf Kreuzfahrtschiffen

Weitere soziokulturelle Effekte durch den Kreuzfahrttourismus betreffen die Arbeitsbedingungen an Bord der Schiffe. Auch hierbei spielt die Ausflaggung der Kreuzfahrtschiffe (vgl. auch 3.2.2) eine wichtige Rolle, denn durch die Anwendung des Arbeitsrechts des Flaggenstaates werden die Beschäftigten von den Reedereien im Vergleich zu den in den Heimatländern der Reedereien geltenden Vorschriften zu höheren Arbeitszeiten bei geringer Bezahlung verpflichtet. Zudem werden die Reedereien von den Flaggenstaaten oftmals nicht verpflichtet, ein bestimmtes Quorum der Arbeitskräfte aus ihrem Heimatland oder der -region (z.B. EU) zu rekrutieren. Dies gilt u.a. auch für die unter maltesischer Flagge fahrenden Schiffe der TUI-Flotte, was wiederum die niedrigen Löhne der Beschäftigten erklärt (vgl. Tab. 3.8), denn für Tätigkeiten mit geringen Qualifikationsanforderungen werden häufig große Teile der Crew in Billiglohnländern rekrutiert (z.B. Indonesien oder Philippinen). So kommt etwa ein Drittel der insgesamt rund 13.500 Crew-Mitglieder auf den AIDA-Schiffen von den Philippinen. Da sie Englisch sprechen, und als „freundlich, zuvorkommend und kinderlieb" (vgl. Engelhardt 2019, S. 49) gelten, sind sie als Arbeitskräfte begehrt. Sie erhalten im Vergleich zu ihren Heimatländern attraktive Löhne, die allerdings nach westlichen Maßstäben sehr gering sind. So beträgt der Stundenlohn einer philippinischen Reinigungskraft auf den AIDA-Schiffen rund 2,50 US $ und liegt damit deutlich über dem auf den Philippinen geltenden Mindestlohn von 10 US $ pro Tag (vgl. Engelhardt 2019, S. 50). Im Gegensatz dazu sind die Positionen mit hohen Qualifikationsansprüchen überwiegend mit Personen aus Industriestaaten besetzt. So stammen im Jahr 2011 bei AIDA rund 90% der Schiffsoffiziere aus Ländern der EU, während dieser Anteil an den sonstigen Mitarbeiter/innen lediglich 25% erreicht (vgl. Grass 2013). Die Arbeitskräfte erhalten nicht nur vergleichsweise niedrige Löhne, auch die Regelungen der Arbeitszeiten orientiert sich am Arbeitsrecht der jeweiligen Flaggenstaaten. So müssen die Arbeitnehmer auf dem TUI-Kreuzfahrtschiff „Mein Schiff 2" im Jahr 2016 bis zu 56 Stunden pro Woche arbeiten und bis zu 60 Überstunden im Monat leisten (vgl. Hecking et al. 2016, S. 21f.). Auch der Urlaubsanspruch fällt in der Regel sehr gering aus.

Beruf	Gehalt in US $
Oberkellner	2.092
Restaurantkraft	770
Barkeeper	1.335
Ice Carver	1.283
Erster Koch	1.283
Kabinensteward	1.283
Schneider	918
Wäschereimitarbeiterin	770

Tab. 3.8 Monatsgehälter (incl. Überstundenzulagen und Urlaubsabgeltung) auf dem Kreuzfahrtschiff „Mein Schiff 2" (Hecking et al. 2016, S. 21f.)

Gleichwohl werden die Arbeitsbedingungen durch die Arbeitskräfte selbst überwiegend positiv bewertet. Einerseits besteht für sie die Möglichkeit des beruflichen Aufstiegs auf den Schiffen, andererseits verdienen sie an Bord oft deutlich mehr als in ihren Heimatländern, in denen zudem oft eine hohe Arbeitslosigkeit herrscht. Die Beschäftigten leisten zudem erhebliche finanzielle Transferleistungen in ihre Heimatländer. Dort findet ihre Rekrutierung (meist durch spezielle Agenturen) statt, teilweise erhalten sie auch ihre Ausbildung vor Ort. Durch den Ausbau der weltweiten Kreuzfahrtflotte bis 2022 (75 neue Kreuzfahrtschiffe) besteht ein erheblicher Arbeitskräftebedarf: Es werden insgesamt weitere rund 100.000 Crewmitglieder benötigt. Entsprechend sollen bei AIDA bis zum Jahr 2023 rund 5.000 weitere Filipinos eingestellt werden (vgl. Engelhardt 2019, S. 49ff.). Dies unterstreicht anderseits, dass die von den Kreuzfahrtschiffen befahrenen Reviere und ihre Destinationen hinsichtlich der Rekrutierung von Arbeitskräften kaum von diesem Marktsegment des Tourismus profitieren. So stammen weniger als 10% der Arbeitskräfte im weltweit wichtigsten Kreuzfahrtrevier selbst aus der Karibik, trotz der hohen Arbeitslosigkeit in der Region und der räumlichen Nähe zu den wichtigsten amerikanischen Kreuzfahrthäfen (vgl. Steinecke 2018, S. 86).

3.6 Herausforderungen

Ende des Wachstums in Sicht?

Das Marktsegment Kreuzfahrttourismus zeigt seit gut 20 Jahren ein nahezu ununterbrochenes Wachstum, doch es könnte - zumindest in Deutschland - zu einem Ende dieser Entwicklung kommen. Laut Reiseanalyse der Forschungsgemeinschaft Urlaub und Reisen (vgl. FUR 2019) ist das Interesse an dieser Urlaubsform nicht weiter gestiegen. Es stellt sich die Frage, ob sich - auch vor dem Hintergrund der oben angesprochenen Diskussionen um das Produkt Kreuzfahrt - die Wachstumsphase ihrem Ende nähert. Zudem könnten die weiter wachsenden Kapazitäten auf der Anbieterseite zu einem verschärften Wettbewerb führen. Bis zum Jahr 2021 wird die Bettenkapazität durch neu in Dienst gestellte Kreuzfahrtschiffe um 37.545 Betten steigen (vgl. Lassmann 2019, S. 8). Dies führt insbesondere bei stagnierender oder rückläufiger Nachfrage zu einem verschärften Preiswettbewerb zwischen den Anbietern. So zeigt sich bereits für das Jahr 2019 im Vergleich zum Vorjahr, dass die großen Kreuzfahrtschiffe (Volumenbringer) bei steigenden Buchungszahlen (+ 9%) und Umsätzen (+ 8,4%) bereits leichte Rückgänge (-0,5%) beim durchschnittlichen Reisepreis verzeichnen (vgl. von Pilar 2019, S. 36). Andererseits besteht seitens der Kreuzfahrtbranche durchaus Optimismus, da sowohl in einigen Ländern Europas als auch insbesondere in Asien noch ein erhebliches Wachstumspotential gesehen wird, vor allem, wenn das wirtschaftliche Wachstum in diesen Regionen weiter anhält (z. B. China).

Demographischer Wandel

In den etablierten Kreuzfahrtquellmärkten müssen die Anbieter auf strukturelle Änderungen reagieren. So stellt der demographische Wandel mit der Alterung der Gesellschaft in vielen westlichen Ländern vor die Herausforderung, die Kreuzfahrtprodukte entsprechend anzupassen. Gleichzeitig kann die Branche von den quantitativ wachsenden Alterskohorten im oberen Bereich der Alterspyramide profitieren, da sie einerseits länger aktiv und reisefreudig bleiben als ihre Vorgängergenerationen und andererseits gehören diese Alterskohorten zur Kernzielgruppe des Marktsegments. Gleichzeitig müssen sich die Anbieter von Kreuzfahrten weiter darum bemühen, auch jüngere Zielgruppen ggf. mit neuen Kreuzfahrtkonzepten zu erschließen, wie dies bereits in den 1990er Jahren mit dem Konzept der Clubkreuzfahrten gelungen ist, das zu einer deutlichen Senkung des Durchschnittsalters der Kreuzfahrtklientel geführt hat.

Sicherheit

Eine weitere Herausforderung für den Kreuzfahrttourismus ist - wie für andere Marktsegmente auch - das Thema Sicherheit. Zwar erweist sich das

Marktsegment des Kreuzfahrttourismus bisher als relativ stabil und wenig krisenanfällig. Auch spektakuläre Unfälle wie das der Costa Concordia im Jahr 2012 haben der Branche, wenn überhaupt, nur kurzfristige Buchungsrückgänge beschert, die sich auf das betroffene Unternehmen beschränkten. Insgesamt gelten Kreuzfahrten als sichere Urlaubsform. Allerdings können externe Bedrohungen (z.B. Terroranschläge oder politische Unruhen) auch dieses Marktsegment betreffen. Entsprechend gelten vor allem beim Einschiffen an Bord von Kreuzfahrtschiffen strenge Auflagen, die ein Jahr nach den Terroranschlägen in New York am 11. September 2001 von der International Maritime Organisation (IMO) als reaktive Maßnahme beschlossen wurden. Dies unterstreicht die Notwendigkeit, Fragen der Sicherheit zukünftig proaktiv anzugehen sowie die Kommunikationspolitik zu diesem „heiklen" Thema zu verbessern.

Nachhaltigkeit und CSR

Und auch das steigende Bewusstsein der Nachfrager für Fragen der Nachhaltigkeit stellen eine Herausforderung für die Anbieterseite dar. Neben den Investitionen für die Nachrüstung vieler Schiffe zur Einhaltung der verschärften Umweltauflagen (z.B. Einbau von Rußpartikelfilter und/oder Scrubbern), müssen sich die Kreuzfahrtanbieter in Zukunft auch stärker mit den Erwartungen ihrer Kunden auseinandersetzen. Hier spielen neben den erwähnten neuen Treibstoffen und der landseitigen Stromversorgung der Schiffe während ihrer Liegezeit aber auch soziokulturelle Probleme, die diesem Marktsegment angelastet werden, eine zunehmend wichtige Rolle. Zwar veröffentlichen immer mehr Kreuzfahrtunternehmen Berichte zu ihrer Corporate Social Responsibility (CSR) und/oder geben jährliche Nachhaltigkeitsberichte heraus, doch wird der Branche oftmals unterstellt, dass diese Berichte lediglich zur Imageverbesserung vorgelegt werden. Insgesamt gilt die Kreuzfahrtbranche sicherlich nicht zu den Vorreitern in Sachen Umweltschutz und Nachhaltigkeit im Tourismus.

Kritische Medienberichterstattung

Entsprechend haben kritische Medienberichte über den Kreuzfahrttourismus in den letzten Jahren zugenommen und kritisieren neben den ökologischen Folgen (Stichwort Luftverschmutzung) und den Belastungen für die angelaufenen Destinationen (Stichwort Overtourism) auch die an Bord der meisten Schiffe herrschenden Arbeitsbedingungen und geringen Löhne (z.B. Deckstein et al. 2019). Allerdings hat das die Attraktivität von Kreuzfahrten für die Nachfrageseite bisher offensichtlich (noch) nicht geschmälert. Andererseits reagieren einzelne Destinationen bereits mit Restriktionen auf die negativen Begleiterscheinungen des Kreuzfahrtbooms. So limitieren beispielsweise Bergen (Norwegen) und Dubrovnik (Kroatien) die Zahl der Schiffe, die pro Tag die Destination anlaufen dürfen. ■

Fragen und Übungen

1. Erklären Sie, warum es sich beim Hochseekreuzfahrttourismus um ein „aus der Not geborenes“ Marktsegment handelt.
2. Berechnen Sie die Pax-Crew-Ratio und die Pax-Space-Ratio für die größten Hochseekreuzfahrtschiffe der Welt (vgl. entsprechendes Stichwort unter 3.2.2) und interpretieren Sie das Ergebnis.
3. Diskutieren Sie die (möglichen) ökonomischen Effekte für die im Kreuzfahrttourismus an der touristischen Leistungskette beteiligten Leistungsträger.
4. Analysieren Sie die Entwicklung des Hochseekreuzfahrtmarktes in Deutschland anhand einschlägiger Quellen und erklären Sie die ermittelten Befunde.
5. Stellen Sie die (potentiellen) Vor- und Nachteile von Kreuzfahrttourismus aus Sicht der Touristen, der einheimischen Bevölkerung, der touristischen Zielgebiete und der Kreuzfahrtunternehmen gegenüber.

Literaturhinweise

CLIA (diverse Jahrgänge): Cruise industry report.
Abzurufen unter https://cruising.org/news-and-research/research
Verschiedene, regelmäßig erscheinende Reports zum global Kreuzfahrtmarkt und zu verschiedenen regionalen Märkte (u.a. Nordamerika, Europa oder Asien) sowie zahlreiche spezielle Report zur Kreuzfahrtindustrie (u.a. Reports zur Kriminalität oder zur Unfallstatistik)

fvw (= Fremdenverkehrswirtschaft International) (diverse Jahrgänge): fvw Spezial Kreuzfahrt.
Jährlich erscheinende Beilage zur fvw International, die sich primär an Praktiker wendet, mit Beiträgen über die neuesten Entwicklungen in der Kreuzfahrtbranche (Fluss und Hochsee) und Beiträgen zu Herausforderungen (z.B. Nachhaltigkeit)

Schulz, A.; Auer, J. (2010): Kreuzfahrten und Schiffsverkehr im Tourismus. München.
Klassisches Lehrbuch, das sehr detailliert die Entwicklungslinien der Passagierschifffahrt aus historischer und heutiger Sicht darstellt. Weiter geht das Buch auf Strategien und Geschäftsmodelle der Anbieter ein und stellt ausgewählte Kreuzfahrtschiffe, Fahrgebiete und Destinationen vor.

Steinecke, A. (2018): Kreuzfahrtourismus. Konstanz und München.
Umfassendes Studienbuch zum Hochseekreuzfahrtmarkt bzw. -tourismus, das die Voraussetzungen und Rahmenbedingungen, die Angebots- und Nachfrageseite sowie die Effekte von Kreuzfahrten vorstellt und zahlreiche Beispiele anführt.

4 Wandertourismus: Marktsegment mit schwindender Bedeutung? (von Sascha Filimon)

Überblick

Wandern erfährt in den frühen 2000er Jahren einen positiven Imagewechsel, hin zu einer modernen Freizeitaktivität, stagniert aber in den 2010er Jahren zunächst (gemessen an dem Anteil der regelmäßig wandernden Bevölkerung) und geht anschließend zurück. Dennoch weist das Marktsegment besonders im Hinblick auf Tagesausflüge für Deutschland eine immer noch herausragende Bedeutung auf – gerade der ländliche, periphere Raum profitiert von den Wandertouristen. Auf der Angebotsseite zeigt sich eine Tendenz zur Zunahme von Qualität, wobei insbesondere die Vergabe von Zertifikaten bereits eine Sättigung erreicht und sich der Wettbewerb unter den Destinationen zukünftig verschärfen wird. Auf der Nachfrageseite muss das Marktsegment aufgrund einer zunehmenden Alterung der Gesellschaft und einer nachkommenden, tendenziell wenig(er) wanderaffinen Generation Chancen frühzeitig nutzen, um sich im Marktumfeld weiterhin behaupten zu können.

4.1 Einleitung und Überblick: Das Wandern und die Deutschen

Charakteristika des Wanderns

Wandern ist im Jahr 2015 nach Radsport und Laufen/Joggen die drittbeliebteste Outdoor-Sportart der Deutschen (vgl. BMWi) 2017b, S. 11). Die Gründe hierfür sind vielseitig. So ist Wandern vergleichsweise kostengünstig, fast überall durchführbar, gesundheitsfördernd, altersunabhängig, sozial und kommunikativ und besitzt einen hohen Freizeitwert. Zudem muss Wandern nicht extra erlernt werden und lässt sich problemlos mit anderen Aktivitäten koppeln. Die Schwierigkeit der Wanderung kann, etwa durch Variation des Tempos und der Weglänge, individuell angepasst werden. Auch ist die Aktivität vergleichsweise unabhängig von der Tages- oder Jahreszeit und dem Wetter in einer freiwählbare Gruppengröße, also allein, mit dem Partner oder in größeren Gruppen, durchführbar (vgl. Dreyer et al. 2010, S. 27).

Image des Wanderns

Das Verhältnis der Deutschen zum Wandern ist im Laufe der Zeit einer stetigen Veränderung unterworfen. So galt Wandern vor der Jahrtausendwende z.T. noch als altmodisch, erfährt gegen Ende der 1990er und in den frühen 2000er Jahre jedoch einen positiven Imagewandel, hin zu einer modernen Freizeitaktivität. Dies zeigt sich u.a. in der Zunahme des Angebots von Magazinen, die sich speziell mit dem Thema beschäftigen, der quantitativen Zunahme und des qualitativen Ausbaus von Wanderangeboten und auch an der zunehmenden

Nennung des Wanderns als Freizeitaktivität bei Befragungen. Dieser Imagewandel ist in die größeren Trends hin zu einem zunehmend gesundheits- und bewegungsorientierteren Lebensstil und der zunehmenden Naturverbundenheit einzuordnen (vgl. Deutscher Wanderverband 2010, S. 32; Dreyer et al. 2010, S. 13). In den 2010er Jahren stagniert der Anteil der regelmäßig wandernden Bevölkerung zunächst und geht anschließend zurück, sodass im Jahr 2019 über 58 % der deutschsprachigen Bevölkerung über 14 Jahre angeben, nie zu wandern. Dieser Anteil lag 2009 noch bei ca. 48 % (vgl. VuMA 2020). Bei Betrachtung dieser Zahlen wird erkennbar, warum Brämer (2017) einen vermeintlichen „Wander-Boom", wie ihn einige Autoren erkennen wollen, grundlegend anzweifelt.

4.2 Historische Entwicklung und Abgrenzung des Marktsegments

4.2.1 Historische Entwicklung: Formen des Wanderns

Berufsbedingte Formen des Wanderns

Als berufsbedingte Form des Wanderns ist seit dem Mittelalter bis ins 19. Jahrhundert beispielsweise die in den Zunftordnungen vorgeschriebenen Wanderschaft von Handwerksgesellen bekannt. Bei dieser erzwungenen Form beruflicher Mobilität steht den Gesellen bis zur Industrialisierung in Ermangelung anderer sozial wie preislich zugänglicher Infrastruktur nur die Fußreise zur Verfügung – was diese nicht daran hindert, zum Wissenstransfer von Mitteleuropa aus z. T. weite Entfernungen, beispielsweise nach Oberitalien, Paris, Kroatien oder in das Baltikum auf Wanderschaft zurückzulegen. Auch Kaufleute begeben sich, gerade im Früh- und Hochmittelalter, zum Warenerwerb auf Reise. Die Händler transportieren dabei z. T. mit Unterstützung von Saumtieren oder mit Fuhrwerken Waren zu Fuß von und zu den Märkten und Messen des mittelalterlichen Europas. Erst im 14. und 15. Jahrhundert schicken Großkaufleute Gehilfen oder Frachtführer, die sich an ihrer Stelle auf die z. T. anstrengenden Wanderungen begeben. Während die Kaufleute im Mittelalter vor allem größere Städte als Zentren für Handel und Gewerbe aufsuchen und in der Neuzeit den Handel zunehmend mit Reit-, Zug- oder Lasttieren betreiben, bleiben Hausierer bis in das frühe 20. Jahrhundert hinein überwiegend zu Fuß unterwegs und bieten ihre Waren gerade in Dörfern an, die (noch) schlecht erreichbar sind. Die Hausierer übernehmen zu dieser Zeit mit ihren Wanderungen die Rolle einer wesentlichen Versorgung der ländlichen Bevölkerung mit Waren des täglichen Bedarfs. Als letzte Gruppe, die berufsbedingte Formen der Wanderung praktiziert, sind Studenten und Gelehrte zu nennen, die seit dem Mittelalter aus beruflichen Gründen und zum Wissenserwerb weite Wege zu Fuß zurücklegen (vgl. Knoll 2016, S. 13 ff.; Engel & Jacob 2006, 18 ff.; Elkar 2009, 216 ff.).

Nicht berufsbedingte Formen des Wanderns

Zu den historischen nicht berufsbedingten Formen des Wanderns zählt Knoll (2016, S. 17ff.) die Pilgerfahrten des Mittelalters (beispielsweise auf dem Jakobsweg) ab dem 11./12. Jahrhundert, die Genusswanderung als Freizeitvergnügen in der Natur ab dem 18. Jahrhundert und den Spaziergang (das Lustwandern), der als „kleiner Bruder" der Wanderung ebenfalls im 18. Jahrhundert aufkommt. Die beiden letztgenannten Formen sind auch im Kontext der Aufklärung und als Emanzipation des Bürgertums gegenüber dem Adel zu verstehen. Im 19. Jahrhundert erhält das Wandern durch die Industrialisierung einen neuen Aufschwung. Zum einen wird die noch unberührte Natur zum Rückzugs- und Sehnsuchtsort der Wandernden, zum anderen ermöglicht die Mechanisierung eine höhere Produktivität, steigenden Wohlstand und somit auch mehr Freizeit. Folglich entfällt die Gründung eines Großteils der Wandervereine in das 19. Jahrhundert und auch die Wiege des Alpinismus fällt in diese Zeit (vgl. Krüger 2010, 15ff.).

Bei der Pilgerfahrt des Mittelalters, dem Genusswandern und dem Spaziergang des 18. Jahrhunderts handelt es sich um historische Formen der Wanderung, aus denen sich z.T. das heutige Verständnis vom Wandern entwickelt hat. Aus einer modernen Perspektive bedarf es aber, da sich die Motivation beim Pilgern stark von der beim Wandern unterscheidet und auch der Spaziergang mittlerweile von der klassischen Wanderung zu unterscheiden ist (vgl. Dreyer et al. 2010, S. 23), einer klaren Abgrenzung des Wandern als Freizeitaktivität und auch des Wandertourismus als Marktsegment.

4.2.2 Abgrenzung des Marktsegments des Wandertourismus

Zur Bestimmung des touristischen Potenzials des Marktsegments muss zunächst dessen Abgrenzung von anderen, eng verwandten Marktsegmenten wie beispielsweise dem Pilgertourismus vorgenommen werden. Dies fällt insofern schwer, als der Begriff Wandern von verschiedenen Autoren im jeweiligen Kontext unterschiedlich Verwendung findet. Eine allgemeingültige Definition des Wanderns existiert lange nicht. Im Folgenden wird **Wandern** daher zunächst **gegen andere Freizeitaktivitäten zu Fuß** abgegrenzt, anschließend Wandern aus touristischer Sicht erörtert und abschließend das Marktsegment des Wandertourismus definiert.

Abgrenzung gegen andere Freizeitaktivitäten zu Fuß

Wandern, Spaziergehen, Pilgern, (Nordic) Walking und Bergsteigen sind Freizeitaktivitäten zu Fuß, die sich u.a. hinsichtlich der zugrunde liegenden Motivation, der Weglänge, der benötigten Infrastruktur und Ausrüstung sowie des Tempos und Charakters der Unternehmung abgrenzen lassen. So lässt sich Wandern vom Spaziergehen durch die Dauer und die Planung der Aktivität unterscheiden. Während beim Pilgern die religiöse Motivation oder die (spirituelle) Selbstfindung im Vordergrund steht, zeichnet sich das Wandern durch die Motive Naturerleben, Entspannung, Stressausgleich und dem Erleben von

Neuem aus. Vom Joggen und Nordic-Walking grenzt sich Wandern prägnant durch die Geschwindigkeit und die benutzte Ausrüstung ab, vom Klettern und Bergsteigen durch die sportliche Herausforderung, den Einsatz von Händen und u. U. durch die Intension der Grenzerfahrung (vgl. Dreyer et al. 2010, S. 23).

Stichwort

Abgrenzung von Wandern gegenüber anderen Freizeitaktivitäten zu Fuß

	Klassisches Wandern	Spazierengehen	Pilgern	(Nordic) Walking	Bergsteigen
Motivation	Naturerlebnis, Entspannung, Stressausgleich, Neues kennenlernen	„Beine vertreten", frische Luft holen	religiöse Gründe, (spirituelle) Selbstfindung	sportliche Leistung, Bewegung, Gesundheit, Kalorienabbau, Fitness	sportliche Leistung, Faszination Bergwelt und Gipfel, Überwindung eigener Grenzen
Wege	naturbelassen, schmal, mit Steigung	bequem, befestigt	Gebirgs- und Trampelpfade, manchmal auch an vielbefahrenen Straßen	eher breite Wege	schwieriges Gelände, gesicherte Pfade, Klettersteige, Fels und Felswände
Landschaft	ortsnah und -fern	ortsnah, gepflegt	ortsnah und -fern	ortsnah und -fern	ortsfern
Vor- und Nachbereitung	Planung mit Kartenmaterial, Wanderführer	keine	sportliche, mentale und praktische Vorbereitung, Pilgerführer	Erwärmung, Dehnübungen, Tracking	Planung der Route vorab und vor Ort, Risikomanagement
Infrastruktur	Leitsystem, attraktive Ziele, Hütten	Bänke, Cafés	Leitsystem, als heiligbetrachtete Orte, Pilgerherbergen	zusammenhängendes Wegenetz, Rundwege	Mittelgebirge und Alpen, freier Fels, Kletterhallen
Ausrüstung	wetterfeste Kleidung, feste Schuhe, Verpflegung, Rucksack, Orientierungshilfen	Alltagskleidung, Regenschirm	wetterfeste Kleidung, feste Schuhe, Wanderstock, leichter Rucksack, Rucksackapotheke, Schlafsack, Pilgerausweis	atmungsaktive Kleidung, geeignete Schuhe, Nordic-Walking-Stöcke	wetterfeste und robuste Kleidung, Kletterschuhe, Kletterseile und Zubehör
Tempo	zügig, ausdauernd	gemächlich	ausdauernd	schnell, ausdauernd	langsam, kontrolliert, ausdauernd
Charakter	Freizeitbetätigung, Ausdauersport, „special interest"	Ausgleich zum Dauersitzen, leichte Bewegung, Zeitfüller	Freizeitbetätigung mit religiösem Hintergrund, Lebensweggestaltung	Ausdauersport, Freizeitbetätigung, Gesundheitssport	sportliche Herausforderung, Alpinismus, Grenzerfahrungen

verändert nach Dreyer et al. 2010, S. 23 und Brämer 2001

Wandern aus touristischer Sicht

Aus touristischer Sicht ist Wandern eine Freizeitaktivität. Nach Dreyer et al. (2010, S. 24) beinhaltet sie „die freiwillige, zielgerichtete und zweckorientierte Fortbewegung zu Fuß in freier Natur, aus eigener Kraft und ohne weitere Hilfsmittel, wobei mindestens ein Fuß am Boden bleibt". Entsprechend des Deutschen Wanderverbands (2010, S. 23) sind für das **Wandern im engeren Sinn** die

Dauer der Wanderung von mehr als einer Stunde, eine vorausgegangene Planung, die Nutzung spezifischer Infrastruktur und eine entsprechende Ausrüstung charakteristisch. Ein leistungsorientierter Charakter tritt beim Wandern, im Gegensatz zum Joggen, tendenziell in den Hintergrund (vgl. Knoll 2016, S. 39). Bei **Erweiterung dieser Abgrenzung** um die touristische Komponente, nach der „die Aktivitäten von Personen, die an Orte außerhalb ihrer gewohnten Umgebung reisen und sich dort zu Freizeit-, Geschäfts- oder bestimmten anderen Zwecken nicht länger als ein Jahr ohne Unterbrechung aufhalten" (vgl. UNWTO 1993 zitiert nach DESTATIS 2007) den Tourismus umfassen, ergeben sich für den Wandertourismus die drei relevanten Dimensionen: Zeit, Ort und Motiv (vgl. Abb. 4.1).

Stichwort

Wandertourismus im engeren und erweiterten Sinn

Als Wandertourismus im engeren Sinne sind solche Aktivitäten zu bezeichnen, bei denen Personen an Orte außerhalb ihrer gewohnten Umgebung reisen, um dort im Wesentlichen der Motivation des Wanderns nachzugehen. Als Wandertourismus im erweiterten Sinn können auch solche Reisen bezeichnet werden, bei denen das Wandern eine Nebenmotivation der Reise darstellt. Umfasst der Ortswechsel zudem mindestens eine Übernachtung, kann von einem Wanderurlaub gesprochen werden. Wanderausflüge dagegen beinhalten keine Übernachtung.

nach Dreyer et al. 2010, 39f.

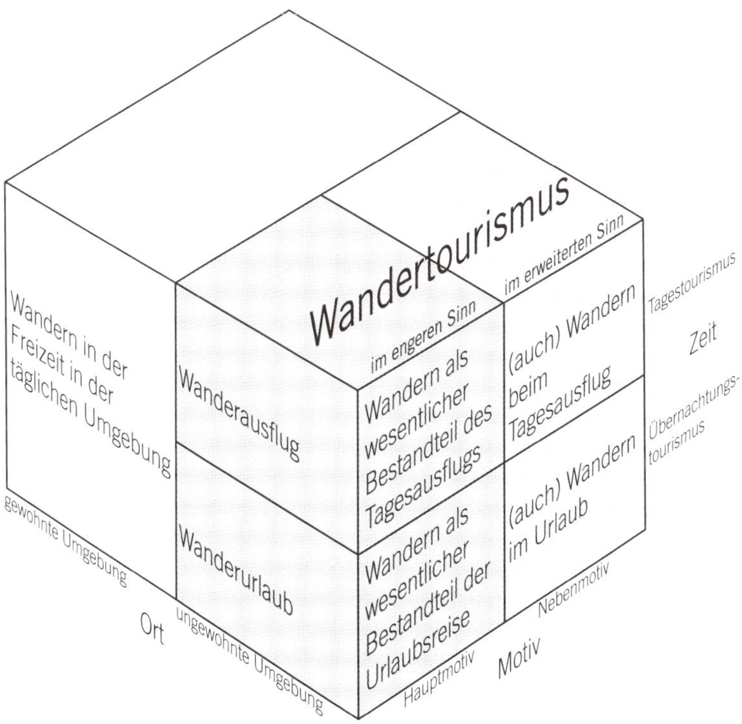

Abb. 4.1 Beziehungsgeflecht zwischen Wandern und Tourismus mit den Betrachtungsebenen Ort, Motiv und Zeit (eigene Darstellung nach Dreyer et al. 2010, S. 39)

4.2.3 Wandern als Urlaubsform: Einordnung, Quantifizierung und Bedeutung als Motiv

Einordnung

Wandern kann als Urlaubsform übergeordnet dem Freizeit- und Erholungstourismus, aber auch dem Natur- und/oder dem Gesundheitstourismus zugeordnet werden. Da auch bei Kulturreisen Wanderungen ein starkes Motiv darstellen können, kann es zudem nach Meinung einiger Autoren dem Kulturtourismus zugeordnet werden (vgl. Dreyer et al. 2010; Behrens-Egge & Baruschke 2019). Aus der Schwierigkeit der Zuordnung und der ungenauen Datenlage ergibt sich die die Problematik einer Quantifizierung des Wandertourismus.

Quantifizierung

Festzuhalten ist, dass der Großteil der touristischen Wanderungen als Tagesausflug stattfindet. Der Deutscher Wanderverband (2010) beziffert die Zahl der getätigten Tageswanderungen im Jahr 2010 auf ca. 369 Mio. Demnach hätte in diesem Jahr jeder Deutsche im Durchschnitt 4,5 Wanderungen durchgeführt. Diese Zahl erscheint etwas euphemistisch und wird so in der Literatur weder bestätigt noch aufgegriffen. Weiterhin geht der Deutsche Wanderverband davon aus, dass im Jahr 2010 durch Deutsche ca. 12 Mio. Wanderurlaube bzw. Urlaube, auf denen auch gewandert wird, unternommen werden, wovon ca. die Hälfte auf Deutschland selbst entfällt. Dagegen geht Dreyer et al. (2010) für das Jahr 2008 davon aus, dass ca. 14 Mio. Wanderurlaube durch Deutsche in Deutschland getätigt werden, kritisiert aber gleichzeitig die unzureichende Datengrundlage. Diese Schwierigkeit wird letztlich an der Diskrepanz von ca. 6 zu 14 Mio. Wanderurlauben in Deutschland offensichtlich.

Wandern als Motiv

Wandern ist vergleichsweise selten das Hauptmotiv einer Urlaubsreise (= Wandern als reiseauslösendes Primärmotiv), wenngleich auf vielen Urlauben, beispielsweise im Rahmen von Freizeit- und Sportaktivitäten oder der Besichtigung von Kulturstätten, auch gewandert wird (= Wandern als Sekundär- oder Tertiärmotiv). Von Wanderurlauben sollte im Sinne des Wandertourismus im engeren Sinne aber nur die Rede sein, wenn das Wandern auch Hauptmotiv der Reise ist. Bei der jährlich erhobenen repräsentativen FUR Reiseanalyse zeigt sich, dass der Wanderurlaub seit Jahren regelmäßig am unteren Ende der Rangliste der Urlaubsarten rangiert, wohingegen sich Wandern als Urlaubsaktivität einer hohen Beliebtheit erfreut (vgl. FUR 2019).

Auch wenn die unklare quantitative Bedeutung und die Schwierigkeit der qualitativen Abgrenzung problematisch sind, zeigt die Schnittmenge des Wandertourismus mit anderen Marktsegmenten gleichwohl dessen mögliche Bedeutung in der Zielgruppendifferenzierung und dem Destinationsmanagement einer Region auf (Dreyer et al. 2010).

4.3 Angebotsseitige Betrachtung des Wandertourismus

Ursprüngliches und abgeleitetes Angebot

Wie in vielen Marktsegmenten des Tourismus muss auch im Wandertourismus bei der angebotsseitigen Betrachtung das ursprüngliche und das abgeleitete Angebot der Destinationen betrachtet werden. Dabei zählen zum ursprünglichen Angebot zum einen die natürliche Ausstattung des Raums mit seiner Landschaft, dem Klima und der Flora und Fauna sowie zum anderen das soziokulturelle Angebot mit der Kultur, der Sprache und Sehenswürdigkeiten einer Region, letztlich diejenigen Faktoren, die eine Wanderung in der jeweiligen Region attraktiv machen. Das abgeleitete Angebot subsumiert mit der touristische Infra- und Suprastruktur, wie etwa das touristische Transport- und Beherbergungswesen, letztlich diejenigen Strukturen, die Wanderausflüge, Wanderurlaube bzw. Wandern bei Tagesausflügen und Urlauben erst ermöglichen.

4.3.1 Wanderinfrastruktur und Wegweisung

Wanderwegenetz

Wesentlicher Bestandteil der Wanderinfrastruktur und somit Grundlage (beinahe) jeder Wanderung ist ein Wanderwegenetz, das dem Wandernden erlaubt, individuell und in Abhängigkeit von Witterung, Ansporn und Kondition über Streckenverlauf und -länge zu entscheiden. Das Wanderwegenetz in Deutschland weist eine klare Hierarchie auf, die sich anhand funktionaler Elemente des Netzes beschreiben lässt (vgl. Tab. 4.1). Darüber hinaus sind weitere Unterscheidungen der Wanderwege, z.B. nach deren Wegeverlauf in Wanderwege, Pfade und Steige oder nach deren Naturbezug in Höhen-, Kamm-, Wald- und Winterwanderwegen möglich (vgl. Dreyer et al. 2010). Nach Schätzungen des Deutschen Wanderverbands (2010) erstreckt sich das deutsche Wanderwegenetz auf eine Länge von etwa 400.000 km (wovon ca. die Hälfte durch die Mitgliedsvereine des Deutschen Wanderverbands gepflegt wird). Damit besitzt Deutschland im internationalen Vergleich über ein dichtes und regelmäßiges Netz von markierten Wanderwegen, das sich 2010 in einigen Wanderregionen auf bis zu 5 km Wegelänge je km^2 Fläche verdichtet hat und dessen Qualität im selben Jahr von den Wandernden mit der Durchschnittsnote 1,9 bewertet wird.

Anforderungen der Wandernden

Nach Dreyer et al. (2010) bietet der optimale Wanderweg eine abwechslungsreiche Landschaft, die geschwungenen Konturen aufweist und mit eindrucksvolle Aussichten auf schmalen, naturgewachsenen, gewundenen Wegen bzw. Pfaden locken kann. Wandernde präferieren eine natürliche Stille und möglichst viel unberührte Natur, fern von Lärm und Zivilisation, mit kulturellen Highlights am Wanderweg (z.B. Sehenswürdigkeiten oder Ortsszenen), natürliche Attraktionen wie Gewässer oder eine ansprechende Flora und Fauna sowie eine gute Wanderinfrastruktur in Form von bewirtschafteten

Tab. 4.1 Funktionale Hierarchie des deutschen Wanderwegenetzes (nach Deutscher Wanderverband 2010

Hierarchieebene	Merkmale
Europäischen Fernwanderwege (E-Wege)	Länderübergreifend (Europa) Ca. 52.000 km lang, davon ca. 9.700 in Deutschland
Überregionaler Fernwanderweg (auch als Weitwanderweg bezeichnet)	(Meist) bundesländerübergreifend Verbinden Regionen über hunderte Kilometer hinweg
Hauptwanderwege	Strukturgebende Wanderwege der einzelnen Mitgliedsverbände des Deutschen Wanderverbands, die oft durch naturräumliche Landschaftseinheiten verlaufen
Gebietswanderwege	Verbinden überörtliche Wanderziele innerhalb räumlich abgegrenzter Gebiete (z. B. Wanderrouten in Natur- und Nationalparke)
Ortswanderwege	Start- und Endpunkt entfällt oft auf Wanderparkplätze, Bahnhöfe oder Ortskerne und sind somit als Rundwanderweg konzipiert
Zubringer- oder Verbindungswege	Verknüpfen hierarchische höhere Wege z. B. mit touristischen Sehenswürdigkeiten/reizvollen Wanderzielen oder regionaler Hotellerie und Gastronomie

Hütten, Schutzhütten und Rastplätzen, ausgestattet mit eindeutigen und benutzerfreundliche Markierungen. Dagegen zählen schnurgerade Wege, asphaltierte und/oder vielbefahrene Straßen, Verkehrslärm, ungepflegte Bänke und Hütten sowie Müll in der Landschaft oder Wegweiser zu Hemmnissen in der Wahrnehmung von guter Infrastruktur.

Wegeleitsysteme

Wegeleitsysteme ermöglichen die Orientierung auf den Wanderwegen und sind somit ebenfalls wesentlicher Bestandteil der Wanderwegeinfrastruktur. Zu ihnen zählen Kennzeichnungen der Wege durch Wegweiser, Markierungszeichen sowie Weg- und Orientierungstafeln. Trotz mehrfacher Forderung des Deutschen Wanderverbands zur Vereinheitlichung und der seit 2004 erschienen DIN 33466 zur Markierung von Wanderwegen zeichnet sich Deutschland weiterhin durch einen Flickenteppich unterschiedlicher Kennzeichnungen und Wegweiser aus. Ein deutschlandweit einheitliches System, wie etwa in der Schweiz, existiert nicht (vgl. Deutscher Wanderverband 2010). Vielmehr verwenden einzelne Bundesländer, Regionen oder gar Vereine eigene Wegeleitsysteme – so auch der Deutsche Alpenverein (vgl. Abb. 4.2). Eine zur Durchsicht lohnende Übersicht über die verschiedenen Beschilderungssysteme stellt der Europarc Deutschland e. V. (2015) bereit.

Stichwort

Wegeleitsystem des Deutschen Alpenvereins (DAV)

Das Wegeleitsystem des Deutschen Alpenvereins orientiert sich am Schweizer-Modell und findet seit 2006 seine Anwendung. Für die einzelnen Wegetypen wird eine Schwierigkeitsbewertung vorgenommen. Als gelb sind Talwege ohne besondere Schwierigkeit markiert, als blau leichte Bergwege ohne absturzgefährdete Passagen, als rot mittelschwere Bergwanderwege, die überwiegend schmal und oft steil angelegt sind und absturzgefährdete Stellen aufweisen können, als schwarz sind schwierige Bergwege markiert, die häufig schmal und steil angelegt sind sowie eine Absturzgefahr aufweisen. Bei den beiden letztgenannten Bewertungen kann zudem der Gebrauch von Händen erforderlich oder Passagen versichert sein. Gefolgt wird die Bewertung von dem jeweiligen Ziel (z.B. dem Gipfel mit Höhenmeterangabe) und Angaben zur Entfernung in Gehzeit gemäß DIN 33466 sowie zur Wegnummer. Des Weiteren sind der Wegehalter (z.B. die verantwortliche DAV-Sektion) sowie möglicherweise zusätzliche Piktogramme angegeben. Die Schilder werden im Gelände durch Markierungszeichen auf Steinen oder Bäumen (rote Fläche mit weißem Balken) zur Orientierung flankiert.

Europarc Deutschland e.V. 2015

Zertifizierung

Mit dem zunehmenden Anspruch an Qualität durch die Zielgruppe der Wanderer hat auch im Marksegment des Wandertourismus der Trend zur stärkeren Vermarktung der Produktqualität Einzug gehalten. Infolgedessen haben sich Qualitätszeichen wie der Qualitätsweg Wanderbares Deutschland des Deutschen Wanderverbands oder der Premiumweg des Wanderinstituts etabliert. Die transparent einsehbaren Kriterien zur Verleihung der Gütezeichen umfassen beim Qualitätsweg Wanderbares Deutschland wegbezogene Aspekte wie die Beschaffenheit, die Verkehrsbelastung und die Markierung sowie weitere Bewertungen zum Erlebniswert des Weges, wie dessen landschaftliche Qualität sowie die kulturellen Potenziale und Aussichtspunkte auf dem Weg (vgl. Deutscher Wanderverband 2010, project m 2014).

Weisen 2010 lediglich 62 Wanderwege das Qualitätszeichen Wanderbares Deutschland auf, ist deren Zahl bis April 2020 auf 205 angestiegen. Auch die Anzahl der Wanderwege mit dem Siegel Premiumweg des Wanderinstituts ist von 200 im Jahr 2010 auf über 600 im Jahr 2020 angestiegen - allerdings werden die Wanderwege europaweit zertifiziert. Behrens-Egge und Baruschke (2019) sehen in dieser Zunahme eine Tendenz zum Überangebot und somit zur zusätzlichen Abgrenzung und verstärktem Wettbewerb zwischen den Wanderregionen.

Abb. 4.2 Beispiel für die Beschilderung des Deutschen Alpenvereins (seit 2006) mit der Schwierigkeitsbewertung rot, den jeweiligen Zielen, der Gehzeit in Stunden und der Wegenummer (Aufnahme Hilbig 2016)

Storytelling als Strategie

Zukünftig kann, auch aufgrund des Wettbewerbs, die Strategie des Storytelling auch auf Wanderwegen weiter an Bedeutung gewinnen. Hierdurch wird der Wanderweg selbst zum Erzählenden und fungiert quasi als roter Faden, der den Wandernden durch eine Geschichte führt (vgl. Knoll 2016).

4.3.2 Beherbergung und Gastronomie im Wandertourismus

Beherbergungsarten

Gastronomie und Beherbergung zählen zur begleitenden Wanderinfrastruktur und haben als solche einen wesentlichen Einfluss auf die Zufriedenheit der Wandernden. Prinzipiell lässt sich in Abhängigkeit von der Betriebsart und der Kundenstrategie nach Dreyer et al. (2010) die Beherbergungen einteilen in 1) klassische Beherbergungsbetriebe ohne Marktsegmentierung, also in Hotels, Gasthöfe und Pensionen, in denen auch Wandernde nächtigen, sowie in 2) Wanderbetriebe, die eine Segmentierungsstrategie verfolgen und damit entweder mehrere Zielgruppen (z.B. Naturfreundehäuser oder Berghotels bzw. Berggaststätten (vgl. Abb. 4.3)) oder die Zielgruppe der Wandernden (z.B. Wanderhotels und Wanderhütten) ansprechen. Bei den Unterkünften werden dabei im Wesentlichen die Betriebsformen Hotels, Ferienwohnungen und Pensionen genutzt. Allerdings nutzen gerade Ältere bei Wanderungen tendenziell häufiger Hotels, wohingegen Jüngere auch Jugendherbergen, Wanderheime und Camping (auf dem Campingplatz oder in der freien Natur) tendenziell öfter aufsuchen bzw. praktizieren. Auch unterscheidet sich die Wahl der Unterkunft nach der Dauer und Art der Wanderung: Mehrtageswandernde nutzen tendenziell eher Wanderheime oder -hütten, Wandernde, die von einer zentralen Unterkunft aus aufbrechen, nutzen tendenziell häufiger Ferienwohnungen und „neigen eher dazu, Pensionen, Hotels […] zu nutzen" (vgl. Deutscher Wanderverband 2010).

Abb. 4.3 Gotzenalm in den Berchtesgadener Alpen auf 1.685 m.ü. NHN als Beispiel für eine Berggaststätte (Aufnahme Hilbig 2016)

Zertifizierung

Auch bei der Beherbergung und in der Gastronomie haben sich im Wandertourismus Qualitätszeichen etabliert. So zeichnet der Deutsche Wanderverband bereits seit dem Jahr 2005 mit dem Qualitätsgastgeber Wanderbares Deutschland bundesweit sowohl Unterkünfte als auch Gastronomiebetriebe in Kooperation mit den Landesmarketingorganisationen und regionalen Tourismusorganisationen aus. Das Prädikat ist für drei Jahre gültig, der Betrieb kann anschließend erneut geprüft werden. Im Jahr 2010 sind ca. 1.300 Gastbetriebe zertifiziert, im Jahr 2020 rund 1.500. Der auf zehn Jahre betrachtet geringe Zuwachs spricht für eine Konsolidierung auf hohem Niveau und für eine breite Etablierung des Prädikats.

4.4 Nachfrageseitige Betrachtung des Wandertourismus

Da die Datenverfügbarkeit zu Wanderurlaubern bzw. Wandertagesausflüglern weiterhin unzureichend ist, wird bei der folgenden nachfrageseitigen Betrachtung der Fokus auf die Wandernden gelegt. Wenngleich nach Behrens-Egge & Baruschke (2019) jeder ländliche Gast auch ein potenziell Wandernder ist, kann davon ausgegangen werden, dass ca. vier von fünf Wanderungen außerhalb der gewohnten Umgebung stattfinden (vgl. Quack 2018) und somit dem Wandertourismus zuzuordnen sind. Allerdings wird auch die Frage, wie hoch der Anteil der Wandernden in der deutschen Bevölkerung ist und welche Bedeutung sich daraus für das Marksegment des Wandertourismus ableiten lässt, zuletzt kontrovers diskutiert. So zählt der Deutsche Wanderverband (DWV) im Jahr 2010 ca. 56% oder 40 Mio. Deutsche als aktive Wandernde und spricht im Kontext einer steigenden Nachfrage von einem „Zukunftsmarkt Wandern“. Entsprechend der Wanderstudie hätte sich dieser Anteil bis 2014 sogar auf 69% entwickelt (vgl. project m 2014). Brämer (2017) kritisiert hieran das Herbeireden eines vermeintlichen Booms, den es so nicht gibt.

Quantifizierung der Wandernden

Tatsächlich fällt bei Betrachtung der repräsentativen Touchpoints-Studie von VuMA (2020), welche die deutschsprachige Bevölkerung über 14 Jahren u.a. nach ihren Freizeitbeschäftigungen befragt, auf, dass Wandern als Freizeitaktivität der Deutschen in den 2010er Jahren eine tendenzielle Bedeutungsabnahme erfährt. So steigt der Anteil derjenigen, die nie Wandern gehen, von 45,4% im Jahr 2009 auf 56,1% im Jahr 2019 und somit um 23,5%. Parallel dazu geben im Jahr 2019 insgesamt 14,4% der Interviewten an, mindestens einmal im Monat Wandern zu gehen. Dieser Wert liegt im Jahr 2009 noch bei 19,9% (vgl. Abb. 4.4). Da davon auszugehen ist, dass gerade diese regelmäßig

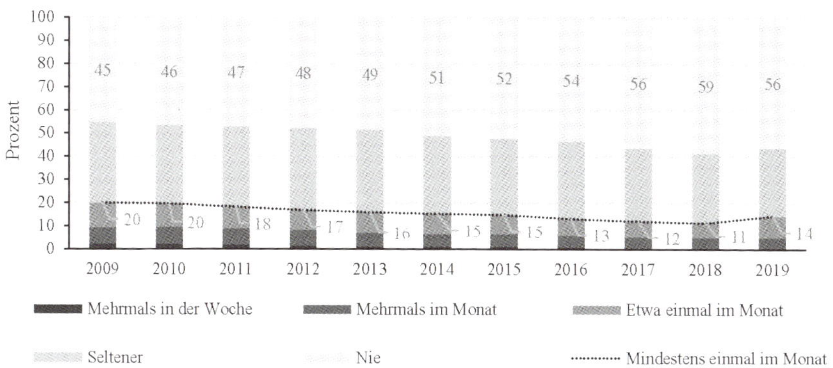

Abb. 4.4 Häufigkeit des Wanderns der deutschsprachigen Bevölkerung ab 14 Jahren im Zeitraum von 2009 bis 2019 (nach VuMA 2009 bis 2019)

Wandernden als Wandertouristen im engeren Sinn auftreten und sie somit das höchste ökonomische Potenzial aufweisen, ist dieser Rückgang aus Sicht der Wanderdestinationen besonders kritisch. Im Jahr 2019 können, entsprechend der Definition des Deutscher Wanderverbands (2010), wonach solche Personen, die zumindest selten Wandern als aktiv Wandernde betrachtet werden können und nach der letzten Befragung der VuMA (2020), wonach dieser Anteil 43,9 % der Befragten ausmacht, ca. 30 Mio. Deutsche über 16 Jahren als aktiv Wandernde bezeichnet werden. Mehrmals im Monat oder häufiger wandern im Jahr 2019 demnach ca. 3,5 Mio. Deutsche.

Typisierung von Wandernden

Prinzipiell lassen sich Wandernde, trotz ihrer homogenen Ansprüche an die Qualität des Angebots, nach Behrens-Egge & Baruschke (2019) in zwei Typen unterscheiden: In Gelegenheitswandernde und ambitionierte Wandernde. Während erstgenannte einen deutlich größeren Anteil ausmachen, und tendenziell eher Tages- und Halbtages-Rundtouren nachfragen, sind letztgenannte zwar quantitativ weniger stark vertreten, weisen aber als Trendsetter eine große qualitative Bedeutung auf. Sie fragen tendenziell „Traumrouten“ oder „Wander-Sehnsuchtsorte“ nach und präferieren Fernrouten oder Sternwanderungen. Alternativ differenziert der Deutscher Wanderverband (2010) Wandernde nach den Lebensstilgruppen der Gesellschaft für Konsumforschung (GfK). Demnach ist eine Affinität zum Wandern vornämlich in den Gruppen der Kritischen, Realisten, Weltoffenen und Anspruchsvollen zu finden. Da die genannten Gruppen aber lediglich 21,2 Mio. der vom Wanderverband beanspruchten 40 Mio. deutschen Wandernden des Jahres 2010 abdeckt, erscheint die Zuordnung zumindest fraglich und die Abgrenzung konstruiert. Dreyer et al. (2010) unterscheiden in drei Grundwandertypen: 1) die sportlich aktiven Wandernden, welche eine körperliche Herausforderung suchen und die leistungs- und ergebnisorientiert sind, 2) die Gesundheitswandernden, welche gesundheitsbewusst und erholungssuchend die Verbesserung der körperlichen Fitness anstreben oder zumindest die Verbesserung der Gesundheit als positiven Nebeneffekt akzeptieren sowie 3) die Genusswandernden, welche natur- und erholungssuchend primär Genuss und Entspannung suchen. Darüber hinaus machen die Autoren noch weitere Wandergruppen wie Familien, Extremwandernde und Wandernde mit einer körperlichen Beeinträchtigung aus, die sie als Zusatztyp „special interest“ subsumieren.

Entsprechend des Wandermonitors, einer jährlichen Online-Befragung von Wandernden die zuletzt 2018 die Zusammensetzung der Zielgruppe untersucht hat (vgl. Quack 2018), zeichnet sich diese durch verschiedene soziodemographische Charakteristiken aus.

Alter

Im Vergleich zur bundesdeutschen Bevölkerung sind Wandernde tendenziell älter, wobei besonders die Altersklassen der 50- bis 59-Jährigen und die der 60- bis 69-Jährigen überrepräsentiert sind. Dagegen sind die Altersgruppen der 20- bis 29-Jährigen und die der 70-Jährigen und älter tendenziell unterrepräsentiert. Jüngere wandern somit tendenziell weniger, Ältere bis zu einem gewissen Alter mehr (vgl. Abb. 4.5).

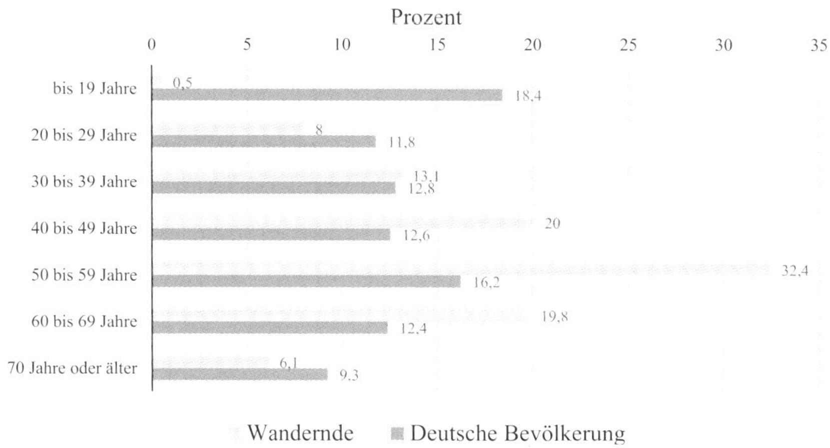

Abb. 4.5 Vergleich der Altersstruktur von Wandernden (n = 1.303) und der bundesdeutschen Bevölkerung im Jahr 2018 (eigene Darstellung nach Quack 2018, Destatis 2020a)

Geschlecht

Hinsichtlich des Geschlechts zeigen sich bei der Wanderaktivität keine auffälligen Unterschiede. Frauen und Männer wandern in etwa gleich gerne. Entsprechend der Zusammenstellung von Sänger (2018) existieren jedoch Unterschiede bei der Sinneswahrnehmung, der Raumorientierung, dem Gruppenverhalten und der Spontanität. So soll der Orientierungssinn bei Frauen tendenziell schwächer ausgeprägt sein, Männer tendenziell lieber an der Spitze einer Gruppe vorangehen und Frauen an weiblichen Gruppen schätzen, spontan Rast einlegen zu können.

Bildungsabschluss und Haushaltsnettoeinkommen

Wie die meisten Studien zu Wandernden geht auch der Wandermonitor davon aus, dass diese überdurchschnittlich häufig ein höheres Bildungsniveau aufweisen. So hat fast jeder zweite der Befragten 2018 ein abgeschlossenes Hochschulstudium, was etwa neun Mal über dem bundesdeutschen Durchschnitt liegen würde. Auch der Deutscher Wanderverband (2010) geht von einem deutlich überdurchschnittlichen Bildungsniveau bei Wandernden aus und schlussfolgert, dass dieses in ein überdurchschnittlich hohes Einkommensniveau mündet. So verfügen 2010 ca. 41 % der aktiven Wandernden über ein Haushaltsnettoeinkommen von mindestens 2.250 €, das erreichen nur ca. 26 % der Nicht-Wandernden.

Wanderintensität, Gruppengröße, Begleitung

Entsprechend der Wanderstudie des Deutscher Wanderverbands (2010) führt der aktive deutsche Wandernde im Jahr 2010 im Durchschnitt 9,8 Wanderungen durch. Besonders Ältere wandern tendenziell häufiger. Im Jahr 2018 sind Zwei-Personen-Wanderungen mit einem Anteil von 38,8 % die beliebteste Gruppengröße, gefolgt von Ein-Personen-Wanderungen mit einem Anteil von 16,1 %. Mit 51,6 % findet die Begleitung am häufigsten durch den jeweiligen Partner, gefolgt von 30,2 % durch Freunde und 21,6 % durch die Familie statt.

Stichwort

Motivation zum Wandern

Wandern ist im Sinne des Wandertourismus ein Selbstzweck. Es ist keine Fortbewegungsart, die primär dazu dient ein bestimmtes räumliches Ziel zu erreichen, sondern vielmehr wird der Weg zu einem Ziel der eigentliche Inhalt der Wanderung (Bollnow 2010). Dies wird im Wandermonitor des Jahres 2019 ersichtlich. So wurde „die Natur erleben" mit 94,3%, gefolgt von „sich bewegen, aktiv sein" mit 83,7% und „die Region erleben" mit 71,3% am häufigsten als Anlässe für Wanderungen genannt (vgl. Abb. 4.6). Dabei ist zumindest die Top 5 dieser Nennungen über die letzten zehn Jahre hinweg vergleichsweise konstant geblieben. So ist „die Natur erleben" auch 2008, 2010 und 2014 mit Abstand die häufigste Nennung (Knoll 2016). Die Motivation kann sich zudem nach Art der Wanderung (z.B. Tagesausflug vs. Urlaubswanderung) und nach der Jahreszeit unterscheiden. Steht bei Wanderungen, die als Tagesausflug konzipiert sind, das Entgehen des Alltags vermehrt im Vordergrund, sind es im Winter tendenziell häufiger gesundheitliche Aspekte, welche die Wanderungen motivieren.

Deutscher Wanderverband 2010

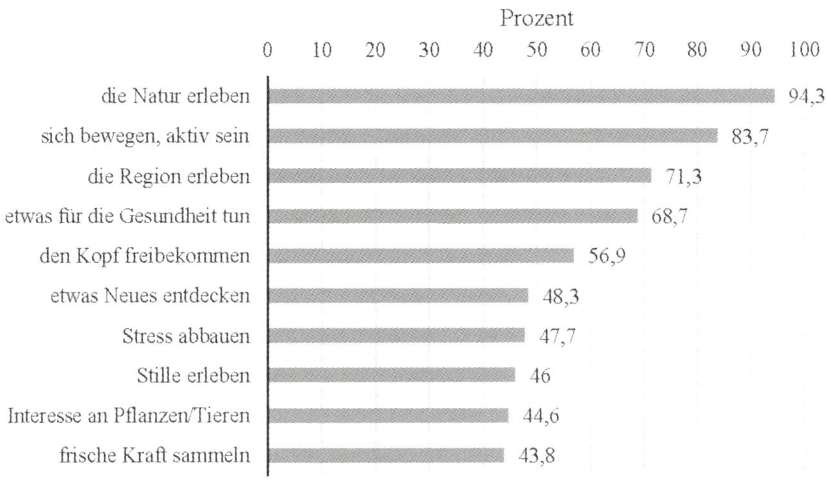

Abb. 4.6 Top 10 der häufigsten genannten Anlässe einer Wanderung 2018 (n = 1.303, Mehrfachnennung möglich) (nach Quack 2018)

Zielgebiete

Mit 65,2% geben die meisten Befragten des Wandermonitors 2018 an, Wanderungen in Mittelgebirgen, gefolgt von solchen in Hochgebirgen (14,5%) und im Voralpenland (6,5%) zu favorisieren. Diese Präferenz wird auch aus den Befragungen der Wanderstudie 2014 ersichtlich. Hier entfallen auf die Top 10 der Nennungen zahlreiche Mittelgebirge wie der Schwarzwald (1), der Thüringer Wald (7), der Bayerischer Wald (3) und das Erzgebirge (10)). Auch die Alpenregion (6) mit dem Allgäu (5) und die beiden Bundesländer Bayern (2) und Thüringen (7) sind in der Top 10 der Nennungen vertreten (vgl. Abb. 4.7). Auf die erweiterte Nennung (Top 30) entfallen aber auch norddeutsche Destinationen wie die Nordsee (16), Rügen (19) sowie Bundesländer wie Sachsen (23) und Mecklenburg (26) (vgl. project m 2014).

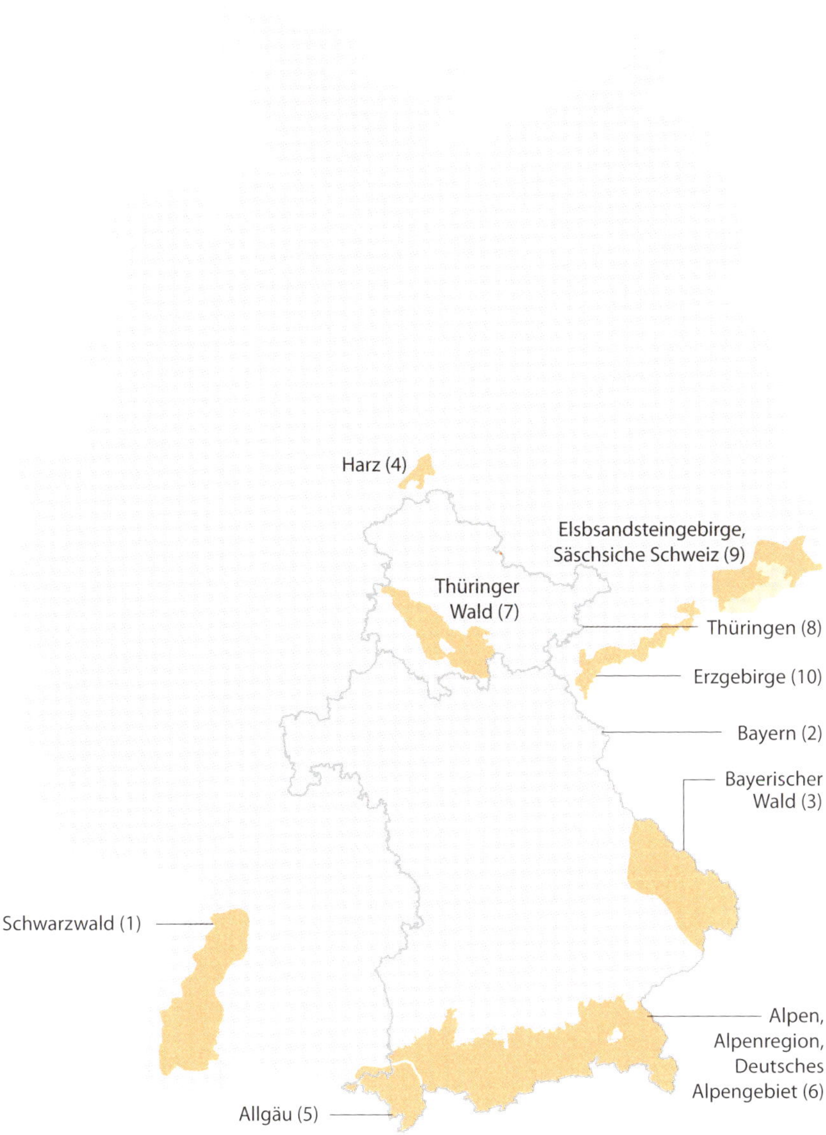

Abb. 4.7 Karte zur Bekanntheit deutscher Wanderregionen im Inland im Jahr 2014, Top10 gestützte Erinnerung mit Nennung (n = mind. 1.000) (eigene Darstellung mit Datengrundlage Behrens-Egge & Baruschke 2019, S. 102; project m 2014 und Kartengrundlage BKG 2020)

Saisonalität

Die Saisonalität ist im Marktsegment Wandertourismus deutlich geringer ausgeprägt als beispielsweise im Fahrradtourismus. So konzentriert sich zwar ein Großteil der Wanderungen auf die Sommermonate Mai bis September, in den übrigen Monaten kommt das Wandern jedoch nicht zum Erliegen, sondern reduziert sich im Volumen um ca. die Hälfte. Der Höhepunkt der Saison fällt in die Monate August und September (vgl. Abb. 4.8). Damit ist der Wandertourismus als ein zentrales Standbein des deutschen Sommertourismus zu bezeichnen. Das Volumen der Wintermonate wird vor allem durch Ältere (besonders der 45- bis 64-Jährigen) generiert. Bei der Variation der Streckenlänge zeigen sich über die Jahreszeiten hinweg jedoch kaum Unterschiede (vgl. Deutscher Wanderverband 2010).

Abb. 4.8 Wanderungen nach Monaten 2010 (n = 1.698, Mehrfachnennung möglich) (eigene Darstellung, nach Deutscher Wanderverband 2010)

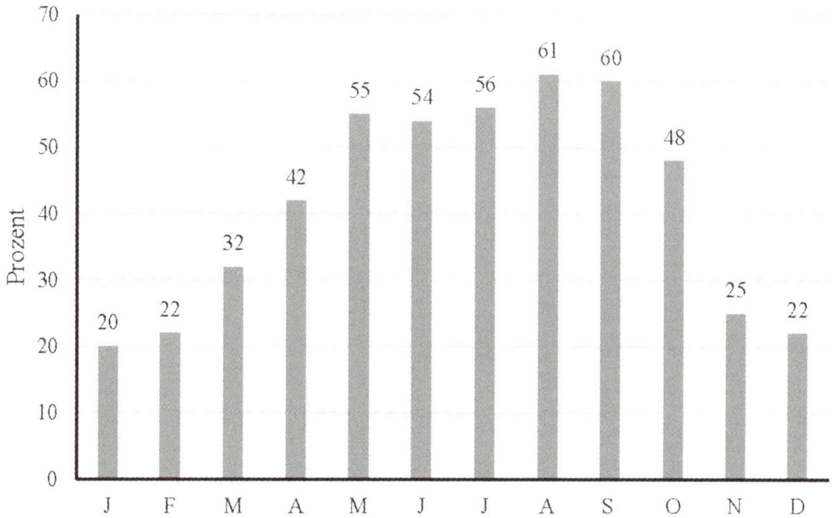

4.5 Ökonomische Effekte des Wandertourismus

Problem der Datengrundlage

Auf Grund der Problematik der Quantifizierung touristischer Wanderungen in Form von Tagesausflügen oder Wanderurlauben ergibt sich lange Zeit auch die Schwierigkeit der Einschätzung der ökonomischen Bedeutung des Wandertourismus (vgl. Dreyer et al. 2010). Zwar unternimmt der Deutsche Wanderverband (2010) mit seiner Grundlagenuntersuchung den Versuch, die ökonomischen Effekte des Marktsegments erstmal in der Gänze zu erfassen, jedoch wird die Erhebung in der Qualität und damit in der Aussagekraft zurecht u.a. von Brämer (2014) kritisiert. Im Folgenden wird sich in Ermangelung von aktueller, vollständiger oder ähnlich umfassender Erhebungen dennoch auf Werte des Wanderverbands bezogen - diese sollten aber kritisch interpretiert werden.

Bruttoumsätze

Der Deutscher Wanderverband (2010) schätzt, dass im Jahr 2010 das Ausgabevolumen der Wanderenden bei Tagesausflügen zwischen 5,5 und 6,1 Mrd. € und im übernachtenden Tourismus bei weiteren 1,7 Mrd. € liegt. In der Summe ergeben sich damit Bruttoumsätze zwischen 7,2 und 7,8 Mrd. je Jahr, was einem Arbeitsplatzäquivalent von deutschlandweit zwischen 139.000 und 151.000 Beschäftigten entspricht. Allerdings ist unklar, in welchem Umfang Wandernde bei ihren Tagesausflügen die gewohnte Umgebung verlassen und somit zu Touristen werden, also inwiefern die von ihnen generierten Umsätze tatsächlich dem Wandertourismus zuzuschreiben sind.

Umsätze nach Ausgabenbereichen

Unstrittig dagegen ist, dass ein Großteil der durch Wanderende getätigten Ausgaben unmittelbar in der Region verbleibt, in der die Wanderung durchgeführt wird. Dabei verteilen sich die Ausgaben auf verschiedene Ausgabenbereiche (vgl. Tab. 4.3).

Tab. 4.1 Verteilung der durch Wanderende induzierten Gesamtumsätze nach Ausgabenbereichen im Jahr 2010 (n = 4.022) (Deutscher Wanderverband 2010)

Ausgabenbereich	Ausgaben in Prozent
Cafés/Restaurants	58,2
Lebensmittel/Getränke	17,7
Unterkunft/Tag	14,2
Verkehrsmittel/ÖPNV	5,7
Sonstige Einkäufe	2,3
Eintrittsgelder/Unterhaltung/Kultur/Sport	1,2
Sonstige Dienstleistungen	0,6

Ausgaben für Ausrüstung

Auch, wenn für Wanderungen, im Gegensatz zu vielen anderen Outdoor-Aktivitäten, prinzipiell wenig Ausrüstungsgegenstände benötigt werden, generiert die Anschaffung von spezieller Ausrüstung wie wetterfester Kleidung und Jacken, Rucksäcken und Wanderschuhen, aber auch von Schlafsäcken, Wanderkarten, Zelten, Wander-Stöcken und Bergstiefeln hohe Umsätze. So gibt ein Wandernder im Jahr 2010 im Durchschnitt 92 € für wanderspezifische Ausrüstungsgegenstände aus. Der Deutscher Wanderverband 2010 geht davon aus, dass im Jahr 2010 durch Wanderende wanderbezogene Ausrüstungsgegenstände im Wert von ca. 3,7 Mrd. angeschafft werden. Mit zunehmender Wanderaffinität steigen die Ausgaben, sodass eine regelmäßig wandernde Person im Durchschnitt ca. 121 € pro Jahr ausgibt. Erwartungsgemäß ist der Ausstattungsgrad von Wandernden mit diesen Ausrüstungsgegenständen deutlich höher als bei der restlichen Bevölkerung (vgl. Tab. 4.4). Im Jahr 2010 wird noch ein Großteil dieser Anschaffungen im stationären Einzelhandel (51,8% Sportfachgeschäft, 36,2% Kaufhaus und 19,2% Outdoor-Fachgeschäft) getä-

Tab. 4.2 Top 5 der Ausrüstungsgegenstände von Wandernden 2010 (n = 3.032, Mehrfachnennungen möglich) (Deutscher Wanderverband 2010)

Ausrüstungsgegenstand	Im Besitz von Wandernden in Prozent	Im Besitz von Nicht-Wandernden in Prozent
Wetterfeste Jacke	92,4	73,6
Tages-Rucksäcke	80,4	50,3
Wanderschuhe	72,1	24,6
Schlafsack	62,2	45,8
Wanderkarten	58,0	20,4

tigt. Der Anteil des Internet-Fachhandels liegt mit 5,4% und der des allgemeinen Internethandels mit 2,8% vergleichsweise niedrig. Es ist davon auszugehen, dass diese Anteile bis zu den ausgehenden 2010er Jahren stetig gestiegen sind. Mittlerweile findet sich eine Vielzahl von Online-Fachhändlern mit einem umfassenden Beratungsangebot und zusätzlichen Leistungen, vom Produkt-Test bis zur Tour-Empfehlung, wieder.

Umweltschutz und Naturverbundenheit

Aspekte wie Umweltschutz und Naturverbundenheit spielen für Wandernde im Vergleich zu Nicht-Wandernden tendenziell eine stärkere Rolle. So geben im Jahr 2010 rund 39% der Wandernden an, dass ihnen Umweltschutz extrem wichtig sei, bei den Nicht-Wandernden beläuft sich dieser Anteil auf 23%. Dies ist aus einer ökonomischen Betrachtung insofern relevant, als Angebote für diese Zielgruppe die Aspekte Umweltschutz und Naturverbundenheit berücksichtigen sollten. Beispiele hierfür sind die Ermöglichung einer Anreise mittels öffentlicher Personennahverkehr oder der Transport vor Ort mittels Wanderbus.

Wandertourismus und ländlicher Raum

Da Wanderungen (mit Ausnahme von solchen zu bestimmten Themen wie z.B. Kultur- und Stadtgeschichte) überwiegend in ländlichen Räumen stattfinden, sieht Knoll (2016) unter bestimmten Bedingungen und im Rahmen der generellen Tourismusförderung auch im Wandertourismus große Chancen für den ländlichen Raum. So kann, basierend auf bereits existierender Infrastruktur und z.B. von der Europäischen Union gefördert, der Ausbau von Wanderinfrastruktur (z.B. Erlebniswanderwege) für Einheimische wie Gäste ein lohnenswertes Zusatzangebot geschaffen werden. Gerade im Kontext der Nachhaltigkeit können sanfte Tourismusformen wie der Wandertourismus Potenziale zur touristischen Entwicklung ländlicher Regionen bieten und somit von ökonomischem Mehrwert sein. Als ökonomisch besonders wertvoll haben sich insbesondere Premiumwege herausgestellt.

4.6 Ausblick: Marktentwicklung und Forschungsbedarf

Chancen für den Wandertourismus

Auch wenn der Deutscher Wanderverband im Jahr 2010 die Marktentwicklung noch als prinzipiell positiv einschätzt, zeigt der tendenzielle Rückgang der Wanderaktivität der 2010er Jahre (vgl. 4.3) die Schwierigkeit des Marktsegments auf. So war es verfrüht, von einem Boom des Wanderns ab 2010 zu sprechen. Einen Niedergang in den 2020er Jahren zu erwarten, wäre jedoch ebenfalls übereilig. Dem Wandern könnten durch veränderte übergeordnete Trends neue Impulse gegeben werden. Zu diesen können beispielsweise ein gestärktes Umweltbewusstsein der jüngeren Generation und ein daraus möglicherweise resultierender Rückgang von Fernreisen oder eine verstärkte Naturverbundenheit sowie die Zunahme von sanften Formen des Tourismus gezählt werden. Großes Potenzial haben gerade die neuen Medien:

So wäre ein „Kerkeling Effekt" wie im Pilgertourismus denkbar, der einen neuerlichen, diesmal durch Social Media ausgelösten, Imagewandel („#Bergsee") erzeugt und Wandern einer jüngeren, internetaffinen Generation als naturverbundene Freizeitaktivität zuführt.

Unklare Zukunft

Auf der anderen Seite können sich Megatrends wie der Demographische Wandel negativ auf das Marksegment auswirken, wenngleich der Deutsche Wanderverband (2010) hierin eher eine Chance sieht. Hinsichtlich der Wegeinfrastruktur wird wohl weiterhin der Ausbau der Qualität und nicht der Quantität sowie die Stärkung des Netzcharakters zur Individualisierung von Wanderungen entscheidend für ein gutes Angebot sein. Eben dieser Trend zur Individualisierung lässt zumindest die Frage offen, ob zukünftig Pauschalangebote wie organisierte Wanderungen in größeren Gruppen im bekannten Umfang nachgefragt werden. Die bereits den 2010er Jahren angestoßene Entwicklung zur Etablierung des Internets als zentrale Informationsplattform für Wandernde, beispielsweise mittels Wanderportale, wird sich sehr wahrscheinlich auch zukünftig weiter fortsetzen oder zumindest auf einem sehr hohen Niveau konsolidieren.

Forschungsbedarf

In jedem Fall ist zukünftig weitere Forschung für dieses Marktsegment dringend notwendig: Teilweise sind wesentliche Erkenntnisse zehn Jahre oder älter und/oder hinsichtlich deren Qualität und angewendeten Methode stark kritisiert worden (Brämer 2014). Auch um Entscheidungsträgern das ökonomische Potenzial von Wandertouristen begreiflich zu machen, ist dessen Messung eine wichtige Voraussetzung. Für die Angebotsseite wird entscheidend sein, ob die zuletzt sinkende Nachfrage älterer Wandernder durch eine wanderaffine junge Generation ersetzt werden kann. Dafür ist vor allem das Image des Wanderns in dieser Altersgruppe entscheidend. Eine aktuelle, repräsentative Imageanalyse des Marktsegments wäre somit ein lohnenswerter Forschungsgegenstand. ■

Fragen und Übungen

1. Wo liegen die historischen Ursprünge des Wanderns? Wie unterscheiden sich diese von unserem modernen Verständnis als Freizeitaktivität?
2. Wie unterscheidet sich Wandern von anderen Freizeitaktivitäten zu Fuß wie Bergsteigen, Spaziergehen und Pilgern? Welche Abgrenzungsmöglichkeiten existieren und sind diese trennscharf?
3. Was unterscheidet Wandern und Tourismus vom Wandertourismus? Durch welche Betrachtungsebenen entsteht eine trennscharfe Abgrenzung des Marktsegments?
4. Welche Aspekte spielen für eine gute Wanderinfrastruktur eine wesentliche Rolle?
5. Wie lässt sich ein typischer Wandernder hinsichtlich Alter, Geschlecht, Einkommen und Bildungsniveau charakterisieren?

Literaturhinweise

Deutscher Wanderverband (2010): Grundlagenuntersuchung Freizeit-und Urlaubsmarkt Wandern. Langfassung. Unter Mitarbeit von Ute Dicks und Erik Neumeyer. (BMWi- (Forschungsbericht, 591). Berlin.

Die Grundlagenuntersuchung analysiert u. a. das Marktvolumen und die ökonomischen Effekte des touristischen Marktsegmentes und stellt die Angebots- und Nachfrageseite dezidiert dar. Sie wurde 2014 als „Wanderstudie der deutsche Wandermarkt 2014" durch project m ergänzt und aktualisiert.

Dreyer, A.; Menzel, A.; Endreß, M. (Hrsg.) (2010): Wandertourismus. Kundengruppen, Destinationsmarketing, Gesundheitsaspekte. München.

Das aus tourismuswissenschaftlicher Sicht wohl umfangreichste Lehrbuch zum Wandertourismus ist bereits zehn Jahre alt, aber nicht zuletzt wegen der Vielzahl der von unterschiedlichen Autoren angesprochenen Aspekte zum Wandertourismus auch heute noch lesenswert – auch wenn eine Aktualisierung wünschenswert wäre.

Knoll, G. M. (2016): Handbuch Wandertourismus. Für Ausbildung und Praxis.

Handbuch ist für Ausbildung und Praxis" das Standardwerk zum Wandertourismus, das ausgehend von der Geschichte des Wanderns, über Marketing von Wanderwegen bis hin zu aktuellen Trends viele Informationen aus einer anwendungsbezogenen Sicht vermittelt.

Weitere Hinweise:

Der wahlweise als „Wanderpapst" oder „Wanderexperte" bezeichnete Natursoziologe Rainer Brämer ist Mitbegründer des Deutschen Wanderinstituts e. V. und stellt auf www.wanderforschung.de. umfassende wie kritische Literatur zur deutschsprachigen Wanderforschung bereit.

5 Luxustourismus: Alles, außer gewöhnlich

Überblick

Luxusreisen liegen im Trend: Die Nachfrage nach hochwertigen (und hochpreisigen) Reisen verzeichnet in den letzten Jahren eine steigende Tendenz und wird auf Grund der damit einhergehenden steigenden Umsätze für die Anbieterseite immer interessanter. Allerdings gilt das Marktsegment (wie der Luxuskonsum insgesamt) als relativ „verschwiegener" Bereich und es gibt einen eklatanten Mangel an Forschung und Publikationen zu Luxustourismus, der erst allmählich aufgearbeitet wird. Allgemeiner Konsens ist es, dass es zunehmend immaterielle Werte sind, die von Luxustouristen nachgefragt werden. Zudem findet eine Öffnung des Luxusmarktes statt, denn auch bisher in diesem Markt nicht aufgetretene Nachfrager konsumieren gelegentlich Luxusprodukte, während sie sich insgesamt nicht im Luxussegment bewegen (hybride Konsumenten). Daher werden die Nachfrager in diesem Marktsegment anhand von Motiven und Erwartungen in verschiedene Teilzielgruppen typisiert. Die Anbieterseite ist durch einen hohen Anteil spezialisierter, kleiner Unternehmen gekennzeichnet, die ihre luxustouristischen Produkte vornehmlich nach der Strategie der Leistungsführerschaft auf dem Markt platzieren.

5.1 Was ist Luxus(tourismus)? – Luxus(tourismus) in Zahlen

Was ist Luxus?

Wahrnehmung und Einschätzung von Luxus liegt im Auge des Betrachters und unterliegt somit einer individuell sehr unterschiedlichen Abgrenzung. Zieht man zum allgemeinen Verständnis zunächst die **Definition von Luxus** aus dem Brockhaus zu Rate, ist offensichtlich, dass die Einschätzung von Luxus immer subjektiv ist und regional, zeitlich sowie sozialkulturell variiert. Zudem kann festgestellt werden, dass sich die traditionelle Definition noch sehr auf den Konsum von Gütern konzentriert und sich Luxus demnach durch seine Überdurchschnittlichkeit auszeichnet, wobei sich das auf den Preis, die Zugänglichkeit, das Prestige o. Ä. beziehen kann.

Stichwort

Definition von Luxus

„Luxus [lateinisch »Ausschweifung«, »Liederlichkeit«, »Verschwendung«, eigentlich »üppige Fruchtbarkeit«] *der,* –, in die meisten europäischen Sprachen übernommener Begriff, der die über ein jeweils als notwendig erachtetes Maß hinausgehenden Verhaltensweisen und Aufwendungen (*W. Sombart*) beim Gebrauch von Gütern bezeichnet. Was unter Luxus verstanden wird, hängt ab von kulturellen

Standards, von Einkommenshöhe und Konsumgewohnheiten, auch von den sozialethischen Vorstellungen einer Gesellschaft oder Epoche".
Brockhaus Online 2020

Immaterielle Aspekte von Luxus

In Erweiterung des traditionellen Verständnisses von Luxus gewinnen in der jüngeren Vergangenheit zunehmend immaterielle Aspekte an Bedeutung, die auch im Tourismus eine hohe Relevanz aufweisen. Immaterielle Größen können z.B. Ruhe oder Erlebnisqualität sein. Auf dem globalen Luxusmarkt gewinnt aktuell und in Zukunft die Erlebnisqualität verstärkt an Bedeutung (Abb. 5.1). Diese besonderen Erlebnisse werden u.a. im Bereich der Gastronomie (Essen, Wein etc.) oder der Beherbergung (Service, Ruhe etc.) vermittelt. Demgegenüber werden im Bereich des persönlichen Luxus (z.B. Uhren, Schmuck, Lederwaren) zukünftig deutlich geringere Zuwachsraten erwartet. Grundsätzlich ist zu bemerken, dass sehr unterschiedliche Abgrenzungen des Luxusmarktes existieren. Daher unterscheiden sich je nach verwendeter Quelle auch die Angabe zum Volumen des Luxusmarktes z.T. erheblich. Allerdings weisen die unterschiedlichen Quellen in der Tendenz alle eine ähnliche Entwicklung des Marktes auf, die aktuell und zukünftig von einem deutlich zunehmenden Wachstum geprägt ist.

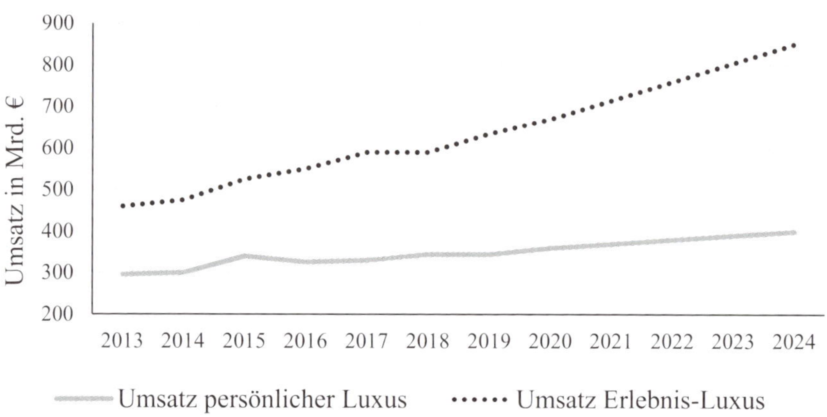

Abb. 5.1 Entwicklung des globalen Luxusmarktes nach persönlichem und Erlebnis-Luxus im Zeitraum 2013 bis 2024 (ab 2019 Prognose) (Handelsblatt vom 5.10.2019)

Globaler Luxusmarkt

Der globale Luxusmarkt zeigt bereits in den vergangenen Jahren ein mit wenigen Ausnahmen stetiges Wachstum (vgl. Abb. 5.2). Er erweist sich im Vergleich zur Gesamtwirtschaft gegenüber Krisen als relativ stabil. So haben die Anschläge vom 11. September 2001 in New York oder die Finanzkrise 2008 nur zu moderaten Rückgängen geführt. Für die nähere Zukunft (bis 2025) wird von einem weiteren Wachstum des globalen Luxusmarktes von 3% bis 5% jährlich ausgegangen. Eine führende Marktstellung im globalen Luxusmarkt nimmt Europa mit einem Anteil von 31% an den generierten Umsätzen (2019) ein (vgl. d'Arpizio et al. 2020), der gemessen am Anteil an der Weltbevölkerung von knapp 10% überproportional hoch ausfällt.

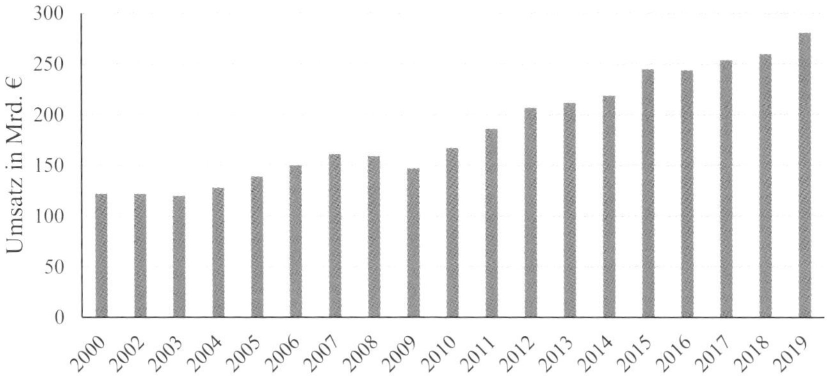

Abb. 5.2 Entwicklung des Umsatzes im globalen Luxusmarkt im Zeitraum 2000 bis 2019 (d'Arpizio et al. 2020)

Zudem kann festgestellt werden, dass sich die Produktion von Luxusprodukten in einem Wandlungsprozess befindet. So wird seit rund 15 Jahren von New Luxury gesprochen: Nicht mehr von Unternehmen und Marken wird definiert, was Luxus ist, sondern die Vorgaben erfolgen zunehmend auch durch den Nachfrager (z.B. der Wunsch nach einzigartigen Erlebnissen und authentischen Erfahrungen). Diese Entwicklung findet seine Fortsetzung im Neo-Luxury, bei dem vier Trends eine besonders hohe Relevanz haben (vgl. Abb. 5.3). die das kundenseitige Luxusverständnis in den Mittelpunkt stellen (vgl. Krane 2019). Dabei übernimmt der Nachfrager u.U. sogar die Funktion des Ideengebers und treibt damit die Individualisierung von Luxusprodukten weiter voran. Hierfür sind insbesondere die Nachfrager der Generationen Y (nach 1980 geboren) und Z (nach 1995 geboren) verantwortlich und auf sie entfällt der größte Anteil des globalen Wachstums (vor allem junge Konsumenten aus China und Südostasien). Weiterhin spielen als Trends im Neo-Luxury-Bereich Aspekte wie Gesundheit und Nachhaltigkeit zukünftig eine wesentliche Rolle. Dies gilt auch für den Bereich des Luxustourismus.

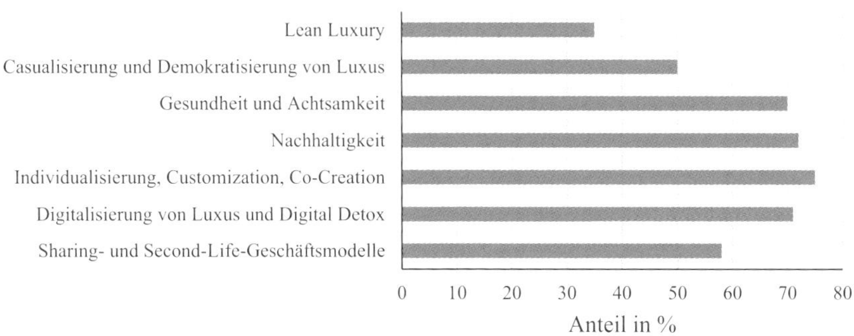

Abb. 5.3 Relevanz von Trends im Neo-Luxury aus Expertensicht (Krane 2019, S. 6).

Motivation für Luxuskonsum

Bei den Nachfragern können verschiedene individuelle Motivationen für den Konsum von Luxusprodukten identifiziert werden, die unterschiedliche Funktionen haben und zu unterschiedlichen Effekten führen (vgl. Drissen 2006, S. 79):

- Die Demonstrationsfunktion gründet sich auf den Veblen-Effekt. Dieser Effekt beschreibt das Phänomen, dass die Nachfrage nach bestimmten Gütern unter Umständen trotz hoher oder steigender Preise zunimmt, weil Konsumenten ihren hohen sozialen Status durch den Konsum teurer Güter gegenüber anderen Menschen demonstrieren möchten.
- Die Gruppenzugehörigkeitsfunktion stützt sich auf den Bandwagon-Effekt, der auch als Mitläufereffekt bezeichnet wird. Hierbei wird von Nachfragern (Follower) ein imitativer Konsum vorgenommen. Sie kaufen Güter, um auf diese Weise zu einer Referenzgruppe zu gehören oder von dieser aufgenommen zu werden.
- Die Abgrenzungsfunktion basiert auf dem Snob-Effekt. Für diese Gruppe gilt u.a., dass bestimmte Produkte nicht (mehr) gekauft werden, weil andere, mit denen man nur ungern in Zusammenhang gesehen wird, sie auch kaufen.

Damit ist offensichtlich, dass es sich bei Konsumenten von Luxusprodukten nicht um eine homogene Gruppe handelt.

Organisation der Unternehmen im Luxusmarkt

Die Hersteller von Luxusgütern sind national und international organisiert: Auf nationaler Ebene sind dies z.B. Altagamma in Italien, das Comité Colbert in Frankreich, das Walpole Committee in Großbritannien oder der Branchenverband Meisterkreis in Deutschland. In diesen Vereinigungen sind auch einige Unternehmen aus dem Bereich Tourismus Mitglied (z.B. im Branchenverband Meisterkreis das Hotel Adlon, die Fluggesellschaft Lufthansa oder das Kreuzfahrtunternehmen Sea Cloud). Die nationalen Verbände sind ihrerseits auf europäischer Ebene in der European Culture and Creative Alliance (EC-CIA) organisiert.

Luxusmarkt in Deutschland

Luxus bzw. der Konsum von Luxusgütern liegt auch in Deutschland im Trend, wobei auch für Deutschland unterschiedliche Abgrenzungen des Luxusmarktes existieren. Das Marktvolumen für den persönlichen Luxuskonsum (u.a. Bekleidung, Schuhe, Lederaccessoires, Uhren und Schmuck sowie Kosmetik; Ausgaben für Luxusautos sind nicht enthalten) steigt in den letzten Jahren auch in Deutschland. Im Jahr 2014 beläuft es sich auf 11,9 Mrd. € und steigt bis zum Jahr 2018 auf 14,2 Mrd. €. In diesem Zusammenhang ist zu berücksichtigen, dass der Luxusmarkt in Deutschland vornehmlich ein Autothema ist, denn vom gesamten Umsatz für Luxusprodukte entfallen knapp drei Viertel auf Automobile (2018: 48,3 Mrd. €). Unter Berücksichtigung weiterer Bereiche wird das gesamte Marktvolumen mit 65,1 Mrd. €. angegeben (vgl. Statista 2020). Hiervon macht der touristische Markt lediglich einen kleinen Anteil aus, wobei dieser Bereich der Luxuswirtschaft in den einschlägigen Statistiken oft nicht vollständig bzw. als eigenständige Kategorie erfasst wird (z.B. nur Luxuskreuzfahrten) und entsprechend nicht gemäß seiner tatsächlichen Bedeutung abgebildet wird. Folglich finden sich unter den für das Jahr

2018 durch die Unternehmensberatung Ernst & Young ermittelten Top-50-Unternehmen der Luxusbranchen mit Hapag-Lloyd Kreuzfahrten und dem Reisegepäckhersteller Rimowa auch nur zwei touristische bzw. tourismusaffine Unternehmen. Allerdings sind Luxusprodukte nicht mehr allein den Reichen vorbehalten, sondern es ist eine gewisse Öffnung des Luxusmarktes festzustellen. In der Folge ist in einzelnen Konsumbereichen zumindest sporadisch eine Nachfrage durch Konsumenten aus unterschiedlicher Bevölkerungsschichten zu beobachten. Nicht zuletzt auf Grund dieser Entwicklung wird bis zum Jahr 2025 von einem durchschnittlichen jährlichen Wachstum im deutschen Luxusmarkt von 4,5% ausgegangen und das Gesamtvolumen soll auf 88,7 Mrd. € steigen (vgl. Statista 2020). Die Unternehmen reagieren auf diese Entwicklung durch Masstige-Produkte bzw. Masstige-Linien (Masstige = Zusammensetzung aus Masse und Prestige), da sie durch Ausweitung ihrer Produktpalette zusätzlich eine Klientel zwischen Ober- und Mittelschicht gewinnen können (vgl. Truong et al. 2009, S. 379f.). Die zunehmende Differenzierung der Luxuskonsumenten wird etwa von Meurer und Manninger (2012, S. 18f.) für die deutsche Bevölkerung durch die Ausweisung von sechs, an die Sinus-Milieus angelehnten Erfolgstypen mit unterschiedlichen Lebensstilen deutlich (konservative Reiche, etablierte Reiche, statusorientierte Reiche, Mainstream-Reiche, liberal-intellektuelle Reiche sowie der neue reiche Nachwuchs). Ihre Lebensstile drücken sich auch in ihrem Urlaubsverhalten aus und den von ihnen konsumierten (luxus-)touristischen Produkten aus.

Was ist Luxustourismus?

Luxustourismus muss als ein Querschnittsmarktsegment verstanden werden, das jeweils im High-End-Bereich anderer Marktsegmente angesiedelt ist (z. B. im Kreuzfahrttourismus). Da sich Angebots- und Nachfrageseite aber deutlich von anderen Marktsegmenten unterscheiden, kann es durchaus als eigenständiges Marktsegment bezeichnet werden. Allerdings existiert für das Marktsegment des Luxustourismus – wie für einige andere Marktsegmente auch – nicht die eine, allgemein anerkannte Definition. Offensichtlich ist aber, das bei allen **Definitionen von Luxustourismus** als Abgrenzungskriterium der Preis eine wichtige Rolle spielt. Aber auch im Tourismus erfahren immaterielle Aspekte, die beim Luxuskonsum insgesamt immer wichtiger werden, eine immer größere Wertschätzung. Weiterhin kann festgestellt werden, dass wie beim Konsum von Luxusgütern insgesamt, luxustouristische Produkte außerhalb des üblichen oder gewöhnlichen Rahmens liegen. Wie für den Luxus allgemein gilt auch im Tourismus, dass die Einschätzung von Produkten als Luxusprodukte abhängig ist vom jeweiligen soziokulturellen Umfeld sowie der individuellen Situation des Nachfragers. Zudem ändern sich die Einschätzungen über luxustouristische Produkte im Laufe der Zeit.

Stichwort

Definitionen von Luxustourismus

Ökonomisch bedeutendes Nischensegment des internationalen Tourismus mit qualitativ hochwertigen und hochpreisigen Angebotsformen (Hotels, Resorts, Züge, Schiffe, Flugzeuge, Destinationen), die von einer anspruchsvollen Zielgruppe mit großen finanziellen Ressourcen genutzt werden. Neben einer aufwändigen Ausstattung und einem persönlichen Service legen die Nachfrager auch zunehmend Wert auf ungewöhnliche Reiseerlebnisse und Erfahrungen.

Steinecke 2019, S. 12

Luxustourismus bezeichnet die Aktivitäten von Personen, die an Orte außerhalb ihrer gewohnten Umgebung reisen, wobei deren persönlicher Aufwand den von der sozialen Umwelt als normal empfundenen Aufwand auffällig übersteigt. Die Reisenden halten sich dort zu Freizeit-, Geschäfts-, und anderen Zwecken nicht länger als ein Jahr ohne Unterbrechung auf. Die Reisen, die als Luxusreisen gelten, sind nach Kulturkreis und sozialer Schicht verschieden (basierend auf der Kombination der Tourismusdefinition der UNWTO.

Schmude & Namberger 2015, S. 2 und Brockhaus Online 2020

Dimensionen des Luxustourismus

Traditionell erfolgt die Identifikation von Luxusreisen über den Preis. Hierzu gibt es verschiedene Abgrenzungen: Nach der Gesellschaft für Konsumforschung (GfK) beginnen Luxusreisen bei einem Preis von mindestens 3.000 € pro Kopf und Reise, beim Deutschen Reiseverband sind dies 2.500 € und die Tourismus-Unternehmensberatung IPK International setzt bei längeren Reisen 500 €, bei kürzeren Reisen 350 € pro Übernachtung an (vgl. fvw 2016b, S. 9). Aber wie im gesamten Luxusmarkt nehmen auch bei Luxusreisen immaterielle Merkmale eine immer wichtigere Rolle ein. So werden im Jahr 2017 von 30% der 626 befragten internationalen Tourismusanbieter aus verschiedenen Leistungsbereichen (Reiseveranstalter, Destinationen, Hotellerie etc.) die Exklusivität der Erlebnisse als wichtigstes Kriterium bei der Auswahl von Luxusreisen genannt und für weitere 29% sind es personalisierte Dienstleistungen. Dagegen stehen nach Einschätzung der Experten nur für 21% der Nachfrager die Hotelkategorie der gewählten Unterkunft und lediglich für 12% die gewählte Flugklasse im Vordergrund (vgl. Pangaea Network 2017, S. 9). So überrascht es nicht, dass Steinecke (2019, S. 177) neben rationalen Aspekten drei weitere Dimensionen des Luxustourismus ausweist (vgl. Tab. 5.1): Funktionale, symbolische und emotionale Aspekte, die jeweils verschiedene Ausprägungen aufweisen.

Globaler Luxusreisemarkt

Der globale Markt für Luxusreisen weist wie der gesamte Luxuskonsum eine steigende Nachfrage auf und wird von 2015 bis zum Jahr 2025 mit jährlich 6,2% stärker wachsen als der Tourismusmarkt insgesamt (4,8%) (vgl. Dykins 2019). Dies gilt mit Ausnahme von Nordostasien (Stagnation), dem Mittleren Osten und Südamerika (jeweils Rückgang) für alle in der Analyse berücksichtig-

Dimensionen des Luxustourismus	**Ausprägungen**
Rationale Aspekte	• hohes Preisniveau • internationale Markenbekanntheit • attraktive Standorte und Destinationen
Funktionale Aspekte	• extravagante Ausstattung und innovatives Design • hohes Serviceniveau und ausgeprägte Kundenorientierung • professionelles Management
Symbolische Aspekte	• Vermittlung von sozialer Anerkennung und gesellschaftlichem Status • Storytelling (Markenphilosophie, Unternehmensgeschichte, Mythos prominenter Gäste etc.) • Bühnen der Selbstdarstellung und Treffpunkte der Eliten
Emotionale Aspekte	• Schaffung außergewöhnlicher Urlaubs- und Markenerlebnisse • Mischung aus Hedonismus und Verantwortung, Abenteuer und Sicherheit, Überfluss und Reduktion (Digital Detox) • Erfüllung emotionaler Bedürfnisse (Distinktion, persönliche Ansprache, Wohlfühlatmosphäre etc.)

Tab. 5.1 Dimensionen des Luxustourismus

ten Regionen (vgl. Tab. 5.2). Dies unterstreicht die große Bedeutung der „westlichen Welt“ für den luxustouristischen Markt: Knapp zwei Drittel aller Luxusreisen der Reisenden kommen aus Nordamerika und Westeuropa, obwohl die beiden Regionen lediglich 18 % der Weltbevölkerung stellen. In diesen beiden Regionen liegen mit den USA, Griechenland, Spanien, Deutschland und Italien auch die fünf wichtigsten Zielländer für Luxusreisen (vgl. fvw 2019b, S. 14 f.).

Region	**Alle Reisen**	**Luxusreisen**
Nordamerika	4,6 %	6,5 %
Westeuropa	3,9 %	6,6 %
Übriges Europa	5,2 %	6,7 %
Südostasien	7,0 %	8,0 %
Südasien	7,6 %	11, 8 %
Nordostasien	5,8 %	5,8 %
Mittlerer Osten	6,6 %	5,4 %
Nordafrika	3,0 %	6,0 %
Südamerika	4,1 %	3,1 %
Ozeanien	3,9 %	4,1 %

Tab. 5.2 Erwartetes Wachstum bis zum Jahr 2025 für den Reisemarkt insgesamt und für Luxusreisen nach Regionen (Dykins 2019)

Luxusreisemarkt in Deutschland

Auch in Deutschland rückt der Luxusreisemarkt immer stärker in den Fokus: Auf der Internationalen Tourismus Börse (ITB) in Berlin, der weltweit größten Tourismusmesse, ist Luxustourismus im Jahr 2018 ein thematischer Schwerpunkt, ein Jahr später erscheint ein umfangreiches Fachbuch zu diesem Marktsegment von den Organisatoren der Messe bzw. des begleitenden Kongresses (vgl. Conrady et al. 2019). Wie im globalen Luxusreisemarkt können dem Marktsegment auch in Deutschland **Wachstum und Wandel** attestiert werden.

Stichwort

Wachstum und Wandel: Der Luxusreisemarkt verändert sich

„Starkes Wachstum im Luxussegment: Der Marktanteil hochpreisiger Reisen liegt bei sieben Prozent mit jährlich zweistelligen Zuwachsraten, verdeutlicht der ITB World Travel Trends Report 2017/2018. Luxusreisen boomen, doch das allgemeine Verständnis zu diesem Reisesegment hat sich verändert. Wohlstand definiert sich nicht mehr allein durch Glitzerwelten und opulenten Überfluss. Vielmehr löst der immaterielle Luxus das Statusdenken ab und Werte, wie Selbstfindung, persönliche Erlebnisse, Authentizität und Zeit, treten in den Vordergrund. Diese Herausforderungen, aber auch die Chancen durch Veränderung, beschäftigen die Branche und sind ein Schwerpunkt vom 7. bis 11. März 2018 auf der ITB Berlin."

Wallstreet Online vom 1.2.2018

Bedeutung der Millennials

So wird u.a. festgestellt, dass die sog. Millennials, d.h. die im Zeitraum 1980 bis 2000 geborene Generation, im Jahr 2017 im Vergleich zum Vorjahr um 15% mehr Auslandsreisen durchgeführt haben. Sie wächst damit doppelt so stark wie der Gesamtmarkt und gewinnt stark an Bedeutung für den Luxusreisemarkt. Allerdings ist diese Teilzielgruppe in sich ziemlich inhomogen, denn sie bucht auch mehr preiswerte Urlaube im Vergleich zum Gesamtmarkt. Ursache für diese Inhomogenität ist die Tatsache, dass innerhalb dieser Gruppe mit steigendem Alter auch das verfügbare Einkommen und somit ebenso das Reisebudget zunimmt. In der Folge wird die Hälfte aller internationalen Luxusreisen von Millennials gebucht (vgl. IPK 2018).

Bedeutung als Inbound-Destination

Aber nicht nur die Zahl der Nachfrager nach Luxusreisen aus Deutschland steigt an, sondern auch Deutschland wird als Luxusreisedestination verstärkt durch ausländische Touristen nachgefragt. Neben dem Besuch der „klassischen" Sehenswürdigkeiten und Städtereisen entwickelt sich der Shopping-Tourismus zu einem wichtigen Bereich innerhalb des Luxustourismus und des Einzelhandels. Vor allem die Zahlen der Touristen aus dem Nicht-EU-Ausland steigen deutlich: Seit 2008 nimmt ihre Zahl um 75% zu, wobei München, Frankfurt und Berlin die Top-Shopping-Städte (gemessen am Tax-Free-Umsatz) sind (vgl. EHI 2019).

Medien und Messen

Ein weiteres deutliches Zeichen für die gestiegene Bedeutung der Luxusreisen ist die Tatsache, dass es mittlerweile Special-Interest-Medien für dieses

Marktsegment gibt (z. B. die deutschsprachige Connoisseur Circle mit jährlich vier Ausgaben in Deutschland, Österreich sowie der Schweiz und einer Gesamtauflage von 98.000 Exemplaren). Ebenso unterstreicht die Veranstaltung von speziellen Messen für Luxusreisen die gestiegene Bedeutung des Marktsegmentes.

5.2 Konsumenten luxustouristischer Produkte

Kernzielgruppe Millionäre

Auch, wenn mittlerweile eine gewisse Öffnung des Luxusmarktes zu beobachten ist, sind reiche Menschen immer noch die Kernzielgruppe des Luxustourismusmarktes. Betrachtet man hierzu die Zahl der Millionäre weltweit, so nimmt ihre Zahl im Jahr 2018 nach einer kontinuierlichen Zunahme zwischen 2011 und 2017 erstmals wieder leicht ab, wofür insbesondere die Entwicklung im asiatisch-pazifischen Raum verantwortlich ist, der zuvor noch den stärksten Zuwachs aufweist. Für das Jahr 2018 zählt der World Wealth Report (vgl. Capgemini 2019, S. 10) weltweit rund 18 Mio. Millionäre aus (Vorjahr 18,1 Mio.). Diese setzen sich zusammen aus:

- 16,240 Mio. „Millionäre von Nebenan“ (1 bis zu unter 5 Mio. US $). Sie machen rund 90 % aller Millionäre aus, vereinen aber lediglich 43,8 % des Millionärsvermögens auf sich. Ihre Zahl wächst von 2011 bis 2017 um insgesamt 8,6 %, zwischen 2017 und 2018 sinkt sie um 0,1 %.
- 1,614 Mio. „Mittlere Millionäre“ (5 bis unter 30 Mio. US $), die 22,6 % des Vermögens aller Millionäre besitzen. Diese Gruppe nimmt im Zeitraum von 2011 bis 2017 um insgesamt 9,3 % zu, zwischen 2017 und 2018 sinkt ihre Zahl um 2,2 %.
- 0,168 Mio. „Superreiche Millionäre“ (30 US $ und mehr), die rund ein Drittel des Vermögens aller Millionäre auf sich vereinen. Nach einer Zunahme ihrer Zahl zwischen 2011 und 2017 um insgesamt 9,8 % verringert sich ihre Zahl von 2017 bis 2018 um 3,9 %.

Sonstige Nachfrager

Insgesamt 61,2 % aller Millionäre weltweit konzentrieren sich im Jahr 2018 auf die vier Länder USA (5,322 Mio.), Japan (3,151 Mio.), Deutschland (1,365 Mio.) und China (1,189 Mio.). Die Zahl der Millionäre in Deutschland weist dabei im Vergleich zum Vorjahr einen Rückgang von 1,1 % auf (vgl. Capgemini 2019, S. 9). Aber wie beim Luxuskonsum insgesamt gibt es neben der Kernzielgruppe der Reichen zahlreiche Nachfrager aus der übrigen Bevölkerung, die zumindest gelegentlich Luxusreisen durchführen (sog. Mass Affluents). Dies hat im Wesentlichen zwei Gründe: Einerseits haben Reisen mittlerweile einen sehr hohen Stellenwert für die deutsche Bevölkerung, für die erhebliche finanzielle Aufwendungen getätigt werden und es wird eher an anderen Konsumbereichen gespart als beim Reisen. Andererseits sind die Nachfrager in ihrem Reiseverhalten unberechenbarer geworden und nehmen an verschiedenen Reiseformen und Urlaubsformen teil. Dieses hybride Konsumentenverhalten macht die Einschätzung der Tourismusnachfrage für die Anbieterseite zunehmend schwieriger. Dies betrifft eben auch die Wertigkeit der durchgeführten Reisen und es wird in diesem Zusammenhang vom Phänomen der Luxese gesprochen, mit dem das dichotome Verhalten zwischen Luxus und Askese gemeint ist (vgl. Schmude & Namberger 2015, S. 81). Gleichwohl wird versucht, die Nachfrager – wie in anderen Marktsegmenten auch – zu typisieren, wobei hier zwischen Typisierungen für internationale und nationale Märkte unterschieden werden muss.

Typisierung der Nachfrager

Es kann also festgestellt werden, dass es weder DEN Touristen gibt, noch von DEM Luxustouristen gesprochen werden kann. Entsprechend liegen auch für die Nachfrageseite dieses Marktsegments verschiedene Typisierungen vor. Eine erste (frühe) Strukturierung der Nachfrageseite unterscheidet drei Typen (vgl. fvw, 2009, S. 45):

- Traditioneller Luxuskunde:
  … will unter Seinesgleichen sein und im Urlaub Exklusivität genießen,
  … bucht früh, hat hohe Ansprüche an Hotels, Service und Leistungen,
  … Erlebnis und Kultur sind erwünscht,
  … Preis ist nicht so wichtig, wenn die Reise gefällt.
- Exklusiver Luxuskunde:
  … stellt hohe Ansprüche und ist gut informiert (Internet),
  … erwartet individuelle Angebote,
  … fordert Sonderpreise vom Veranstalter/Reisebüro.
- Smart Shopper:
  … ist neu in der Luxusreisesparte,
  … forscht im Internet und TV nach Schnäppchen,
  … begeistert sich für Qualität nur bei Rabatten.

Hierbei werden durchaus Anleihen bei der Konsumforschung anderer Wirtschaftsbereiche vorgenommen. So ist der Typus des Smart-Shopper in der Einzelhandelsforschung bereits eine etablierte Kategorie und wird auf Grund ähnlicher Verhaltensweisen auch im Tourismusmarkt identifiziert. Es zeigt sich, dass eine Typisierung auf Basis eines Merkmals (z.B. nach Alter) oftmals nicht mehr zielführend ist, sondern mehrdimensionale Typisierung vorgenommen werden müssen, um ein professionelles Marketing für die verschiedenen Teilzielgruppen im Luxusreisemarkt vornehmen zu können.

Dementsprechend werden die unterschiedlichen Zielgruppen in der Regel einerseits nach soziodemographischen bzw. sozioökonomischen Merkmalen unterschieden (z.B. Alter, Einkommen oder Vermögen), andererseits wird auch ihr Reiseverhalten berücksichtigt (z.B. Häufigkeit der Reisen, Zahl der

Übernachtungen pro Jahr oder Aktivitäten wie Shopping während der Reisen). Bereits auf nationaler Ebene weisen die für die einzelnen Merkmale berechneten Mittelwerte zwischen den verschiedenen nationalen Luxusreisemärkten deutliche Unterschiede auf (vgl. Steinecke 2019, S. 55). Im weiteren Verlauf gewinnen immaterielle Werte gegenüber konkreten Produkten verstärkt an Bedeutung, was sich auch in der **Typisierung von Teilzielgruppen** niederschlägt. So identifiziert Dykens (2019, S. 4) in der AMADEUS-Studie drei Typen von Reisenden mit Relevanz für das Marktsegment Luxustouristen. Für sie spielen u.a. der Unterschied zum Alltag, der Faktor Zeit oder die Vereinbarkeit der Reise mit anderen Aufgaben (z.B. beruflich) eine wesentliche Rolle. Allerdings haben solche Typisierungen eine relativ begrenzte Lebensdauer und müssen der Marktentwicklung immer wieder angepasst werden, insbesondere, wenn sie prospektiven Charakter haben sollen (vgl. hierzu auch 5.4).

Stichwort

Typisierung von Teilzielgruppen im Luxusreisemarkt

„Reward Hunters focus on self-indulgent travel that will often mix a focus on luxury with self-improvement and personal health. The seeking of 'reward' for hard work in other areas of their life is what motivates them. They are looking for luxury experiences that are several notches above the everyday.

- Simplicity Searchers value ease and transparency in their travel planning and holidaymaking above all else, and are willing to outsource their decision-making to trusted parties to avoid having to go through extensive research themselves.
- Obligation Meeters have their travel choices restricted by the need to meet some bounded objective. In addition to business travel commitments, these obligations can include personal obligations such as religious festivals, weddings and family gatherings. Business travellers are the most significant micro-group of many falling within this camp. Although they will arrange or improvise other activities around their primary purpose, their core needs and behaviours mainly are shaped by their need to be in a certain place, at a certain time, without fail. The other three Traveller Tribes are Ethical Travellers, Cultural Purists and Social Capital Seekers, but do not tend to necessarily display obvious luxury behaviours".

Dykens 2019, S. 4

Verhalten vor der Reise

Luxustouristen zeigen bereits im Vorfeld ihrer Reisen im Vergleich zu den übrigen Touristen ein deutlich abweichendes Verhalten (vgl. Abb. 5.4), das sich durch ein stärkeres Sicherheitsbedürfnis ausdrückt (Buchungsverhalten, Abschluss von Versicherungen). Andererseits sind sie während der Reisen flexibler im Ausgabeverhalten, was sicherlich auch darauf zurückzuführen ist, dass ihnen ein größerer finanzieller Spielraum zur Verfügung steht als den übrigen Touristen (vgl. fvw 2018, S. 53). In ihrem Reiseentscheidungsprozess spielen Beratung und persönliche Kontakte (z.B. im Reisebüro oder über Mund-zu-Mund-Information) eine zu den übrigen Reisenden überproportional wichtige Rolle. Dagegen sind die neuen Medien (noch) von untergeordneter Bedeutung, was sich zukünftig aber ändern wird, wenn die Digital Natives stärker unter den Nachfragern vertreten sein werden. Zudem existieren auch hinsichtlich des Buchungsverhaltens Unterschiede zwischen verschiedenen nationalen Luxusreisemärkten (vgl. Steinecke 2019, S. 61).

Abb. 5.4 Verhaltensweisen von Luxustouristen im Vergleich zu den übrigen Touristen im Jahr 2017 (fvw 2/2018, S. 53)

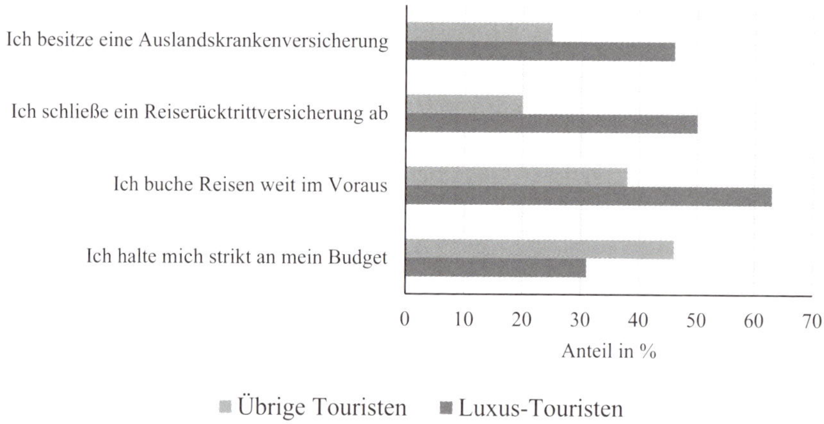

Erwartungen an und Aktivitäten während der Reise

Bei der Reise selbst erwartet der Luxustourist vor allem attraktive Destinationen, ein gutes Preis-Leistung-Verhältnis, außergewöhnliche Erlebnisse und abwechslungsreiche Aktivitäten. Diese Erwartungen spiegeln sich auch im Reiseverhalten der Luxustouristen wider, denn sie favorisieren während ihrer Reisen den Besuch von landestypischen Restaurants und Märkten, Aussichtpunkten und Parks sowie von historischen und modernen Gebäuden, von Mussen, Galerien und der Kunstszene. Auch die Aktivität Shopping wird von mehr als der Hälfte der Luxustouristen durchgeführt (vgl. Steinecke 2019, S. 58).

5.3 Anbieter luxustouristischer Produkte

Wie in anderen Marktsegmenten des Tourismus gibt es auch im Luxustourismus verschiedene Akteure auf der Angebotsseite, die z. T. sehr unterschiedliche Leistungen anbieten (z. B. im Transport- oder Beherbergungswesen, für die Reiseorganisation oder in der Gastronomie). Die Anbieter im Luxusreisemarkt stehen vor der Herausforderung, dass sie neben den üblichen Erwartungen an touristische Produkte die speziellen Erwartungen der Luxustouristen befriedigen müssen (vgl. hierzu 5.2). Dies gilt für jeden Bestandteil einer Reise (z. B. An- und Abreise, Beherbergung oder Aktivitäten im Zielgebiet). Exemplarisch werden im Folgenden Luxushotels und Reiseveranstalter betrachtet.

Luxushotels

Luxushotels werden oftmals als Synonym für Luxustourismus betrachtet, was darauf zurückzuführen ist, dass die Unterkunft eine touristische Kernleistung des Reisens darstellt. So sind die Grand Hotels aus der frühen Zeit des Tourismus im 19. Jahrhundert Inbegriff des Tourismus jener Zeit, als das Reisen vornehmlich den oberen Gesellschaftsschichten vorbehalten war. Heute wird das Beherbergungsangebot – wie die anderen Leistungen im Tourismus auch – auf unterschiedlichen Qualitätsstufen angeboten. In Deutschland erfolgt die Ausweisung in der Regel über fünf Qualitätsstufen, die seitens des Deutschen Hotel- und Gaststättenverbandes (DEHOGA) durch die Vergabe von Sternen vorgenommen wird (vgl. Schmude & Namberger 2015, S. 32). Für diese Sternekategorien gelten bestimmte Mindestvoraussetzungen. Oftmals werden Hotels der 5-Sterne-Kategorie auch als Luxushotels bezeichnet. In Deutschland führen im Januar 2020 lediglich 124 der insgesamt knapp 8.000 klassifizierten Hotels fünf Sterne (vgl. Hotelstars 2020). Zwischen den Luxushotels herrscht ein starker Wettbewerb, der teilweise über den Preis ausgetragen wird (bis hin zu Angeboten mit Dumping-Preisen). Dies führt dazu, dass mittlerweile auch im Luxusbereich tagesaktuelle Hotelpreise angeboten werden (z. B. durch das Burj-Al-Arab in Dubai). Das Preisspektrum im Luxusbereich der Hotellerie reicht je nach Zimmerkategorie im Extremfall bis zu hohen fünfstelligen €-Preisen für eine Übernachtung.

Viele unabhängige Luxusbetriebe haben sich in einer der Marketing-Kooperationen für Luxushotels (z. B. The Leading Hotels of the World oder Château et Relais) zusammengeschlossen. Diese Kooperationen haben ihrerseits sehr strikte Aufnahmekriterien und garantieren dem Nachfrager somit besondere Luxusstandards. Aber auch Hotelketten bedienen durchaus das Luxussegment und führen dazu eigene Produktlinien (z. B. The Luxury Collection von Marriott International). Während in der einfachen Systemhotellerie auf Grund der Standardisierung für den Nachfrager eine hohe Qualitätssicherheit besteht, das im unteren Bereich des Qualitätsspektrums auf die Grundbedürfnisse bei der Beherbergung fokussiert ist, wird in der **Luxushotellerie** eher ein Qualitätsversprechen abgegeben, das durch einen hohen Grad an Immaterialität gekennzeichnet ist (vgl. Abb. 5.5). Die Einlösung des Qualitätsversprechens, das stark auf ein personenorientiertes Leistungsangebot setzt, ist ein wesentlicher Erfolgsfaktor dieser Betriebe.

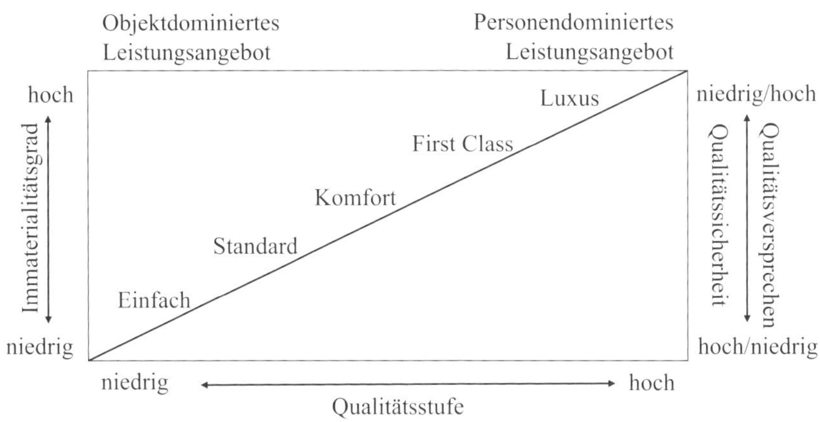

Abb. 5.5 Charakterisierung der Hotellerie nach Qualitätsstufen (eigene Darstellung)

Selbstverständlich treten im Luxustourismus neben der Hotellerie auch andere Beherbergungsformen auf (z.B. im Bereich der Parahotellerie). Das Spektrum reicht hierbei von der Vermietung von Luxuswohnungen bis zu Luxusinseln. Allen Akteuren ist gemein, dass sie dem Nachfrager ein Erlebnis auf höchsten Niveau vermitteln wollen und hierfür ihren Gästen auch ungewöhnliche Dienstleistungen, Produkte und Gimmicks anbieten (vgl. Steinecke 2019, S. 68ff.), die oftmals einen hohen Grad an Personalisierung aufweisen.

Stichwort

Luxushotellerie in Deutschland: Beispiel Söl'ring Hof auf Sylt

Das im Jahr 1952 als Erholungsheim der Hamburger Zentralbank in Rantum entstandene Gebäude wird 1983 an die Gemeinde und 1998 an eine Investorengruppe verkauft. Im gleichen Jahr erfolgt der Spatenstich für den Umbau und im Jahr 2000 eröffnet das Hotel als Luxushotel der Dorint-Gruppe. Im Jahr 2004 wird das Restaurant erstmals mit zwei Michelin-Sternen ausgezeichnet und seit 2007 ist der Söl'ring Hof ein inhabergeführtes Luxushotel.
Das Hotel verfügt über 15 Zimmer (ohne Nummern, aber mit Namen von Sylter Persönlichkeiten), ein 2-Sterne-Restaurant, eine Kaminbar, einen exquisiten Weinkeller, einen Port-Room für private Veranstaltungen und Events. Im Spa-Bereich können Wellness-, Fitness- und Massage-Angebote in Anspruch genommen werden. Angeboten werden zudem u.a. Kochkurse, private Dinings oder es kann auch der gesamt Söl'ring Hof exklusiv gebucht werden (von November bis April). Ebenso ist die Buchung von Last-Minute-Angeboten und speziellen Arrangements möglich.

Zimmerkategorie	Größe	Preis ab ...
Dünenzimmer	26 qm	495 €
Dünenzimmer	35 qm	790 €
Wattzimmer mit Kamin	38 qm	645 €
Meereszimmer Nord	30 qm	540 €
Meereszimmer Süd	30 qm	595 €
Meeresmaisonette	40–50 qm	690 €
Meeresmaisonette	32 qm	610 €
Wattsuite mit Kamin	60 qm	790 €
Meeressuite mit Kamin	70 qm	1.295 €

eigene Zusammenstellung

Reiseveranstalter

Reisemittler, Reisebüros oder Reiseberater spielen im Marktsegment nach wie vor eine wichtige Rolle und es gibt eine Reihe von Reiseveranstaltern, die dieses Marktsegment bedienen. Bei den Luxusreisen, die von Reiseveranstaltern angeboten werden, ist einerseits eine Destinationsorientierung auf außergewöhnliche Zielgebiete zu erkennen, die einen außergewöhnlichen Erlebniswert versprechen. Zum anderen ist auch eine Produktorientierung erkennbar, denn die angebotenen Reisen beinhalten in der Regel hochwertige Leistungsbestandteile (z.B. auf Kreuzfahrtschiffen oder in Hotels). Versprochen werden u.a. besonderer Komfort und Service, eine personalisierte Leistung, Privatsphäre sowie besondere Erlebnisse und Erfahrungen während der Reise. Bei der überwiegenden Zahl der Reiseveranstalter, die Luxusreisen anbieten, handelt es sich um kleine Veranstalter, die geringe Teilnehmerzahlen, jedoch einen hohen Umsatz pro Kopf aufweisen. Ihr Marktanteil am gesamten Veranstalterreisemarkt fällt nach Umsatz- und insbesondere nach Teilnehmeranteil entsprechend gering aus (vgl. Tab. 5.3), teilweise werden sie durch die Statistiken auf Grund ihrer geringen Größe gar nicht erfasst. In der Regel sind diese Reiseveranstalter auf bestimmte Arten von Reisen (z.B. Studienreisen oder Erlebnisreisen) oder einzelne bzw. einige wenige Destinationen spezialisiert. Im Gegensatz dazu haben die Generalisten (z.B. TUI oder DER) wesentlich größere Marktanteile (z.B. TUI 20,10% oder DER 12,42% Umsatzanteil), erzielen pro Teilnehmer aber einen wesentlich geringeren Betrag (z.B. TUI 792 € oder DER 573 € Umsatz je Teilnehmer).

Abb. 5.6 Luxushotel Söl'ring Hof auf Sylt (Aufnahme Ydo Sol 2020)

Tab. 5.3 Top-10 der Reiseveranstalter nach Umsatz je Teilnehmer und Marktanteil am Gesamtumsatz des Reiseveranstaltermarktes in D-A-CH 2018/19 (nach fvw 2019a, S. 12ff.)

Reiseveranstalter	Umsatz je Teilnehmer	Anteil am gesamten Umsatz	Anteil an allen Teilnehmern
Asia Special Tours	5.805 €	0,05%	0,00006%
Chamäleon/Yolo	4.354 €	0,30%	0,00051%
Lernidee Erlebnisreisen	4.079 €	0,20%	0,00036%
Ventura Travel	3.695 €	0,05%	0,00010%
Ikarus Tours	3.611 €	0,13%	0,00025%
Hurtigrouten	3.583 €	0,62%	0,00129%
Diamir Erlebnisreisen	3.207 €	0,17%	0,00038%
AIFS Educational Travel	3.177 €	0,05%	0,00013%
Hauser Exkursionen	2.742 €	0,07%	0,00020%
Studiosus Reisen/Marco Polo	2.666 €	1,00%	0,00278%

Wettbewerbsstrategien

Hintergrund ist die Tatsache, dass die Reiseveranstalter - ebenso wie Akteure anderer Leistungsbereiche im Tourismus - unterschiedliche Wettbewerbsstrategien verfolgen. Während die kleinen, spezialisierten Unternehmen die Strategie der Leistungsdifferenzierung und/oder eine Nischenstrategie umsetzen, agieren große Reiseveranstalter (z. B. TUI, DER oder FTI), die ihre Produkte nach dem Prinzip economies of scale auf dem Markt platzieren, nach der Strategie der Kostenführerschaft (vgl. Abb. 5.7). Allerdings ist zunehmend zu beobachten, dass auch die großen Reiseveranstalter eigene Luxusreisemarken führen oder ggf. durch Zukauf von spezialisierten Luxusreiseanbietern die eigene Produktpalette erweitern (z. B. kauft FTI den Luxusreiseanbieter Windrose Finest Travel im Jahr 2017). Dabei werden die Luxusreisen in der Regel unter eigenem Markennamen und nicht unter dem Konzernnamen (weiter-)geführt. Diese Strategie ist im touristischen Markt auch in umgekehrter Richtung zu beobachten, wenn Premium-Anbieter eigene Produktlinien im Niedrigpreissektor aufbauen (z. B. Lufthansa mit Eurowings).

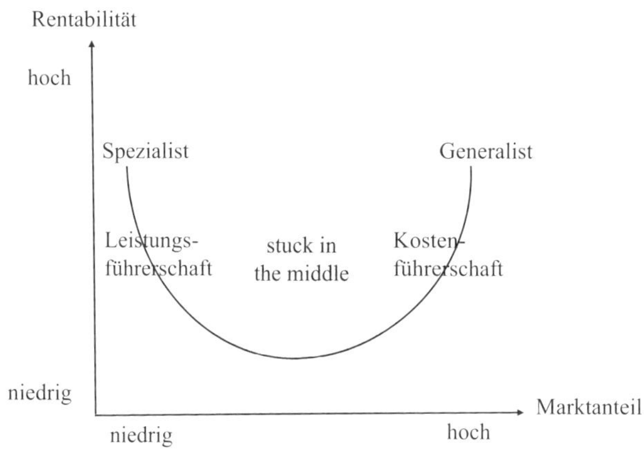

Abb. 5.7 Wettbewerbsstrategien nach Porter (eigene Darstellung)

Luxusprodukte gewinnen Anteile

Die zunehmende ökonomische Attraktivität des Luxussegments für die Anbieterseite lässt sich innerhalb einzelner Marktsegmente nachweisen. So zeigt sich beispielsweise im Kreuzfahrttourismus, dass hochpreisige Kreuzfahrten Anteile am Gesamtumsatz gewinnen: Obwohl der Anteil an allen verkauften Kreuzfahrten im Luxussegment in Deutschland 2019 im Vergleich zum Vorjahr (jeweils Januar bis April) um 1,4%-Punkte sinkt, steigt der Umsatzanteil um 0,2%-Punkte (vgl. Abb. 5.8). Ursache hierfür ist die Tatsache, dass die Preise je Kreuzfahrt für massentouristische Kreuzfahrtprodukte (Volumenbringer) in diesem Zeitraum leicht sinken, während sie im Luxussegment stabil bleiben oder sogar leicht steigen.

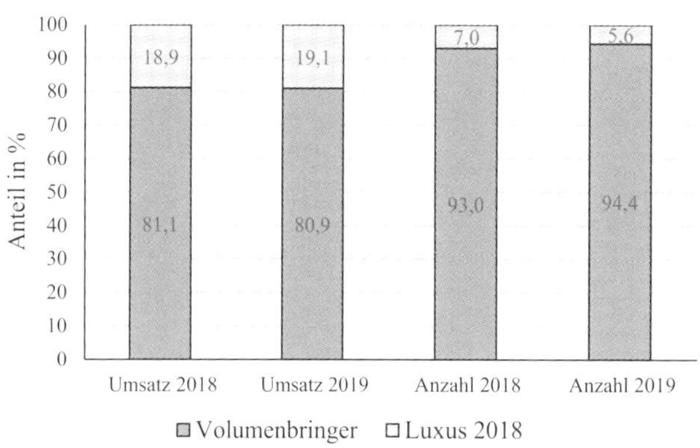

Abb. 5.8 Entwicklung der Anteile von Volumenbringer und Luxusreisen im Kreuzfahrttourismus nach Umsatz und Anzahl der Reisen zwischen 2018 und 2019 (jeweils Januar bis August) (von Pilar 2019, S. 37)

5.4 Fazit und Ausblick

Teilzielgruppen im Wandel

Der Luxusreisemarkt zeigt sich in den letzten Jahren als ein besonders dynamisches Marktsegment im Tourismus. Die Öffnung des Luxusreisemarktes für neue Nachfrager zeigt sich in der Entstehung neuer Teilzielgruppen. Entsprechend müssen die aktuell identifizierten Teilgruppen weiterentwickelt werden. So geht Dykens (2019, S. 18f.) für die Zukunft von einer Zusammensetzung der Nachfrager nach Luxusreisen - basierend auf der bereits vorgestellten existierenden Kategorisierung (vgl. hierzu 5.2) - von sechs Teilgruppen aus:

- „Always Luxury (4%):
  Money is no object whatsoever for this traveller tribe. Mostly showing the same behaviour of Simplicity Searchers, luxury is part of the everyday for them. Luxury is a minimum requirement rather than a perk, and an essential tool for making their life discreet, streamlined and comfortable. They will travel in first class or by private jet, stay in top-tier room categories and pay to outsource decision-making to trusted parties. Unlike other luxury traveller tribes, their travel intentions do not change, and they do not shift between tribes.
- Special Occasion (20%):
  These travellers are more often Reward Hunters than Simplicity Searchers. For them, luxury travel is a treat rather than a given, and despite their relative affluence, they're seeking 'wow factor' experiences. They may use their loyalty points to upgrade their cabin class, to seek out prestigious dining experiences and to indulge in some well-deserved spa treatments. They may be willing to compromise on comfort at certain stages of their journey if necessary, or if it means they'll get an incredible travel experience, such as sacrificing luxurious facilities to go on an independent guided tour of the Arctic.
- Bluxury (31%):
  This tribe blends Obligation Meeters with Reward Hunters. Their trip will have a business objective, but they will have the seniority and salary to extend their trip for some luxury leisure travel. Typically chief executives and company leaders, their business objective comes first, but they also want to make the most of their time once the work is done. They may do business in Nairobi and then fly their family to join them on a luxury safari, or extend their stay in Milan to spend a Saturday with a personal shopper.
- Cash-rich, Time-poor (24%):
  A blend of Obligation Meeters and Simplicity Searchers. Members of this tribe won't necessarily have an objective they need to fulfil during their

travel, but they will have responsibilities that dictate when they can and can't travel. Their plans often change at the last minute, so they may travel on flexible tickets. These travellers will most likely outsource their travel planning to third parties, and are willing to pay for expertise. However, they will want their snatches of leisure time to feel private, as it's a rare chance to reconnect with themselves and their loved ones.

- Strictly Opulent (18%):
  Strongly linked with Reward Hunters, this tribe is all about seeking out the best and the most glamorous travel experiences. Sharing their luxury holiday on social media is an important part of this experience – they want to be seen to be having fun, living life to the fullest and being able to indulge. They'll want to know about ways to enhance their trips by consulting luxury influencers. Hiring a luxury yacht for a group of friends would appeal.
- Independent & Affluent (3%):
  A blend of Reward Hunters and Simplicity Searchers, this tribe turns to luxury travel when they want to pamper themselves, or try something new. As they have little or no ties, they are free to please themselves when it comes to making travel decisions, and will either travel alone or with a select few friends. They may seek travel brands and destinations suitable for solo travellers, and may be looking for options that enable them to meet new people. They will want to feel that their travel provider is looking after them and helping them make the best choices for their trip, which could typically be a luxury yoga retreat in the Himalayas, or a cookery weekend in the South of France."

Zugang zum Luxusreisemarkt

Auch vor dem Hintergrund dieser Typisierung und der Öffnung des Luxusmarktes für neue, gelegentliche Nachfrage bleibt festzuhalten, dass Geld nach wie vor der Schlüssel für den Zugang zu diesem Marktsegment ist. Damit ist auch offensichtlich, dass dieses Marktsegment vom Übrigen touristischen Marktgeschehen sehr stark abgegrenzt ist. Diese Segregation wird zumindest von der Gruppe der elitären Luxustouristen durchaus begrüßt und betrifft sowohl den Wunsch, sich von anderen Touristen niedriger sozialer Schichten abzugrenzen, als auch den Kontakt zu den Bereisten auf ein Minimum zu reduzieren. Dies findet im Extremfall in der Ghettoisierung in Luxusresorts oder auf im Zugang beschränkten Luxusinseln nieder. Diese zunehmend kritisch diskutierten Entwicklungen betreffen vor allem die soziale bzw. gesellschaftliche Probleme des Luxustourismus.

Ökologische Aspekte

Gerade vor dem Hintergrund der durch den Klimawandel ausgelösten Probleme und der zunehmenden Sensibilisierung der Nachfrager für Fragen der Nachhaltigkeit spielen ökologische Aspekte auch im Luxustourismus zukünftig eine wichtige Rolle. In diesem Zusammenhang rücken etwa der hohe

Energie- und Wasserbedarf von Luxushotels und -resorts, das hohe Abfallaufkommen sowie die hohen CO_2-Emissionen in den Fokus. Aber auch die An- und Abreise sowie (in wesentlich geringerem Maße) die ausgeübten Aktivitäten in der Destination tragen dazu bei, dass der ökologische Fußabdruck von Luxustouristen deutlich größer ausfällt als der der übrigen Reisenden. Diese Aspekte werden durch das steigende Bewusstsein der Touristen zukünftig zwangsläufig auch für die Anbieterseite an Bedeutung gewinnen.

Zukünftige Entwicklung

Allerdings ist auch davon auszugehen, dass das Marktsegment Luxustourismus zukünftig global weiter an Bedeutung gewinnen wird (vgl. hierzu Tab. 5.2). Hierfür ist einerseits die weiter steigende Zahl reicher Menschen weltweit verantwortlich, andererseits die zunehmende Individualisierung in vielen Gesellschaften mit dem Wunsch nach einzigartigen Erlebnissen (once-in-a-lifetime), hochwertigen Dienstleistungen und außergewöhnlichem, personalisierten Service in den „schönsten Wochen des Jahres". ■

Fragen und Übungen

1. Charakterisieren Sie die Teilzielgruppen im luxustouristischen Markt. Welche Veränderungen sind für die Zukunft zu erwarten?
2. Recherchieren Sie drei inhabergeführte Luxushotels in Deutschland und analysieren Sie deren Luxustourismus-typischen Angebotskomponenten.
3. Untersuchen Sie das Hotelangebot der luxustouristischen Destination Dubai unter Berücksichtigung der Entwicklung der Zahl der Hotels, ihrer Klassifizierung und ihrer Auslastung (Daten unter www.visitdubai.com/en/tourism-performance-report).
4. Analysieren Sie den Luxusbereich im Kreuzfahrttourismus. Wodurch zeichnen sich die Angebote aus?
5. Begründen Sie, warum das Marktsegment Luxustourismus ein Querschnittsmarktsegment ist und belegen Sie dies mit drei konkreten Beispielen aus anderen Marktsegmenten.

Literaturhinweise

Conrady, R.; Ruetz, D.; Aeberhard, M. (Hrsg.) (2019): Grundlagen und neue Perspektiven des Luxustourismus. Kundenverhalten – Paradigmenwechsel – Markttrends – Best-Practice-Beispiele. Wiesbaden.
Umfangreicher Sammelband, der einen umfassenden Überblick über das Phänomen Luxustourismus gibt und die sich zunehmend verändernde Wahrnehmung in Gesellschaft, Wirtschaft, Politik und Kultur beleuchtet. Marktstrukturen sowie Nachfrage- und Angebotsseite des internationalen Luxustourismus werden aus verschiedenen Blickwinkeln erklärt, wobei stets auch auf zukünftige (mögliche) Entwicklungen hingewiesen wird.

Dykins, R. (2019): Shaping the Future of Luxury Travel Future. Traveller Tribes 2030.
Analyse im Auftrag von AMADEUS zur Entwicklung des Luxusreisemarktes im Zeitraum 2015 bis 2025, die u.a. die erwartete Entwicklung regional differenziert sowie verschiedene Luxusreisetypen und ihre reiserelevanten Charakteristika ausweist.

fvw (= Fremdenverkehrswirtschaft International) (2019): fvw Spezial Luxus. Sehnsucht nach mehr Sinn.
Beilage zur fvw International, die luxustouristische Produkte (z.B. Hotels) und/oder Entwicklungen (z.B. Neo-Luxury) vorstellt und auch auf einzelne Marktsegmenten (z.B. Kreuzfahrt) eingeht. Illustriert wird dies durch eine Vielzahl von Beispielen, die neu auf dem Markt platziert werden.

Steinecke, A. (2019): Tourismus und Luxus. Tourism Now. München.
Kompakte Darstellung, die einerseits die Angebotsseite (Akteure) und ihre luxustouristischen Produkte (z.B. im Bereich der Beherbergung oder des Transports) berücksichtigt. Andererseits werden auch die Nachfrager (Luxustouristen) analysiert. Schließlich geht der Autor auch auf das Management und Marketing in diesem Marktsegment sowie dessen ökonomische, ökologische und sozialen Wirkungen ein. Alle Ausführungen werden durch zahlreiche Beispiele illustriert.

6 Filmtourismus: Reisen in andere Welten (von Philipp Namberger)

Überblick

Wenngleich die TV-Serie „Game of Thrones" (2011–2019) und das daraus resultierende touristische Interesse u.a. an Dubrovnik ein vergleichsweise junges Beispiel ist, ist der Filmtourismus keineswegs ein neues Phänomen. Auch die Wissenschaft beschäftigt sich seit geraumer Zeit mit dem Marktsegment, allerdings mangelt es nach wie vor an einem theoretischen Überbau, der die zuweilen oft subtile Beziehung zwischen Film und Tourismus in seiner Komplexität abbildet. Betrachtet man das Nachfragevolumen, so ist der Filmtourismus gegenwärtig noch als Nischensegment zu bezeichnen. Doch zeigt nicht zuletzt das strategische Engagement von Destinationen, Schauplatz von Filmen und TV-Serien zu werden, dass dieses Marktsegment an Bedeutung gewinnt. Dabei fördern Filme den Tourismus z.T. direkt, wenn sie dem multioptionalen Touristen von heute meist zusätzliche Aspekte der touristischen Erfahrung bieten. Das zukünftige Potential des Filmtourismus ergibt sich aus der Kombination einer wachsenden Unterhaltungsindustrie und der Zunahme des internationalen Reiseverkehrs.

6.1 Filmtourismus – Annäherung und Einordnung

Vorstellung & Realität

Massenmedien wie Kino, TV und Literatur fördern, bestätigen und verstärken Bilder von Orten für ihr Publikum. Daher spielen sie eine wichtige Rolle bei der Imagebildung einer Destination und als Konsequenz dem Reiseentscheidungsprozess (vgl. Loureiro & Araujo 2015, S. 354). Grundlage des sogenannten Medientourismus ist demnach die Darstellung von Landschaften bzw. Orten in populären Erzählungen. Dabei werden Kunstschaffende – z.B. (Drehbuch-)Autoren oder Filmregisseure – in einer ersten Phase von bestehenden physischen Orten inspiriert, bevor sie in einer zweiten Phase im Sinne einer kreativen Transformation Geschichten, die sich zu einer bestimmten Zeit und an einem bestimmten Ort abspielen, in Form eines Films, einer TV-Serie oder eines Buchs konstruieren. Diese imaginären Orte werden anschließend von Fans vereinnahmt – als Kinobesucher, Fernsehpublikum oder Leser – (Phase 3), wenngleich diese Bilder nicht mit den ursprünglich vom Urheber konzipierten übereinstimmen müssen (die Unterschiede zeigen sich gerade zwischen den schriftlichen und audiovisuellen Kulturprodukten, welche die Fantasie jeweils auf unterschiedliche Weise anregen). Einige dieser Fans entscheiden sich in einer vierten Phase, sich auf die Spuren der physischen Bezüge zu dieser imaginären

Welt, die sie sich selbst angeeignet haben, zu begeben. Während die Kunstschaffenden auf der Grundlage ihrer Erfahrungen mit physischen Orten eine imaginäre Welt erschaffen, läuft der Prozess für die Fans umgekehrt ab: Sie nehmen ihre Vorstellung als Ausgangspunkt und versuchen, materielle Bezüge hierzu in der Realität zu finden. Dabei bieten die meisten Geschichten eine gewisse Hilfestellung. So nehmen zahlreiche Filme, TV-Serien und Romane ausdrücklich Bezug auf bestehende Orte oder Regionen, meist in der Absicht, dem Produkt der Fantasie der Kunstschaffenden eine gewisse Glaubwürdigkeit zu verleihen. In der Regel beschränken sich diese Verweise jedoch darauf, die Geschichte allgemein in einer bestimmten Stadt oder Region spielen zu lassen. Der Fan wird sozusagen dazu angeregt, dem, was nur zwischen den Zeilen zu lesen ist bzw. im Film nur angedeutet wird, einen Sinn zu verleihen (vgl. Reijnders 2011, S. 17f.).

Definition Filmtourismus

Als bedeutender Teil des Medientourismus bezeichnet der Begriff Filmtourismus laut Steinecke (2016, S. 20) „ein wachsendes Marktsegment des internationalen Tourismus, bei dem die Nachfrager Gebäude, Dörfer, Städte bzw. Regionen vor allem deshalb besuchen, weil sie Drehorte bzw. Schauplätze von Spielfilmen bzw. TV-Serien waren. Neben solchen Locations, die zunehmend mit Hilfe touristischer Marketing- und Management-Maßnahmen erschlossen werden, zählen filmbezogene Kultur- und Freizeiteinrichtungen (Museen, Themenparks etc.) und Filmevents (Premieren, Festspiele etc.) zur Angebotsseite des Filmtourismus“. Dabei spielt es keine Rolle, ob die Filme oder Serien, welche die touristische Aktivität auslösen, im Kino, im TV, mittels Speichermedien wie Blu-ray Disc o.Ä. oder digital über Streaming-Dienste gesehen werden.

Neben dieser vergleichsweise weit gefassten Definition gibt es gerade im Englischen eine Vielzahl von Begriffen, Definitionen und Konzepten, die sich auf den Besuch von Orten konzentrieren, an denen Filme gedreht wurden (z.B. screen tourism, film-motivated tourism, movie-induced tourism, media-induced tourism; vgl. Rittichainuwat & Rattanaphinanchai 2015, S. 137). Einige davon sind mehr oder weniger gleichbedeutend bzw. werden synonym verwendet, andere unterscheiden sich in wesentlichen Aspekten. Wenngleich oft synonym verwendet, ist beispielsweise die Unterscheidung zwischen film-induced tourism und film tourism laut Croy (2011, S. 160) zwar subtil, aber von Bedeutung. Während der film-induced tourism Besuche und touristischen Aktivitäten an Schauplätzen bzw. Drehorten auslöst, kann der film tourism eine zufällige touristische Erfahrung von Touristen an Drehorten sein.

On Locations

Die verschiedenen Dimensionen von Filmtourismus lassen sich näherungsweise über die Verortung des filmtouristischen Geschehens beschreiben. Dabei wird in der Literatur zwischen On Locations und Off Locations unterschieden. On Locations beziehen sich laut Steinecke (2016, S. 24) auf die „Gebäude, Dörfer, Städte und Landschaften, die als Realkulisse für Dreharbeiten genutzt worden sind“, d.h. Räume, die als tatsächliche Drehorte bzw. Schauplätze von Spielfilmen und TV-Serien in Erscheinung treten. Diese Räume

Abb. 6.1 Forrest Gump Hill (links) und Monument Valley (rechts) (Aufnahmen Namberger 2013)

werden mit der Handlung, den Charakteren im Film oder einem ganzen Genre verknüpft, wodurch der physische Raum mit einem Narrativ erweitert und emotional aufgeladen wird (vgl. Steinecke 2016, S. 25): Abb. 6.1 (links) zeigt z.B. den Forrest Gump Hill unweit von Mexican Hat, Utah, an dem Forrest Gump aus dem gleichnamigen Film (1994) am Ende seines über 3-jährigen Dauerlaufs kreuz und quer durch die USA zum Stehen kommt. Die Straße war zwar schon immer ein beliebtes Fotomotiv, mittlerweile sieht man allerdings Filmtouristen nach exakt der Stelle suchen, an der Forrest Gump plötzlich innehält. An Orten wie diesen zeigt sich exemplarisch, dass sich die Bedeutung eines bestimmten Drehorts bzw. Schauplatzes nur für diejenigen erschließt, die den entsprechenden Film gesehen haben; alle anderen sehen einen Highway (U.S. Route 163), umgeben von flachem Steppen- und Wüstenland und monolithischen Sandsteingebilden. Abb. 6.1 (rechts) zeigt einen Ausschnitt vom Monument Valley, Utah und Arizona, unweit vom Forrest Gump Hill, in dem zahlreiche Filme (z.B. „Spiel mir das Lied vom Tod“, 1968 oder „Easy Rider“, 1969) Werte wie Freiheit und Pioniergeist etabliert haben. Die Filmindustrie macht sich u.a. die Kraft dieser Bilder mittlerweile bewusst zu eigen, indem sie diese mit Bedeutung aufgeladenen Orte in jüngeren Filmen wie z.B. „Forrest Gump“ (1994) nutzt, um ein Motiv zu untermauern.

Drehort vs. Schauplatz

Die Diskrepanz zwischen Drehort und Schauplatz bei On Locations beeinflusst darüber hinaus die filmtouristischen Aktivitäten (vgl. Steinecke 2016, S. 30):

- Spielt der Film an einem realen Schauplatz, wird der entsprechende Drehort (= Originalschauplatz) besucht,
- spielt der Film an einem fiktiven Schauplatz (z.B. Mittelerde als imaginäre Fantasiewelt in der „Der-Herr-der-Ringe“- und „Hobbit“-Trilogie, 2001-2003 und 2012-2014), wird ebenfalls der Drehort (in diesem Fall in Neuseeland) besucht,
- spielt der Film an einem anderen Schauplatz als am Drehort, so wird in der Regel ebendieser und nicht der Drehort besichtigt (z.B. im Falle von „Braveheart“ (1995), der in Irland gedreht wurde, aber in Schottland spielt, vgl. auch Kap. 6.3.1 unter „Location Placement“).

Off Locations

Im Gegensatz zu den On Locations weisen die Off Locations, zu denen filmbezogene Attraktionen und Events gezählt werden, keinen direkten räumlichen Bezug zu den Drehorten bzw. Schauplätzen von Filmen und TV-Serien auf. Konkret können Off Locations folgende Aspekte umfassen (vgl. Connell 2012, S. 1010), auf die z.T. in Kap. 6.3.2 näher eingegangen wird:

- Filmstudios, Studiosets (wenngleich hier natürlich tatsächlich gedreht wird, weisen die Filme bzw. TV-Serien keinen direkten räumlichen Bezug zu den Filmstudios bzw. Filmsets auf),
- Themenparks bzw. Themenwelten mit Filmbezug,
- Filmevents (z.B. Filmpremieren, -festivals, Preisverleihungen),
- Filmmuseen bzw. Filmausstellungen (z.B. das Academy Museum of Motion Pictures in Los Angeles, Eröffnung für September 2021 geplant) sowie
- personenbezogene Attraktionspunkte aus dem Bereich Film und TV wie Wohnhäuser, Wirkungs- und Grabstätten von Prominenten aus der Filmindustrie (z.B. das Wohnhaus eines Schauspielers oder Regisseurs im Sinne von Promi-, Star- bzw. Celebrity-Spotting).

Dimensionen des Filmtourismus

Zusammenfassend stellt Abb. 6.2 die Dimensionen des Filmtourismus – differenziert nach On und Off Locations – dar.

Abb. 6.2 Dimensionen des Filmtourismus (nach Connell 2012, S. 1010)

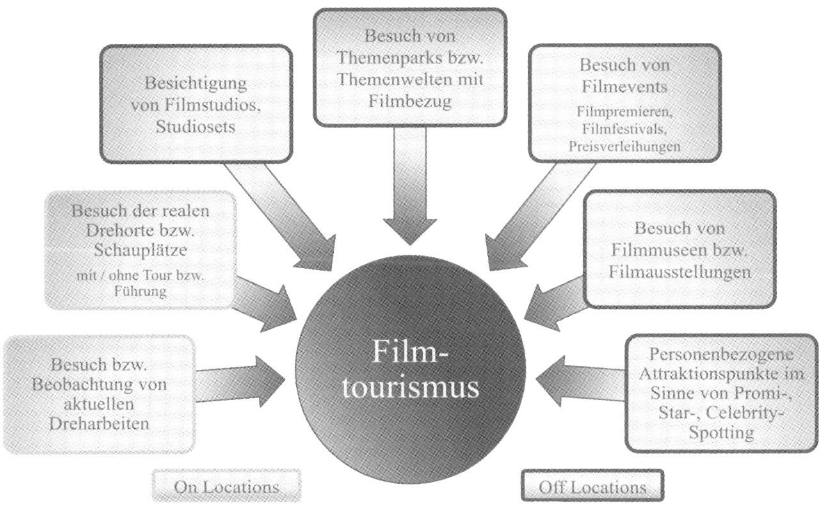

Einordnung des filmtouristischen Marktes

Laut Steinecke (2016, S. 37) stellt der Filmtourismus ein eigenständiges Marktsegment im Tourismus dar, das eine abgrenzbare Nachfrage (vgl. Kap. 6.2) sowie spezifische Angebote (vgl. Kap. 6.3) aufweist. Die Frage, ob der Filmtourismus gleichzeitig als „neue Form des Kulturtourismus" gesehen werden kann – eine Auffassung, die in der Scientific Community vorherrscht (vgl. Steinecke 2016, S. 37) – ist nach Namberger (2010, S. 113) nur bedingt zielführend, da es zumindest „nachfrageseitig kein eindeutiges Marktsegment des allgemeinen Kulturtourismus gibt [...]" (Namberger 2010, S. 113). Touristische Erscheinungsformen wie der Filmtourismus werden möglicherweise auf Grund der etymologischen Verwandtschaft von Kultur bzw. Kult im ursprünglichen Wortsinn (lat. cultura bzw. colere: neben „bebauen", „Ackerbau betreiben" u.a. auch „(ver-)ehren", „anbeten", „feiern") und somit im Sinne von säkularen Phänomenen wie Events, Kultstätten oder Vergnügungsparks dem Kulturtourismus zugeschrieben. Sie weisen aber auch eine (weitere bzw. eigentliche) inhaltliche Schwerpunktsetzung auf - in diesem Fall der Bezug zu Filmen oder TV-Serien. Die in diesem Sinne „Kult-touristischen" Erscheinungsformen sollten entsprechend ihrer eigentlichen Inhalte dem Marktsegment des Filmtourismus zugeordnet werden, nicht zuletzt, weil unterschiedliche Inhalte - gerade bei Filmen und TV-Serien - entsprechende Motive, Motivationen und Verhaltensweisen und somit unterschiedliche Zielgruppen bedienen bzw. bedingen (vgl. Namberger 2010, S. 28).

Dessen ungeachtet gibt es Schnittmengen des Filmtourismus mit zahlreichen weiteren Marktsegmenten, z.B. im Falle von „Notting Hill" (1999) mit Städtetourismus, im Falle von „Australia" (2008) mit Naturtourismus oder im Falle von „Slumdog Millionär" (2008) mit Slum-Tourismus (vgl. Heitmann 2010, S. 40, Privitera 2015, S. 277), wobei es meist schwierig zu beurteilen ist, zu welchen Teilen die touristische Aktivität auf den entsprechenden Film bzw. Filmtourismus zurückzuführen ist bzw. welchem Marktsegment die Urlaubsreise zuzurechnen ist.

Wissenschaftliche Beschäftigung mit dem Filmtourismus

Die Wissenschaft beschäftigt sich mit dem Marktsemgent des Filmtourismus seit nunmehr mehr als dreißig Jahren. Butler (1990) ist einer der ersten, der sich bereits 1990 mit dem Einfluss der Medien auf den internationalen Tourismus auseinandersetzt. Dabei differenziert er zwischen dem Einfluss der im Film gezeigten Drehorte und Schauplätze auf die touristische Reiseentscheidung und dem der Filmstars, deren eigene, im TV zur Schau gestellten Urlaubsreisen sozusagen als Vorbild für die breite Masse dienen (Butler 1990, S. 51). Mitte der 2000er Jahre ist es allen voran Beeton (2005), die mit ihrem Werk „Film-Induced Tourism" eine vielbeachtete Grundlage für weitere Forschungsarbeiten schafft. Dabei behandelt sie neben den On Locations auch Off Locations sowie die filmtouristischen Aktivitäten vor Ort. In der Folgezeit hat der Filmtourismus eine gewisse „akademische Popularität" erfahren, wenngleich diese nicht das vermeintlich dramatisch gestiegene Ausmaß des Film-induzierten Tourismus widerspiegelt, sondern sich darauf zurückführen lässt, dass das Thema „sexy" ist und die Medien im Allgemeinen eine größere Rolle in der Gesellschaft spielen (vgl. Croy 2011, S. 159). Anfang der 2010er Jahre gibt es bereits vergleichsweise umfangreiche Literatur zum Filmtourismus, die sich aber nur am Rande mit dem sozialwissenschaftlichen Paradigma der Kultur-, Film- und Medienforschung auseinanderzusetzt (vgl. Connell 2012, S. 1007). Die zunehmende Forschung zum Filmtourismus lässt sich laut Hahm & Wang (2011, S. 166) meist einem der vier folgenden Schwerpunkten zuordnen: der Einfluss des Films auf die Reiseentscheidung, Filmtouristen selbst, filmtouristisches Destinationsmarketing sowie filmtouristische Aktivitäten aus Sicht der Planung und Entwicklung. Darüber hinaus stellen sie fest, dass zahlreiche Studien der Vergangenheit auf bloßen Annahmen beruhen und anekdotischen bzw. Fallstudien-Charakter aufweisen.

Eine Recherche im Web of Science (2020) zeigt, dass das Thema gegenwärtig von verschiedenen Disziplinen untersucht wird und noch nicht erschöpft zu sein scheint: Zum Stichtag 14.04.2020 setzen sich beispielsweise 498 Beiträge mit dem Thema „film + tourism" in begutachteten Zeitschriftenartikeln auseinander, 114 davon haben die beiden Begriffe explizit im Titel. Von diesen sind wiederum 71 und somit 62,3 % dem Bereich „Hospitality, Leisure, Sport, Tourism" zuzuordnen, die Bereiche „Management" (16; 14,0 %), „Environmental Studies" (11; 9,6 %), „Film, Radio, Television" (7; 6,1 %), „Business" (6; 5,3 %) und „Geography" (6; 5,3 %) folgen mit deutlichem Abstand. 76 und somit zwei Drittel der 114 Fachbeiträgen sind im Jahr 2015 oder später veröffentlicht worden.

6.2 Filmtouristische Nachfrageseite

Nachfragevolumen

Laut einer Studie von TCI Research (2018) entscheiden sich im Jahr 2017 ca. 80 Mio. der internationalen Touristen aufgrund von Filmen bzw. TV-Serien für eine Destination, was einem Anteil von etwa 6,1 % aller internationalen Ankünfte 2017 entspricht (vgl. UNWTO 2018). Wenngleich diese Art von Filmtourismus (film-induced tourism) nicht neu ist, zeigt die Verdoppelung des Besuchervolumens innerhalb von fünf Jahren den rasanten nachfrageseitigen Bedeutungsgewinn.

Eine Studie des Tourismusverbands Großbritanniens VisitBritain (2018) beziffert den Anteil der Touristen im Jahr 2017 (bei einer Stichprobe von insgesamt 20.185 Probanden), die schon einmal einen Film- oder Fernsehort während eines Urlaubs- bzw. Ferienaufenthalts im Ausland besucht haben, mit 20 %. Von diesen wiederum geben 29 % an, dass der Film- oder Fernsehort der Hauptgrund für die Reiseentscheidung war. Weitere 43 % sehen zumindest einen wie auch immer gearteten Einfluss, während 28 % angeben, dass der Film- oder Fernsehort keinen Einfluss auf die entsprechende Reiseentscheidung hatte.

Nach Ländern differenziert zeigt sich, dass sich v.a. die internationalen Touristen aus den Quellmärkten China (47,0 %), Südkorea (35,9 %) und Indien (33,7 %) schon einmal aufgrund eines Film- oder Fernsehortes für eine Auslandsreise entschieden haben (vgl. Abb. 6.3). Allgemein ist der Anteil derjenigen, die einen Film- oder Fernsehort besucht haben oder zumindest daran interessiert waren, einen solchen zu besuchen, bei den unter 25-Jährigen am höchsten (85 %). Dieser Anteil sinkt mit zunehmendem Alter allmählich auf bis zu 57 % bei den über 65-Jährigen (vgl. VisitBritain Research 2018).

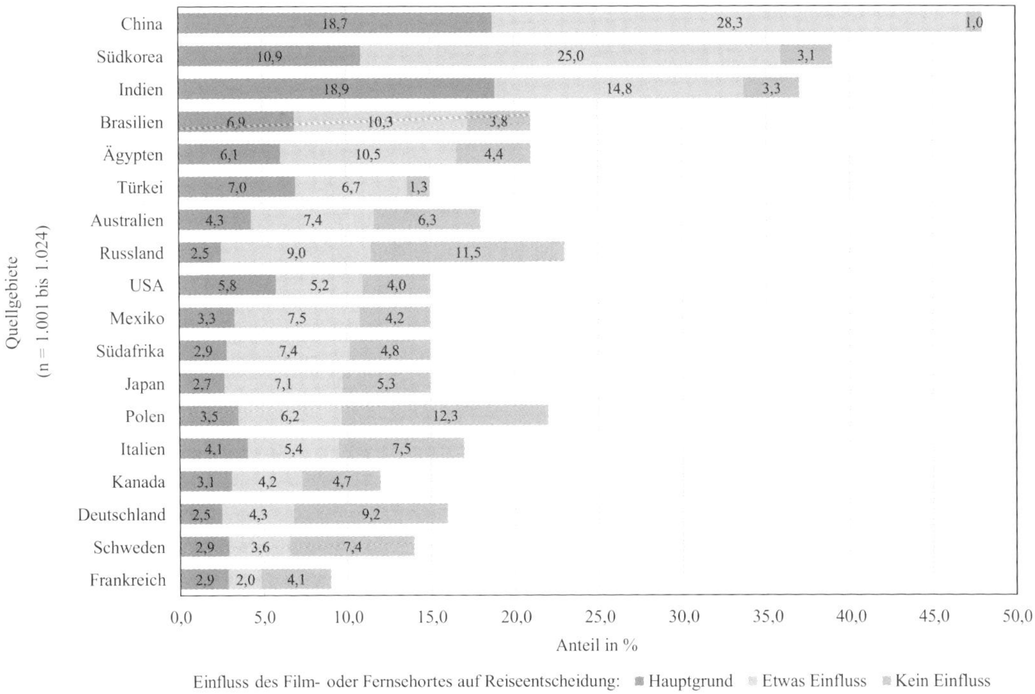

Abb. 6.3 Anteil von Reisenden nach Quellgebieten, die schon einmal einen Film- oder Fernsehort während eines Urlaubs- bzw. Ferienaufenthalts im Ausland besucht haben, 2017 (nach VisitBritain Research 2018)

Motive und Motivationen

Des Weiteren lassen sich Filmtouristen anhand ihrer Motive (allgemeiner Antrieb) bzw. Motivationen (konkreter Impuls für eine einzelne Aktivität) differenzieren. So kann z. B. ein konkreter Drehort bzw. Schauplatz die Motivation für eine Reise dorthin darstellen. Ein Film oder eine TV-Serie kann aber auch „nur“ ein allgemeines Motiv bedienen, eine gezeigte Destination zu bereisen (beides Formen von film induced tourists). Neben der Frage, wie groß der Einfluss des Films bzw. der TV-Serie auf die Reiseentscheidung ist (z. B. die Hauptmotivation), kann ein Filmtourist darüber hinaus eine filmtouristische Destination unabhängig von einem Film, z. B. zufällig und ohne Planung im Vorfeld, aufsuchen bzw. filmtouristische Angebote wahrnehmen. Des Weiteren stellt sich die Frage, was genau der Filmtourist sucht (bzw. findet) – aktiv oder beiläufig. Das nachgefragte Angebot filmtouristischer Aktivitäten lässt sich dabei ganz allgemein in On und Off Locations differenzieren (vgl. Kap. 6.1 und 6.3). Konkret äußern sich die unterschiedlichen Motive und Motivationen z. B. in der Frage, ob der Filmtourist laufende Dreharbeiten, einen tatsächlichen Drehort nach Drehschluss (film location tourist), ein Filmstudio, einen Filmpark oder einfach „nur“ ein Filmfestival auf- bzw. besucht (vgl. Roesch 2009, S. 7 f.).

Externe Pull-Faktoren

Macionis (2004, S. 90 ff.) differenziert die Motive von Filmtouristen (film induced tourists) des Weiteren in interne Push- und externe Pull-Faktoren. Externe Pull-Faktoren können dabei – neben zahlreichen weiteren Motiven – mit den folgenden 3 P’s kategorisiert werden:

- **P**lace, d.h., die Attribute von Drehorten bzw. Schauplätzen, wie z.B. spektakuläre Landschaften oder einzigartige Orte, die Filmtouristen sofort wiedererkennen und die für sie attraktiv sind (vgl. u.a. die Ausführungen in Kap. 6.1 zu On Locations),
- **P**erformance, d.h., die Handlung, der Plot oder der thematische Inhalt eines Films, die Filmtouristen beispielsweise dazu veranlassen, eine Reise anzutreten, um dem Alltag zu entfliehen, in Fantasiewelten einzutauchen oder die Erfahrungen anderer nachzuempfinden (z.B. besuchen gerade internationale Touristen die fiktive „Southfork Ranch" aus der TV-Serie „Dallas" (1978–1991), allerdings nicht nur wegen des physischen Orts der „Ranch", sondern vielmehr, um den amerikanischen Traum von Reichtum oder die Cowboy- und Wildwest-Atmosphäre nachzuempfinden bzw. die Lebensweisen und Werte der in der Serie dargestellten Figuren stellvertretend zu erleben),
- **P**ersonality, d.h. ein Filmstar, Lieblingsschauspieler oder auch ein Filmcharakter stellen die Motivation dar, einen Drehort bzw. Schauplatz aufzusuchen, an dem dieser zugegen war. Hier sind also die Persönlichkeitsattribute des Films bzw. der TV-Serie von Interesse.

Interne Push-Faktoren

Neben den externe Pull-Faktoren gibt es interne Push-Faktoren, z.B. die Suche nach der eigenen Identität, die temporäre Flucht vor der realen Welt, das Eintauchen in Fantasiewelten, das Nachempfinden von Erfahrungen sowie das Streben nach Status und Prestige (vgl. Macionis 2004, S. 94).

Erfahrungen und Verhaltensweisen der Filmtouristen

Gerade für die engagierten, begeisterten Filmtouristen ist die physische Präsenz an den Schauplätzen und Drehorten eine bedeutende Erfahrung (vgl. Buchmann et al. 2010, S. 240), was erklärt, dass einige Filmtouristen einen großen Aufwand betreiben, um dorthin zu gelangen. Die tatsächliche Erfahrung an den in den Filmen bzw. TV-Serien gezeigten Orten ist für diese sehr persönlich bzw. subjektiv, emotional und einzigartig und basiert im Wesentlichen auf ihren eigenen Emotionen, Vorstellungen, Interpretationen und Erinnerungen. Vor Ort zeigen sie dann großes Interesse bzw. sind vielmehr fasziniert, Situationen aus dem Film nachzuempfinden bzw. auch nachzuspielen (re-enactment), was z.T. in Form von Fotos bzw. Selfies auch dokumentiert wird. Neben den Inhalten aus dem Film wollen Filmtouristen aber auch die Geschichten hinter den Kulissen über die Produktion erfahren, z.B. anhand des originalen Drehbuchs (vgl. Kim 2012, S. 389ff.).

Laut einer Studie von TCI Research (2018) sind Filmtouristen, für die ein Drehort bzw. Schauplatz im Film oder einer TV-Serie die Motivation für eine Reise darstellt, darüber hinaus vergleichsweise empfänglich für Werbung von Destinationen, reisen vermehrt außerhalb der Hauptsaison, nehmen häufiger an kulturellen und Aktivitäten in der Natur teil, teilen ihre Reiseerfahrungen aktiver im Social Web mit und haben eine höhere Empfehlungsrate nach dem Besuch als der Durchschnitt der Touristen.

Typen von Filmtouristen

Zusammenfassend sind Filmtouristen Personen, die eine Destination aufsuchen, die sie mit einem Film oder einer TV-Serie in Verbindung bringen, und dort gegebenenfalls filmtouristische Angebote wahrnehmen bzw. filmtouristische Aktivitäten durchführen. Die Segmentierung von Filmtouristen wird durch die unterschiedlichen Blickwickel und Fokussierungen auf deren Motive, Interessen, Aktivitäten bzw. Verhaltensweisen äußerst komplex, weswegen Tab. 6.1 in Anlehnung an die Typisierung von Macionis (2004) und die Ausführungen u.a. von Rittichainuwat & Rattanaphinanchai (2015) eine Typisierung erarbeitet, die alle Dimensionen des Filmtourismus berücksichtigt (vgl. Abb. 6.2). Dabei gilt es zu berücksichtigen, dass die Übergänge zwischen den einzelnen Typen nicht immer trennscharf gezogen werden können.

Tab. 6.1 Typen von Filmtouristen, deren Motivation und Verhalten (nach Macionis 2004, S. 86 ff.; Rittichainuwat & Rattanaphinanchai 2015, S. 137)

<table>
<tr><th>Zufällige Filmtouristen</th><th>Generelle Filmtouristen</th><th>Spezielle Filmtouristen</th></tr>
<tr><td colspan="3">... lassen sich definieren als</td></tr>
<tr><td>... diejenigen, die sich aufgrund eines (glücklichen) Zufalls bzw. beiläufig an einem Ort befinden, den sie mit einem Film oder einer TV-Serie in Verbindung bringen. Es wird den zufälligen Filmtouristen also erst vor Ort bewusst (gemacht), dass sie an einem filmtouristischen Ort sind.</td><td>... diejenigen, die filmtouristischen Aktivitäten bewusst und mit Interesse nachgehen, wenngleich diese nicht der Grund oder sogar der Hauptgrund für den Aufenthalt in der Destination sind.</td><td>... diejenigen, die aktiv nach Orten suchen, die sie mit einem Film oder einer TV-Serie in Verbindung bringen; eine Unterkategorie der speziellen Touristen stellen elitäre Filmtouristen dar, deren einziger Reisezweck darin besteht, filmbezogene Stätten aufzusuchen.</td></tr>
<tr><td colspan="3">Motivation (Auswahl)</td></tr>
<tr><td>• Soziale Interaktion
• Neuheit
• Originalität</td><td>• Flucht aus bzw. vor der realen Welt
• Neuheit
• Originalität
• Bildung
• Nostalgie</td><td>• Selbstverwirklichung
• Suche nach der eigenen Identität
• Verehrung, Pilgern
• Nachempfinden von Erfahrungen
• Eintauchen in Fantasiewelten
• Status, Prestige
• Romantik, Nostalgie</td></tr>
<tr><td colspan="3">Verhaltensweisen (Auswahl)</td></tr>
<tr><td colspan="3">–> zunehmende Bedeutung bzw. Intensität
Faszination von authentischen Schauplätzen bzw. Drehorten
Nachspielen von Situationen aus dem Film (re-enactment)
(intensive) Bewunderung und Verehrung für einen Schauspieler
Kauf von Souvenirs (gerade bei elitären Filmtouristen)
mehrmaliger Besuch der selben Destination (gerade bei elitären Filmtouristen)</td></tr>
</table>

6.3 Filmtouristische Angebotsseite

Akteure der Angebotsseite

Im Bereich der On Locations sind die Destinationen selbst Akteure des filmtouristischen Angebots. Dabei wird das Thema Film in einigen Destinationen von der verantwortlichen DMO (Destinationsmanagementorganisation oder Destinationsmarketingorganisation) als einer von zahlreichen weiteren Aufgabenbereichen und mit unterschiedlicher Gewichtung wahrgenommen. Darüber hinaus vermarkten sich manche Destinationen (zum Teil zusätzlich) als eigene Filmregion, deren Angebot sich allen voran an Filmtouristen und Filmschaffende richtet. Neben den Destinationen und Filmregionen zählen u.a. geführte Film- und TV-Touren in den unterschiedlichsten Varianten sowie speziell auf Filmtouristen ausgerichtete Angebote von Reiseveranstaltern zum filmtouristischen Angebot im Bereich der On Locations.

Im Bereich der Off Locations sind als Akteure die Verantwortlichen u.a. folgender filmtouristischer Angebote zu nennen:

- Filmstudios,
- Themenparks bzw. Themenwelten mit Filmbezug,
- Filmevents wie z.B. Preisverleihungen, Filmpremieren, Filmfestivals.

Da sie an der Umsetzung von Filmen maßgeblich beteiligt sind, sind die **Akteure der Film- und TV-Industrie, der Ausbildungssektor im Bereich Film und TV sowie die Filmförderung** sozusagen die Voraussetzung für Filme und Serien, die wiederum die Voraussetzung für filmtouristische Aktivitäten darstellen.

Stichwort

Akteure der Film- und TV-Industrie, der Ausbildungssektor im Bereich Film und TV sowie die Filmförderung

Akteure der Film- und TV-Industrie – Die Film- und TV-Produktion lässt sich in folgende drei zeitlich aufeinander folgende Phasen aufteilen (vgl. Irimias 2015, S. 39), in denen z.T. unterschiedliche Akteure an z.T. unterschiedlichen Standorten zum Einsatz kommen:

- Vorproduktion (entsprechende Vorarbeiten u.a. der Autoren, Produzenten, Regisseure wie z.B. der kreative Prozess des Schreibens, Location-Scouting oder Casting),
- Produktion (u.a. Organisation von Drehort und Set, Spezialeffekte, Kameras, Ton, Beleuchtung),
- Post-Produktion (u.a. Bildbearbeitung, Nachvertonung, Musik und Komposition, Untertitelung, Vorschau, Filmverwertung).

Ausbildungssektor im Bereich Film und TV – Die Filmindustrie ist als Teil der kreativen Industrien (vgl. Mandic & Petric 2017) auf die Ausbildung des eigenen Nachwuchses angewiesen, welche sich in Deutschland auf folgende Ausbildungsstätten konzentriert:

- traditionsreiche staatlichen Filmhochschulen wie z. B. die Filmuniversität Konrad Wolf Babelsberg, die Filmakademie Baden-Württemberg Ludwigsburg oder die Hochschule für Fernsehen und Film München (laut Destatis 2020b studieren in Deutschland im Sommersemsetter 2019 insgesamt 2.731 Studierende im Bereich Film und Fernsehen),
- eine Vielzahl an renommierten staatlichen Schauspiel-, Theater- und Musikhochschulen sowie
- zahlreiche privaten Ausbildungsstätten (vgl. BMWi 2017a, S. 133ff.).

Filmförderung – Die Filmförderung in Deutschland lässt sich räumlich wie folgt gliedern (vgl. BMWi 2017a, S. 158):
- europäische Filmförderung (z. B. Eurimages, Media),
- nationale Filmförderung (z. B. Filmförderungsanstalt (FFA), Beauftragter der Bundesregierung für Kultur und Medien (BKM)),
- regionale Filmförderung (z. B. FilmFernsehFonds Bayern (FFF), Medien- und Filmgesellschaft Baden-Württemberg (MFG)) sowie
- kommunale Filmförderung (z. B. Kommunales Kino Freiburg).

6.3.1 Filmtouristische Angebote im Bereich der On Locations

Filmtouristische Destinationen

Im Fall von On Locations ist der Drehort oder Schauplatz einer Film- oder TV-Produktion die touristische Attraktion (vgl. 6.1) und stellt deswegen das touristische Zielgebiet, die Destination, dar. Filmtouristische Destinationen lassen sich dabei nach Größe – vom Attraktionspunkt über einen Ort, eine Region oder ein Land bis hin zum Kontinent – sowie nach der räumlichen Ausstattung (z. B. Städte, Industrieregionen, ländliche Räume, Inseln, Mittel- und Hochgebirgsregionen sowie besondere Formen wie z. B. Nationalparks oder Kreuzfahrtschiffe) differenzieren (vgl. auch Schmude & Namberger 2015, S. 51 f.).

So führen beispielsweise die Verantwortlichen der Destination Neuseeland einen Anstieg des internationalen Tourismus für ganz Neuseeland direkt auf die „Der-Herr-der-Ringe"-Trilogie (2001–2003) zurück – wenngleich sich dies vielmehr in einer Profilschärfung als in belastbaren Daten wie z. B. internationalen Ankünften ausdrückt (vgl. Beeton 2016, S. 136f.). Aber auch kleinere Destinationen können Filmtouristen aus aller Welt anziehen – z. B. die Kleinstadt Forks im US-Bundesstaat Washington seit der mehrteiligen Kino-Saga „Twilight" (2008–2012) oder einzelne Attraktionspunkte wie beispielsweise das Mountain Lake Lodge in Pembroke im US-Bundesstaat Virginia, in dem der Film „Dirty Dancing" (1987) gedreht wurde. Als Sonderform filmtouristischer Destinationen können z. B. die bis dato fünf Kreuzfahrtschiffe aus der TV-Serie „Das Traumschiff" (seit 1981) gesehen werden.

Für die meisten Destinationen stellt der Filmtourismus – wenn überhaupt – einen Zusatznutzen dar, der in Zeiten eines multioptionalen Touristen allerdings immer mehr an Bedeutung gewinnt und zum Alleinstellungsmerkmal werden kann. Für einige wenige, v. a. kleinere Destinationen kann eine

Film- oder TV-Produktion aber auch erst der Auslöser für eine touristische Entwicklung sein (z. B. Forks aufgrund von „Twilight").

Auch stellt sich die Frage, welche Rolle die DMO einnimmt. Während die meisten Destinationen mehr oder weniger passiv im Bereich Filmtourismus agieren, bemühen sich immer mehr Destinationen vergleichsweise aktiv um Filmschaffende und Filmtouristen. So bietet beispielsweise die offizielle DMO in Prag, Prague City Tourism, neben einigen weiterführenden Informationen für Filmschaffende verschiedene Angebote für Filmtouristen wie z. B. die Karte „Lights! Camera! Prague!", auf der neben den Drehorten zu „Mission: Impossible" (1996) und dem James-Bond-Film „Casino Royale" (2006) zahlreiche weitere Drehorte der Stadt verzeichnet und kommentiert sind. Häufig wird eine DMO aber erst auf das Potential des Filmtourismus aufmerksam, wenn ein Film oder eine TV-Serie bereits eine bedeutende Zahl an Filmtouristen in die Destination gebracht hat (vgl. Beeton 2016, S. 114).

Filmregionen

Im Unterschied zu den filmtouristischen Aktivitäten der DMO fokussieren sich die Aktivitäten von Filmregionen vornehmlich und speziell auf Filmschaffende und Filmliebhaber bzw. Filmtouristen. Exemplarisch für zahlreiche Filmregionen in Deutschland stellt die Filmregion Tegernsee Schliersee (https://www.filmregion-tegernsee-schliersee.de/), die von der Filmkulisse Bayern im Jahr 2016 zum „Drehort des Jahres" gekürt wird, für Filmschaffende u. a. eine Datenbank mit passenden Drehorten zur Verfügung. Diese sind nach verschiedenen Kategorien differenziert, z. B. besondere Architektur, Dörfer, Märkte, Hotels, Gastronomie, Industrieanlagen, Sakralbauten, Schlösser, Burgen, Ruinen, aber auch ländliche Motive wie z. B. Berge, Wälder, Täler, Seen, Gewässer etc. Darüber hinaus unterstützt die Filmregion Tegernsee Schliersee Filmschaffende, die nötigen Kontakte zu entsprechenden Behörden, Location-Scouts, filmtechnischen Dienstleistern usw. zu knüpfen, u. a. um die Vorlauffristen bei der Antragsstellung zu verkürzen. An dieser Stelle arbeitet die Filmregion Tegernsee Schliersee mit der Film Commission Bayern zusammen, die eine Informations- und Anlaufstelle für nationale und internationale Produktionsfirmen in Bayern darstellt. Zentrale Anlaufstelle zur Förderung für nationale wie internationale Film- und Fernsehproduktionen in Bayern ist dabei der FilmFernsehFond Bayern.

Für Filmliebhaber bietet die Filmregion Tegernsee Schliersee, in der u. a. Kinofilme wie z. B. die Komödie „Wer früher stirbt ist länger tot" (2006) oder Fernsehfilme, z. B. „Wölfe" aus der ARD-Krimireihe „Polizeiruf 110" (2016), gedreht wurden, eine interaktive Movie Map oder eine Film-Radltour an.

Location Placement

Sowohl für DMO, die im Bereich Filmtourismus aktiv sind bzw. werden wollen, als auch für Filmregionen ist es essentiell, (weitere) erfolgreiche Film- und TV-Produktionen vor Ort zu forcieren, um die eigene Destination im Bewusstsein der Touristen zu halten bzw. ins Bewusstsein weiterer Touristen zu bringen. Die Platzierung von bewusst erkennbaren Orten (z. B. einzelne Länder,

Regionen oder Städte) in den Medien – in aller Regel als Filmkulisse – wird dabei Location Placement genannt (vgl. Rathmann 2014, S. 22). Durch sein imagebildendes Potenzial kann ein Film eine starke Motivation für Touristen darstellen, die Orte, die sie auf der Leinwand oder am Bildschirm gesehen haben, auch tatsächlich zu besuchen. Somit stellt Location Placement – analog zum Product Placement – ein attraktives und nützliches Marketinginstrument dar, da Filme die Reisevorlieben von Einzelpersonen beeinflussen können, indem sie wesentliche Informationen über eine Destination in kurzer Zeit transportieren können (vgl. Özdemir & Adan 2014, S. 632). Zudem können zahlreiche Personen erreicht werden, da Spielfilme – gerade Blockbuster – eine große Reichweite aufweisen und als glaubwürdige Quelle wahrgenommen werden (vgl. Steinecke 2016, S. 132).

Mit dem jüngsten Wiederaufleben des Interesses an TV-Produktionen v.a. auch über Streaming-Dienste wie z.B. Netflix, Amazon Prime Video oder Disney+ wächst das Potenzial von Location Placement sogar noch weiter. Hochwertige TV-Serien sind nicht nur außerordentlich populär, vielmehr geht ihr Einflussbereich über das Medium Fernsehen hinaus und erstreckt sich auf andere Massenkommunikationsmedien – insbesondere auf soziale Netzwerke. Die im Vergleich zum klassischen Spielfilm insgesamt längere Laufzeit und periodische Sendezeit kann zudem zu einer längeren und wiederholten Darstellung einer bestimmten Destination führen, weswegen die Platzierung einer Destination in einer TV-Serie die Vorteile des Location Placement erhöhen kann (vgl. Tkalec et al. 2017, S. 705).

Um attraktive Film- und TV-Produktionen anzuziehen, stellt sich für eine DMO oder Filmregionen letzten Endes die Frage, ob die logistischen und finanziellen Möglichkeiten der Filmförderung ausreichen, um in einem zunehmend wettbewerbsorientierten Markt mit immer mehr Teilnehmern (vgl. Hudson & Ritchie 2006, S. 395) bestehen zu können. Dort, wo dies gelingt, kann der Filmtourismus zu einer signifikanten Steigerung der Tourismuszahlen führen (vgl. Rathmann 2014, S. 22).

An dieser Stelle sei angemerkt, dass Location Placement nicht immer einer gezielten Maßnahme zu verdanken ist, sondern häufig auch nur das Ergebnis einer erfolgreichen Serie ist – aus Sicht der Destination ist es also einfach ein glücklicher Zufall. Auf diese Weise profitiert z.B. Rügen von der Serie „Ein Bayern auf Rügen“ (vgl. Kloss 2003, S. 479).

Darüber hinaus kann eine Destination auch Drehort sein, wird aber als solche vom unbedarften Zuseher nicht erkannt, oder aber wird im Film bewusst als ein anderer Ort dargestellt. So spielt beispielsweise die kanadische Stadt Toronto selten sich selbst (vgl. Relph 2014, S. 166), sondern repräsentiert zahlreiche andere Städte wie z.B. die US-amerikanischen Städte New York (vgl. Abb. 6.4) und Chicago etc. (Gründe hierfür sind nicht zuletzt die Tatsache, dass Toronto – zusammen mit Vancouver als „Hollywood North“ bekannt – einer der bedeutends-

Abb. 6.4 Typischer New Yorker U-Bahn-Eingang bei Dreharbeiten in Toronto (Aufnahmen Namberger 2008)

ten Filmproduktionsstandorte in Nordamerika ist, zahlreiche unterschiedliche Stadtteile aufweist und vielen US-amerikanischen Städten sehr ähnelt). Dieses Phänomen, das in der Filmindustrie als Displacement bezeichnet wird und weit verbreitet ist (vgl. Bolan et al. 2011), führt dazu, dass Filmtouristen nicht den Drehort, z. B. Toronto, sondern den anderen realen Ort, also z. B. New York oder Chicago, als Standort des Films wahrnehmen und somit eben dort und nicht am eigentlichen Drehort die touristische Nachfrage steigt.

Am Beispiel des für den Oscar nominierten Films „City of God“ (2002), der sich auf einige der schlimmsten Aspekte der brasilianischen Realität wie Armut, das prekäre Leben in den Vorstädten und den durch den Drogenhandel verursachten Stadtkrieg konzentriert, zeigt sich zudem, dass Filme einzelne Vorstellungen und emotionalen Assoziationen sowie die Besuchsabsichten der Touristen hinsichtlich der dargestellten Destination negativ beeinflussen können. Allerdings sind selbst bei Filmen mit extrem negativen Handlungsabläufen die Landschaften die Elemente, die den Wunsch der Zuschauer nach einem Besuch am meisten stimulieren (vgl. Loureiro & Araujo 2015, S. 352 ff.).

Filmtouristisches Marketing

Zu den Aufgaben der Filmregionen und der im Bereich Filmtourismus aktiven DMO gehören u. a. das filmtouristische Marketing sowie das Bereitstellen filmtouristischer Angebote, wenngleich dies häufig nicht eigenverantwortlich geschieht, sondern die Leistungen anderer Unternehmen koordiniert bzw. für interessierte Filmtouristen zugänglich gemacht werden. Je nach Destinationstyp und -größe sowie entsprechendem Budget gibt es Unterschiede in der filmtouristischen Vermarktung. Während kleinere Destinationen wie beispielsweise der karibische Inselstaat Dominica, der diverse Drehorte für die ersten drei Filme aus der „Fluch der Karibik“-Reihe (2003, 2006, 2007) beheimatet (vgl. IMDb 2020b), annähernd kein filmtouristisches Marketing betreibt, ist für andere Destinationen das Thema Film von großer Bedeutung (z. B. Tourism New Zealand). Dabei beginnen die Möglichkeiten des filmtouristischen Marketings bereits vor der Erstausstrahlung des Films (z. B. Verhandlung über und/oder Produktion eines „Making-of“- bzw. „Behind-the-scenes“-Films, entsprechende Werbekooperationen mit den Stars des Films, Bereitstellung von Bildern für die Medien oder Reiseveranstalter zur Verwendung in Werbeaktionen, Einladungen an Medienvertreter zum Drehort etc.). Nach der Erstausstrahlung des Films bieten sich zahlreiche weitere Marketingmaßnahmen wie z. B. die Entwicklung einer speziellen Website bzw. Social-Media-Angebote für potenzielle Filmtouristen, gemeinsame Werbeaktivitäten mit Filmgesellschaften usw. an (vgl. Hudson & Ritchie 2006, S. 390).

Filmtouristische Angebote

Die Vermarktung des filmtouristischen Angebots kann auch mittels der Schaffung und/oder Förderung filmtouristischer Angebote in der Destination erfolgen (vgl. Hudson & Ritchie 2006, S. 390): So hilft beispielsweise das authentische Aufbereiten und Pflegen bestimmter Symbole und Standorte aus dem Film, die filmtouristische Destination längerfristig attraktiv zu halten. Darüber hinaus ist der Zugang zu den filmtouristischen Attraktionen z. B. mithilfe von filmtouristischen (Online-)Karten und mobilen Apps zu gewährleisten, während Hinweistafeln bzw. Marker (vgl. Abb. 6.5, links), den Filmtouristen vor Ort Orientierung geben. Darüber hinaus können z. B. Erinnerungsstücke aus dem Film ausgestellt und Film-Memorabilien sowie Merchandising-Artikel zum Verkauf angeboten werden. Dabei bedarf es immer auch der Kreativität der handelnden Personen vor Ort, den Geschmack des Publikums zu treffen: So stellt z. B. ein Schild an der Straße zwischen Forks und La Push, welches die Grenze zwischen den Territorien der Wölfe und der Vampire in den „Twilight"-Filmen (2008-2012) markiert, ein beliebtes Fotomotiv für Filmtouristen dar (vgl. Abb. 6.5, rechts). Letzten Endes geht es auch immer darum, die Angebote mit Erlebnissen wie z. B. Film- und TV-Touren zu verknüpfen, welche die Filmtouristen in Erinnerung behalten.

Film- und TV-Touren

Mittlerweile gibt es für nahezu jeden Film zahlreiche Informationen zu den entsprechenden Drehorten im Internet zu finden. Die Filmdatenbank IMDb (2020a) beispielsweise bietet auf der eigenen Homepage bzw. App neben zahlreichen weiteren Hintergrundinformationen zu TV-Serien und Filmen z. T. auch sehr detaillierte Angaben zu den Drehorten an. So kann der Filmtourist einzelne Standorte einer Film- oder TV-Produktion „auf eigene Faust" erkunden. Für

Abb. 6.5 Marker mit Hinweis zur Karte im Mountain Lake Lodge in Pembroke, 2012 und Schild an der Straße zwischen Forks und La Push, 2014 (Aufnahmen Namberger 2012 bzw. 2014)

zahlreiche Produktionen mit Kultstatus wie z. B. die Sitcom „Friends" (1994–2004) gibt es wiederum spezielle Internetseiten, auf denen die wichtigsten Standorte zusammengefasst sind (vgl. z. B. https://freetoursbyfoot.com/friends-apartment-building/). Darüber hinaus sind Film- und TV-Touren in den unterschiedlichsten Varianten ein beliebtes Angebot in den On Locations, wenngleich diese von den Filmregionen bzw. filmtouristisch aktiven DMO meist nur beworben bzw. vermittelt werden. Das Spektrum dieser Touren ist mittlerweile sehr vielfältig: So veranstaltet beispielsweise der Anbieter „On Locations" zahlreiche Film-Touren in New York City, die sich auf eine Produktion bzw. auf ein Genre fokussieren (z. B. die „Sex and the City Hotspots Tour" bzw. die „Super Tour of NYC. Heroes! Comics! More!"), während andere Touren zahlreiche Film- und TV-Produktionen mehr oder weniger räumlich konzentriert „abarbeiten" (z. B. die „Central Park TV & Movie Sites Tour" bzw. die „New York TV and Movie Tour"). Die kostenpflichtigen Touren werden zudem in verschiedenen Sprachen und je nach zu erfassendem Gebiet „per Bus" oder „zu Fuß" angeboten. Z. T. werden auch VIP-Touren mit Schauspielern der entsprechenden Produktion angeboten (z. B. die „Der Bulle von Tölz-VIP-Tour", vgl. https://www.derbullevontoelz-vip-fantour.de/) oder Touren, die Fiktion und Realität kombinieren, wie z. B. die von „Stadt Lupe Münster e. V." angebotene Münsteraner Krimi-Tour, welche den Besuch der Drehorte der in Münster gedrehten Krimi-Serien Tatort (ARD, seit 1970) und Wilsberg (ZDF, seit 1995) zusätzlich um Geschichten um reale Kriminalfälle in Münster ergänzt (vgl. http://www.stadtlupe-muenster.de/stadtfuehrungen-in-muenster/muensteraner-krimitour/).

Reiseveranstalter

Neben dem differenzierten Angebot an Film- und TV-Touren spezialisieren sich auch einzelne Reiseveranstalter wie z. B. Entertain Tours (vgl. https://entertain-tours.de/) mit Film- und Drehortreisen speziell auf Filmtouristen. Aber auch die großen Reiseveranstalter schaffen Angebote für Filmtouristen. So bietet beispielsweise die TUI über ihr Online-Portal TUI Rundreisen die 8-tägige Irland-Rundreise „Im Land von Game of Thrones®" an oder versorgt ihre Kunden im hauseigenen Online-Reiseblock (vgl. https://www.tui.com/blog/) mit zahlreichen Einträge von Bloggern zu (Dreh-)Orten der Filmwelt.

6.3.2 Filmtouristische Angebote im Bereich der Off Locations

Neben den Akteuren der On Locations spielen die Akteure der Off Locations (vgl. 6.1) eine bedeutende Rolle im Bereich filmtouristischer Angebote.

Filmstudios

Filmstudios als physische Gebäude und Anlagen, in denen Filme gedreht werden – nicht zu verwechseln mit dem v. a. in den USA gebräuchlichen Begriff der „(Film) Studios", der sich auf die Filmproduktionsgesellschaften (einschließlich ihrer Anlagen) bezieht –, stellen für zahlreiche Filmtouristen eine Attraktion dar. Neben den sogenannten fünf „Major Studios" („Big Five") in den USA – Walt Disney Motion Pictures Group, Warner Bros. Entertainment,

Universal Studios, Sony Pictures Entertainment und Paramount Pictures (vgl. Movieinsider 2020) – bieten die meisten Filmproduktionsgesellschaften, die über eigene Filmstudios verfügen, Studiotouren an, die sich z.T. an ein vergleichsweise technisch interessiertes Publikum richten und weniger im Entertainment-Bereich angesiedelt sind. Mit insgesamt 21 Studios, die auf über 160.000 m^2 für Film-, TV- und Werbeproduktionen genutzt werden, ist das Studio Babelsberg in Potsdam beispielsweise der größte zusammenhängende Studiokomplex Europas. Für Filmtouristen bietet das Studio Babelsberg spezifische Betriebsführungen in Abhängigkeit von der jeweiligen Produktionssituation an (vgl. Studio Babelsberg 2020a, 2020b).

Themenparks bzw. Themenwelten mit Filmbezug

Neben Filmstudios sind es allen voran Themenparks bzw. Themenwelten mit Filmbezug, die ihr Angebot – ähnlich dem eines Freizeit- und Vergnügungsparks – speziell auf Filmfans bzw. Filmtouristen ausrichten (z.B. 4-D-Kinos, Stuntshows und -workshops, diverse Fahrgeschäfte mit Filmbezug). Die **Top-10 der besucherstärksten Freizeit- und Vergnügungsparks im Jahr 2018** unterstreicht dabei die Bedeutung von Filmen: Neun davon weisen einen eindeutigen Filmbezug auf (achtmal Disney, einmal Universal). Der größte Filmpark in Europa ist der Disneyland Park im Disneyland Paris mit 9.843.000 Besuchern im Jahr 2018 und damit 1,9% mehr als im Vorjahr (vgl. Themed Entertainment Association 2019, S. 10f.).

Stichwort

Top-Ten der besucherstärksten Freizeit- und Vergnügungsparks im Jahr 2018

Rang	Name	Standort	Besucherzahlen 2018	Vergleich zu 2017
1	Magic Kingdom Theme Park im Walt Disney World Resort	Lake Buena Vista, Florida, USA	20.859.000	+ 2,0%
2	Disneyland Park im Disneyland Resort	Anaheim, Kalifornien, USA	18.666.000	+ 2,0%
3	Tokyo Disneyland im Tokyo Disney Resort	Tokyo, Japan	17.907.000	+ 7,9%
4	Tokyo Disneysea im Tokyo Disney Resort	Tokyo, Japan	14.651.000	+ 8,5%
5	Universal Studios Japan	Osaka, Japan	14.300.000	– 4,3%
6	Disney's Animal Kingdom Theme Park im Walt Disney World Resort	Lake Buena Vista, Florida, USA	13.750.000	+ 10,0%
7	Epcot Theme Park im Walt Disney World Resort	Lake Buena Vista, Florida, USA	12.444.000	+ 2,0%
8	Shanghai Disneyland	Shanghai, China	11.800.000	+ 7,3%
9	Disney's Hollywood Studios im Walt Disney World Resort	Lake Buena Vista, Florida, USA	11.258.000	+ 5,0%
10	Chimelong Ocean Kingdom	Hengqin, China	10.830.000	+ 10,6%

nach Themed Entertainment Association 2019, S. 10

Es ist davon auszugehen, dass stets neue Attraktionen wie z.B. der Themenbereich „Star Wars: Galaxy's Edge“, der jeweils 2019 im Disneyland Anaheim und in Disney's Hollywood Studios in Lake Buena Vista bei Orlando eröffnet wurden, den positiven Trend dieser Filmparks weiter verstärken.

Für den deutschen Markt sind aufgrund ihrer Größe v.a. der Movie Park in Bottrop mit ca. 1,3 Millionen Besucher im Jahr (Stand 2015), die Bavaria Filmstadt in Grünwald bei München (ca. 350.000 jährlich) und der Filmpark Babelsberg in Potsdam (ca. 300.000 Besucher, Stand 2013) zu nennen (vgl. BMWi 2017a, S. 131).

Filmevents

Filmevents wie Filmpremieren, Filmfestivals und Preisverleihungen sind ebenfalls dem Angebot der Off Locations zuzurechnen und für den Filmtourismus in vielerlei Hinsicht bedeutend. Zum einen ziehen gerade die bekannteren, internationalen Filmfestivals zahlreiche Besucher aus aller Welt an und stellen so eine filmtouristische Destination der Off Locations dar. Zum anderen sind diese Veranstaltungen sozusagen die Hotspots für die Stars der Filmbranche, was Filmtouristen anzieht, die nicht als geladene bzw. zahlende Gäste, sondern im Sinne des Promi-, Star- bzw. Celebrity-Spotting in Erscheinung treten (vgl. Kap. 6.1). Darüber hinaus tragen Filmevents zur Imagepflege der Filmindustrie bei, welche die Grundlage des Filmtourismus darstellt. Die IMDb (2020a) listet im April 2020 insgesamt 7.157 verschiedene Preisverleihungen und Events auf allen Kontinenten.

Filmpremieren

Die großen Weltpremieren von Blockbustern wie z.B. „Harry Potter und die Heiligtümer des Todes – Teil 2“ am 7. Juli 2011 in London, „Star Wars: Das Erwachen der Macht“ am 14. Dezember 2015 in Los Angeles oder „Avengers: Endgame“ am 22. April 2019 in Los Angeles sind beispielsweise allesamt perfekt inszenierte Marketingveranstaltungen, von denen neben den Veranstaltungsorten letzten Endes auch die Destinationen, die als Drehorte bzw. Schauplätze in den Filmen fungieren, profitieren.

Filmfestivals

Weiterhin zählen zu den Filmevents die Vielzahl der Filmfestivals, die meist periodisch stattfinden und bei denen verschiedene aktuelle Filmproduktionen an einem Ort gezeigt, diskutiert und z.T. auch gewertet und ausgezeichnet werden. Dabei differenziert die Fédération Internationale des Associations de Producteurs de Films (FIAPF 2020) zwischen

- den sogenannten „A-Festivals“, d.h. Filmfestivals mit Wettbewerb (2019 insgesamt 15; u.a. die Berlinale, das Festival International du Film de Cannes, die Mostra Internazionale d'Arte Cinematografica in Venedig),
- Filmfestivals mit spezialisierten Wettbewerben (2019 insgesamt 23; u.a. das Torino Film Festival, das sich auf Filme junger Regisseure spezialisiert),
- Filmfestivals ohne Wettbewerb (2019 insgesamt 3; u.a. das Toronto International Film Festival) und den

- Dokumentar- und Kurzfilmfestivals (2019 insgesamt 5; u.a. die Internationalen Kurzfilmtage Oberhausen).

Preisverleihungen

Die Auszeichnungen bei den weltweit wichtigsten Filmfestivals in Berlin, Cannes und Venedig sind für die Filmkunst das, was die Academy Awards of Merit („Oscars“) für das Mainstream-Publikum sind. Diese werden jährlich von der US-amerikanischen Academy of Motion Picture Arts and Sciences (AMPAS) in aktuell 24 regulären Kategorien u.a. für den besten Film, die beste Regie, den besten Schauspieler, die beste Schauspielerin, das beste Originaldrehbuch etc. des Vorjahres verliehen. Gerade medial ist die Oscarverleihung, die weltweit übertragen wird, von großer Bedeutung für die Filmbranche und infolgedessen auch für den Filmtourismus.

Weitere bedeutende Preisverleihungen sind beispielsweise:

- der Emmy Award, der bedeutendste Fernsehpreis der Vereinigten Staaten, bei dem auch TV-Serien ausgezeichnet werden, die sich besonders im Bereich Location Placement eignen und somit für den Filmtourismus von großer Bedeutung sind (vgl. Kap. 6.3.1 unter „Location Placement“),
- die Golden Globe Awards, bei denen ausgewählte Journalisten Kinofilme sowie TV-Produktionen auszeichnen, sowie
- der Deutsche Filmpreis, der als die renommierteste Auszeichnung für den deutschen Film gilt.

6.4 Effekte des Filmtourismus

Die meisten Studien, die sich mit den Effekten des Filmtourismus beschäftigen, sind Fallstudien (vgl. Heitmann 2010, 35), weswegen eine allgemeine Bewertung des Marktsegments aufgrund der Effekte - selbst im Hinblick auf einzelne Aspekte - allenfalls bruchstückhaft ausfallen kann. Im Folgenden werden die ökonomischen, sozialen und ökologische Auswirkungen des Filmtourismus auf die Drehorte genauer betrachtet. Die vergleichsweise kurzfristigen Effekte der Akteure der Filmindustrie, die durch die Dreharbeiten vor Ort entstehen (z.B. Flüge, Hotelübernachtungen, Verpflegung der Filmcrew, Fuhrpark, Material für Filmsets, Statisten von vor Ort), werden an dieser Stelle nicht näher behandelt (vgl. hierzu z.B. Mandic & Petric 2017, S. 340).

Ökonomische Effekte

Das größte Problem bei der Analyse der ökonomischen Effekte des Filmtourismus ist, dass es bisher wenig fundierte Untersuchungen zu entsprechenden Besucher- bzw. Umsatzzahlen gibt. Vielmehr handelt es sich bei den Studien um „anekdotische Beweise“ (vgl. Zimmermann & Reeves 2009, S. 158). Auch fehlen einheitliche Kennziffern, die einen Vergleich zwischen filmtouristischen

Destinationen zulassen. Ungeachtet dessen untersuchen Tkalec et al. (2017) am Beispiel Dubrovniks die ökonomischen Effekte des Filmtourismus, die in einem kausalen Zusammenhang mit der TV-Serie „Game of Thrones" („GoT", 2011-2019) stehen, welche ab der zweiten Staffel 2012 in der kroatischen Stadt gedreht wird. Dabei ergeben sich für die Verwaltungseinheit Dubrovnik-Neretva im Zeitraum 2012-2015 insgesamt 244.415 zusätzliche Touristenankünfte (jährlich ca. 60.000 zusätzliche Touristen, entspricht im Jahr 2012 ca. 5% aller Ankünfte) bzw. 1.441.359 Übernachtungen. Die „GoT"-induzierten Einnahmen belaufen sich im Zeitraum 2012-2015 auf rund 125,9 Mio. €.

Einen anderen Ansatz verfolgt beispielsweise das New Zealand Institute of Economic Research (2002, S. 30), das den ersten Teil der „Der-Herr-der-Ringe"-Trilogie „Die Gefährten" (2001) als Äquivalent eines Werbefilms betrachtet und berechnet, was es gekostet hätte, ihn kommerziell zugänglich zu machen. Auf Grundlage der Besucherzahlen und einer Reihe von Annahmen schätzen sie den Wert des Films auf über 41 Mio. US-Dollar.

Soziale Effekte

Neben den ökonomischen Effekten des Filmtourismus, die meist positiv gesehen werden, gibt es soziale Effekte, die überwiegend negativer Art sind. Dabei können z.B. einzelne Privatpersonen bzw. Haushalte, ein Stadtviertel oder sogar eine ganze Stadt betroffen sein. So ist das Haus in Albuquerque im US-Bundesstaat New Mexico, in dem Walter White, der Hauptdarsteller der TV-Serie „Breaking Bad" (2008-2013) Crystal Meth herstellt, inzwischen zu einem Pilgerort für Filmtouristen avanciert. Obwohl das Albuquerque Convention & Visitors Bureau die TV-Serie nutzt, um den Tourismus zu fördern, führt es insbesondere Walter Whites Haus in seinem Internet-Auftritt nicht auf, weil es sich um ein Privathaus handelt. Trotzdem mussten die Hausbesitzer mittlerweile einen knapp zwei Meter hohen Zaun um das Grundstück errichten, um die Filmtouristen davon abzuhalten, Fotos zu machen, Erinnerungsstücke wie z.B. Steine vom Grundstück mitzunehmen oder in Anspielung auf eine berühmte Szene aus der TV-Serie eine Pizza auf das Dach der Garage zu werfen (vgl. Miller 2020).

In New York City ist mittlerweile eine steile Treppe in der Bronx zum Magneten für Filmtouristen geworden, da sich der Hauptdarsteller im Film „Joker" (2019), Joaquin Phoenix, an dieser Stelle in den Wahnsinn tanzt. Diese Szene wird von vielen der Filmtouristen nachgestellt und in Form von Fotos bzw. Selfies festgehalten - z.T. kostümiert und geschminkt wie der titelgebende Clown. Dies wird von den ortsansässigen Nachbarn im Viertel kontrovers diskutiert, viele fühlen sich von den Filmtouristen belästigt (vgl. Passenheim 2019).

An dieser Stelle kann lediglich auf die Berührungspunkte des Filmtourismus mit Aspekten wie Overtourism verwiesen werden, und in diesem Kontext auf die aktuelle Diskussion zum „Instagram-Tourismus", die in der Scientific Community gerade beginnt. Månsson (2011, S. 1635) weist in diesem Zusammenhang bereits Anfang der 2010er Jahre darauf hin, dass der Einfluss eines einzelnen Medienprodukts auf den Touristen – wie z.B. ein Film oder eine TV-Serie – nicht isoliert zu untersuchen ist, da die entsprechenden Inhalte mit anderen Medienprodukten verflochten sind; ein Konvergenzprozess, den sie als „mediatisierter Tourismus“ bezeichnet.

Im Fall der Kleinstadt Forks am westlichen Rand des Olympic-Nationalparks im US-Bundesstaat Washington entstand ein sozialer Konflikt, da nicht alle Bewohner gleichermaßen am Erfolg durch die mehrteilige Kino-Saga „Twilight“ (2008–2012) teilhaben konnten. Die Zunahme der Touristenzahlen sowie die geringere Saisonalität in Folge des aufkommenden Filmtourismus hatten positive Auswirkungen auf die lokale Wirtschaft. Während allerdings vor allem die weiße Bevölkerung davon profitierte, stieg bei den Latinos und Native Americans die Arbeitslosenquote sogar, da nur sehr wenige Arbeitsplätze bekleideten, die direkt vom Filmtourismus profitierten (vgl. Crowe 2013, S. 20f.).

Ökologische Effekte

Ähnlich der sozialen Effekte werden die ökologischen Effekte auf die Drehorte meist negativ gesehen. Das wohl prominenteste Beispiel hierfür ist der durch den Film „The Beach“ (2000) induzierte Tourismus am Strand der Maya Bay der thailändischen Insel Ko Phi Phi Leh, der mittlerweile für Touristen bis auf Weiteres gesperrt ist. Die thailändische Regierung hat im Juni 2018 aufgrund der Umweltschäden (v.a. Plastikmüll, Zerstörung der Korallen) ein Besuchsverbot verhängt, das zunächst nur wenige Monate dauern sollte, dann aber auf unbestimmte Zeit verlängert wurde. Zuvor wurde der nur ca. 250 m lange und 20 m breite Strand von z.T. bis zu 7.000 Besucher täglich aufgesucht, die überwiegend mit Schnellbooten für eine Tagestour vom Festland kamen. Die längere Schließung soll insbesondere den Korallen helfen, sich vom Ansturm der Filmtouristen in den vergangenen Jahren zu regenerieren (vgl. Sz.de 2019).

Zusammenfassend sind bei der Berücksichtigung der Effekte durch den Filmtourismus stets die ökonomische, soziale und ökologische Dimension und ihre Wechselwirkungen zu berücksichtigen, wobei sich eine Schwierigkeit daraus ergibt, dass unterschiedliche Akteure und entsprechend unterschiedliche Ansichten aufeinandertreffen, z.B. in der Frage, wer die Kosten für die Bereitstellung der filmtouristischen Infrastruktur zu tragen hat bzw. wer letzten Endes in welchem Maße davon profitiert (z.B. die lokale Wirtschaft) bzw. Schaden nimmt (z.B. die Gesellschaft oder die Umwelt). Gelingt dieser Austausch im Sinne einer nachhaltigen Entwicklung, hat der Filmtourismus – gerade vor dem Hintergrund der zunehmenden Bedeutung der Unterhaltungsindustrie sowie der Zunahme des internationalen Tourismus – großes Potential, auch und gerade als Zusatznutzen bzw. in Ergänzung zu anderen Marktsegmenten. ■

Fragen und Übungen

1. Erklären Sie den Unterschied zwischen On Locations und Off Locations!
2. Worin unterscheiden sich die Begriffe „Drehort" und „Schauplatz"?
3. Charakterisieren Sie die filmtouristische Nachfrageseite u.a. nach ihren Motiven bzw. Motivationen und Verhaltensweisen! Welche Veränderungen sind für die Zukunft zu erwarten?
4. Analysieren Sie das filmtouristische Angebot der Destination Neuseeland (u.a. https://www.newzealand.com/int/) und einer weiteren selbst gewählten filmtouristischen Destination. Vergleichen Sie die entsprechenden Angebote, z.B. mittels einer SWOT-Analyse!
5. Diskutieren Sie die (potentiellen) Vor- und Nachteile des Filmtourismus aus Sicht der Filmindustrie, der filmtouristischen Destinationen, der Filmtouristen sowie der Bevölkerung vor Ort!

Kommentierte Literatur

Beeton, S. (2016). Film-induced tourism. Clevedon.

Sue Beetons zweite Ausgabe von „Film-Induced Tourism" bietet einen umfassenden Überblick über die verschiedenen Aspekte dieses Marktsegments, indem es gleichermaßen On Locations wie Off Locations behandelt. Ausgehend von einer Vielzahl von Beispielen eignet sich das Werk bestens als Grundlage für weiterführende Forschungsarbeiten.

Connell, J. (2012): Film tourism – Evolution, progress and prospects. In: Tourism Management 33(5), S. 1007–1029.

Joanne Connell setzt sich in dem Fortschrittsbericht kritisch mit dem Filmtourismus auseinander, indem sie die wichtigsten Forschungsthemen und -fragen hervorhebt, einen konzeptionelle Rahmen schafft und Perspektiven entwickelt, die die Grundlage für zukünftige Forschungsarbeiten darstellen können.

Steinecke, A. (2016): Filmtourismus. Konstanz und München.

Albrecht Steineckes äußerst lesenswerte Werk zum Filmtourismus gibt einen umfassenden Überblick über den Stand der Forschung und Praxis. Dabei werden neben einer Einordnung des Marktsegments die entsprechende Nachfrage- und Angebotsseite sowie die Wirkungen des Filmtourismus thematisiert. Alle Ausführungen werden durch zahlreiche Beispiele veranschaulicht.

7 COVID-19 und Tourismus: Auswirkungen auf die Tourismuswirtschaft insgesamt und auf ausgewählte Marktsegmente des Tourismus

Überblick

Tourismus ist im globalen Maßstab seit mehr als 20 Jahren eine „Erfolgsgeschichte“: gemessen an der Zahl der internationalen Gästeankünfte zeigt der internationale Tourismus abgesehen von zwei kurzen Rückgängen ein nahezu stetiges, fast lineares Wachstum. Völlig überraschend und unvorbereitet auf eine solche Situation erreichen auch in Deutschland spätestens ab Mitte März 2020 die Auswirkungen der COVID-19 Pandemie den Tourismus. Die Folge sind dramatisch rückläufige Ankunfts- und Übernachtungszahlen und mit dem ersten Shutdown Mitte März 2020 kommt der Tourismussektor nahezu vollständig zum Erliegen. Zwar kommt es nach den sukzessiven Aufhebungen von Einschränkungen ab Ende Mai 2020 wieder zu einer gewissen Erholung, jedoch verläuft dieser Recovery-Prozess sowohl regional als auch nach Tourismussegmenten unterschiedlich ab. Auch die touristische Nachfrage verändert sich unter dem Eindruck der im Laufe der Pandemie sich mehrfach ändernden Reisebeschränkungen sowie auf Grund der COVID-19-spezifischen Verhaltensvorschriften. In der Konsequenz führt dies zu einer unterschiedlichen Betroffenheit der verschiedenen Marktsegmente des Tourismus durch die COVID-19 Pandemie.

7.1 Externe Schocks als Forschungsgegenstand der Tourismuswissenschaft

Hazards als externe Schocks

Wie in der Wirtschaft insgesamt wirken auch im Tourismus verschiedene Arten von Hazards als Auslöser für externe Schocks (d.h. unerwartete außerökonomische Einwirkungen auf Marktprozesse). Hazards lassen sich definieren als „a potentially damaging physical event, phenomenon or human activity that may cause the loss of life, injury, property damage, social or ecological disruption or environmental degradation“ (UNISDR 2020). Sie werden in der Regel unterschieden nach natural hazards (z.B. Erdbeben) und man-made hazards (z.B. Terroranschläge), wobei für beide Arten eine weitere Spezifizierung in Subgruppen erfolgt, wie biological, social/economic oder technological hazards (z.B. Epidemien, Finanzkrisen oder Nuklearunfälle). Eine trennscharfe Unterscheidung zwischen den verschiedenen Arten von Hazards ist jedoch oftmals nicht möglich, z.B. wenn Lawinenunglücke durch menschliche

Rodungsaktivitäten begünstigt werden oder Epidemien durch mangelnde Hygiene von Menschen verstärkt und verbreitet werden. Oftmals lösen Hazards Krisen aus, die das Fortbestehen eines Systems in seiner bisherigen Form gefährden.

Recovery-Prozess

Daher richtet sich im Zusammenhang mit Hazards ein besonderes Forschungsinteresse auf mögliche Ansätze zur Überwindung von Krisen. Ziel des sog. Recovery-Prozesses ist die Erholung des von der Krise betroffenen Systems (z.B. wirtschaftlich), wobei prinzipiell offen ist, ob hierdurch der Status quo ante wiederhergestellt wird (sog. bounce back effect oder business as usual) oder das von der Krise betroffene System im Rahmen des Recovery-Prozesses grundlegende Strukturveränderungen erfährt (sog. bounce forward effect). Implizit mit dem Recovery-Prozess verbunden ist das Ziel, die Vulnerabilität des von der Krise betroffenen Systems zu vermindern (vgl. Luthe/Wyss 2014).

Hazard-Forschung

Es gibt eine Reihe (tourismus)wissenschaftlicher Arbeiten darüber, wie sich verschiedene, durch Hazards ausgelöste Krisen auf den Tourismus auswirken. Dabei ergibt sich ein Bild verschiedener Muster und Wirkungsfaktoren. Die für verschiedene Hazards vorliegenden Arbeiten haben oft den Charakter von Fallstudien, die sich mit Ursachen und Auswirkungen einzelner Krisen, dem nachfolgenden Krisenmanagement, der Verwundbarkeit und dem Recovery-Prozess der von den Krisen betroffenen Regionen auseinandersetzen. Typische Beispiele hierfür sind Arbeiten über Wirtschaftskrisen (z.B. Finanzkrise 2008/09; vgl. Song et al. 2011 oder die Euro-Krise in Griechenland 2010; vgl. Papatheodorou/Arvanitis 2014), Terroranschläge (z.B. von Paris 2015; vgl. Schmude et al. 2019), Naturkatastrophen (z.B. Wirbelstürme in der Karibik 2015; vgl. Schmude et al. 2018) oder Epidemien (z.B. SARS 2003; vgl. McKercher/Chon 2004). Die Forschungsarbeiten zeigen, dass von den durch Hazards ausgelösten Krisen sowohl die Angebotsseite mit ihren touristischen Leistungsträgern, als auch die touristische Nachfrage betroffen sind bzw. darauf reagieren.

Hazards und touristische Nachfrage

Krisen führen bei den Reisenden zu Verunsicherung und ggf. zu einer Veränderung der touristischen Nachfrage. Typische Folgen der Reaktionen durch die Nachfrageseite sind Rückgänge der Buchungs- und Ankunftszahlen in von Krisen betroffenen Destinationen und die hierdurch resultierenden Umsatzrückgänge für die Anbieterseite. Es existieren nur wenige Studien, die die direkten ökonomischen Folgen für von Krisen betroffene Destinationen berechnen (vgl. Ajogbeje et al. 2017) und belegen, inwieweit z.B. das BIP negativ beeinflusst wird (vgl. Afonso-Rodríguez 2017) oder wie lange es dauert, bis die Einnahmen wieder das Vorkrisenniveau erreichen (vgl. Schmude et al. 2019). Die wenigen vorliegenden Studien zeigen, dass dies u.a. von der Zusammensetzung der Tourismusströme (z.B. Inbound- vs. Binnentourismus), den angebotenen Marktsegmenten des Tourismus (z.B. Städte- vs. Sporttourismus) oder den potentiellen Ausweichzielen (z.B. Austauschbarkeit vs. Alleinstellung) abhängt. Das Ausmaß und die Dauer der betreffenden Veränderungen hängen wesentlich von der Wahrnehmung des mit der Krise verbunden Risikos für die Reisenden ab (vgl. Sönmez/Gräfe 1998) und fallen regional sehr unterschiedlich aus. Dies hängt u.a. davon ab, welchen Stellenwert das Reisen für die (potentiellen) Touristen hat und welche Zahlungsbereitschaft sie aufweisen. Eine typische Reaktion der Nachfrageseite ist der (vorübergehende) Verzicht auf Reisen in die von Krisen betroffenen Destinationen, auch wenn keine Reisewarnung vorliegt. Je nach Austauschbarkeit der betroffenen Destinationen kommt es zur Reiseentscheidung für alternative Destinationen (gilt insbesondere für Warmwasser-Zielgebiete) oder es wird eine zeitliche Verschiebung der Reisen vorgenommen (gilt insbesondere für Destinationen mit Alleinstellungsmerkmalen). Grundsätzlich kann also von einer engen Verbindung zwischen der Risikowahrnehmung und der Destinationswahl von Touristen ausgegangen werden (vgl. Karl/Schmude 2017). Allerdings zeigen Touristen hinsichtlich Hazards ein relativ „kurzes Gedächtnis" (vgl. Lanoar/Goaied 2019) und kehren insbesondere nach natural hazards wieder schnell in die betroffenen Destinationen zurück. Die Dauer bis zur Rückkehr der Touristen hängt neben der Schwere der Krise, der Häufigkeit der sie auslösenden Hazards oder der Distanz zwischen der betroffenen Destination und den Herkunftsregionen der Touristen (vgl. Schmude et al. 2019) u.a. auch von der medialen Aufbereitung und Repräsentanz der Krise in den Medien der Herkunftsmärkte ab (vgl. Mason et al. 2005).

Hazards und touristische Angebotsseite

Die Angebotsseite und ihre Akteure stehen im Krisenfall vor einer doppelten Herausforderung: Einerseits müssen sie sich um die in den von Krisen betroffenen Destinationen befindlichen Touristen kümmern (gegenwartsbezogenes Krisenmanagement), andererseits müssen sie sich mit den Folgen der Krisen für die von ihnen angebotenen Produkte und Dienstleistungen auseinandersetzen (zukunftsbezogenes Krisenmanagement) (vgl. Ritchie 2004). Insbesondere letzteres soll die Überlebensfähigkeit der Unternehmen garantieren. Dabei wird die Qualität des Krisenmanagements von Touristen und touristischen Leistungsträgern oft unterschiedlich bewertet (z.B. Rittichainuwat 2013) und hierbei auch mit (sozialen) Medien in Verbindung gebracht (z.B. Sigala 2011). Die in der jüngeren Vergangenheit aufgetretenen Krisen haben bei den Akteuren der Angebotsseite in der Regel nicht zu gravierenden Veränderungen der von ihnen angebotenen Produkte und Dienstleistungen geführt. Vielmehr sind Preisreduzierungen und Discounts als typischer Reflex auf krisenbedingte Nachfrage- und Umsatzrückgänge zu beobachten, wobei diese zu einer (vorübergehenden) Verstärkung der Mindereinnahmen durch die touristischen Leistungsträger führen (vgl. Schmude et al. 2019). Neben der Preis- und Kommunikationspolitik spielen Produktpolitik (Entwicklung neuer Produkte) oder Distributionspolitik (Nutzung alternativer Absatzkanäle) bisher noch eine untergeordnete Rolle (vgl. Glaesser 2006), da die Strategie der betroffenen Destinationen und ihrer touristischen Leistungsträger eindeutig in Richtung eines „business as usual" (bounce back) auf Vorkrisenniveau abzielt (Mair et al. 2016). Hierbei spielt der touristische Arbeitsmarkt eine wichtige Rolle.

Hazards und touristischer Arbeitsmarkt

Trotz der aus globaler Sicht über viele Jahre positiven ökonomischen Entwicklung des Tourismus zeigt sich der touristische Arbeitsmarkt je nach regionaler Struktur und Problemlage unterschiedlich anfällig für aus Hazards resultierende Krisen. Die regionale Verwundbarkeit des touristischen Arbeitsmarkts hängt von der Art, dem Ausmaß und der Dauer der Krise ab. Dabei treten erhebliche Unterschiede zwischen verschiedenen Teilarbeitsmärkten (z.B. Hotellerie vs. Parahotellerie) auf (vgl. Perles-Ribes et al. 2016). Entsprechend variieren die Auswirkungen (z.B. Einkommensverluste) auch innerhalb einer Destination erheblich (vgl. Schmude et al. 2018). Allerdings liegen bisher kaum Befunde über die kleinräumigen Folgen von Krisen für regionale touristische Arbeitsmärkte vor. Auch die COVID-19 Krise lässt typische Reaktionen des touristischen Arbeitsmarkts erwarten: Starker Einsatz von Kurzarbeit, aber auch mit zunehmender Dauer der Krise ein Abbau von Arbeitsplätzen. Darüber hinaus können Arbeitgeber reagieren, indem sie auf die Einstellung saisonaler Arbeitskräfte verzichten. Bisherige Krisen zeigen, dass insbesondere Arbeitnehmer des Niedriglohnsektors und Saisonkräfte betroffen sind (z.B. Müller 2020). Dabei ist zu berücksichtigen, dass für die Performance touristischer Arbeitsmärkte verschiedene Parameter in den Quell- und Zielgebieten verantwortlich sind: Betriebsgrößenstruktur der touristischen Leistungsträger, Diversifizierung des touristischen Angebots nach Marktsegmenten des Tourismus, Grad der Saisonalität oder Tourismusintensität (z.B. Ioannides/Zampoukos 2018). Diese Parameter werden u.a. auch den Recovery-Prozess der betroffenen Destinationen beeinflussen.

7.2 Folgen der COVID-19 Pandemie für den internationalen Tourismus sowie den Tourismus in Deutschland

COVID-19 und Tourismus in der Forschung

Obwohl die Pandemie erst Ende 2019 in China und wenige Monate später in Europa auftritt, liegen Mitte 2020 bereits eine Reihe (tourismus)wissenschaftliche Veröffentlichungen vor, die sich vor allem mit der (möglichen) Entwicklung der Tourismuswirtschaft nach der COVID-19 Krise beschäftigen (z.B. Hall et al. 2020) und insbesondere zukünftige Veränderungen nach dem Recovery-Prozess in Richtung einer Transformation zu einem nachhaltigeren Tourismus diskutieren (z.B. Higgins-Desbiolles 2020). Hierfür fehlen allerdings zum gegenwärtigen Zeitpunkt (verständlicherweise) noch empirische Belege und es handelt sich um theoretische Ausführungen, die oft vom Wunsch nach einer nachhaltigeren Tourismuswirtschaft motiviert sind (Ioannidis/Gyimóthy 2020). Neben diesen theoretisch-konzeptionell ausgerichteten Arbeiten gibt es eine Reihe eher empirisch ausgerichteter Veröffentlichungen, die den Status quo für die Tourismuswirtschaft einzelner Länder bzw. Destinationen analysieren (z. B. Thiesing 2020), die Folgen für bestimmte touristische Leistungsträger aufzeigen (z. B. Gallego/Font 2020) oder den Einfluss der Krise auf die aktuelle oder zukünftige touristische Nachfrage untersuchen (z. B. Gursoy et al. 2020). Dabei werden in diesen weitgehend deskriptiv angelegten Beiträgen jedoch immer „nur" ein kleiner Ausschnitt der Tourismuswirtschaft oder „nur" einzelne Akteure betrachtet. Zudem gibt es Ansätze, Erkenntnisse in Zusammenhang mit anderen Pandemien auf die COVID-19 Krise anzuwenden. So wird auf Basis der Entwicklung der Zahl internationaler Gästeankünfte früherer Epidemien (z. B. SARS) versucht, die Dauer des Recovery-Prozesses für die aktuelle COVID-19 Krise abzuschätzen (z. B. Polyzos et al. 2020).

COVID-19 und die Entwicklung des globalen Tourismus

Die Ende des Jahres 2019 in China und im ersten Quartal des Jahres 2020 in Europa auftretende COVID-19 Pandemie trifft die Tourismuswirtschaft weltweit. Diese zeigt in den letzten 20 Jahren ein nahezu ungebrochenes Wachstum (gemessen an den internationalen Tourismusankünften), abgesehen von mehr oder weniger kleinen „Wachstumsdellen", die durch die SARS-Epidemie 2003 (-0,4 %) und die Weltfinanzkrise 2009 (-4,0 %) verursacht werden. Diese Krisen dauern jeweils nicht lange an und sind von geringen und nur kurzfristig anhaltenden Rückgängen gekennzeichnet (vgl. Abb. 7.1). Entsprechend gehen die Prognosen der Welttourismusorganisation der Vereinten Nationen UNWTO auch noch im Jahr 2019 von einem weiteren, nahezu linearen Wachstum aus und für das Jahr 2030 werden 1,8 Mrd. internationale Touristenankünfte prognostiziert (2016: 1,2 Mrd.) Jedoch wird dieses Wachstum durch die COVID-19 Pandemie jäh gestoppt. Ein Kennzeichen der Pandemie ist für die Tourismuswirtschaft, dass alle Destinationen und alle Marktsegmente des Tourismus betroffen sind. Durch sukzessive Lock- bzw. Shutdowns in allen wichtigen Quell- und Zielmärkten des Tourismus kommt die Tourismuswirtschaft im Laufe des Jahres 2020 weltweit zum Erliegen. Die Zahl der

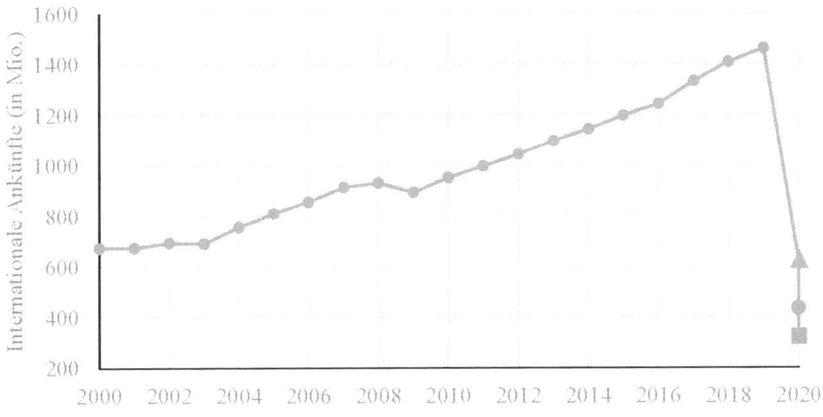

Abb. 7.1 Internationale Ankünfte (in Mio.) weltweit im Zeitraum von 2000 bis 2020 (nach UNWTO 2020) (2019 und 2020 Schätzung; 2020: Dreieck = optimistische Einschätzung; Kreis = mittlere Einschätzung; Quadrat = pessimistische Einschätzung) Quelle: eigne Darstellung nach UNWTO (2020).

erwarteten internationalen Ankünfte sinkt je nach weiterem Pandemieverlauf und Szenario auf einen Wert zwischen 610 Mio. (-58%) im best case und 329 Mio. Ankünfte (-78%) im worst case (vgl. Abb. 7.1). Dabei geht die UNWTO (2020) davon aus, dass der nationale Binnentourismus weniger stark unter der COVID-19 Krise leiden und sich schneller wieder erholen wird als der internationale Tourismus. Von früheren Pandemien ist bekannt, dass bereits lokal bzw. regional begrenzte Krankheitsausbrüche erhebliche ökonomische Auswirkungen auf den internationalen Tourismus haben (z. B. Kuo et al. 2009).

Stichwort

Verlauf der COVID-19 Pandemie in Deutschland und Maßnahmen zu ihrer Eindämmung

In Deutschland treten Ende Januar 2020 die ersten COVID-19 Erkrankungsfälle auf. Nach einer Stagnation der Zahl der identifizierten Infektionen kommt es im Februar zu weiteren Fällen und seit Ende Februar wächst die Zahl der täglichen Erfassungen von Neuerkrankungen rasch an (vgl. Stichwort). Dabei sind immer mehr Bundesländer betroffen. Parallel dazu werden die ersten geheilten Personen erfasst. In der zweiten Märzwoche sind alle Bundesländer betroffen und es gibt den ersten registrierten COVID-19 Todesfall in Deutschland. Ende März, Anfang April erreicht die erste COVID-19 Welle in Deutschland dann ihren vorläufigen Höhepunkt, bevor die verhängten Einschränkungen in den folgenden Wochen ihre Wirkung zeigen und es zu einem deutlichen Rückgang der Infektionsfälle kommt. Nach einem moderaten Anstieg der COVID-19 Fallzahlen im Sommer steigt ihre Zahl ab Mitte September 2020 wieder an (vgl. Abb. 7.2) und es kommt zu einer zweiten Welle, in deren Verlauf deutlich höhere Infektionszahlen auftreten. Schließlich kommt es ab dem 2. November zu einem zweiten Shutdown, der allerdings als „Lockdown light" bezeichnet wird, da die verhängten Einschränkungen geringer ausfallen als beim ersten Shutdown.

nach Schmude et al. 2021

COVID-19 und die Folgen für den Tourismus in Deutschland

Schon bald nach dem Auftreten des Virus in Deutschland sind auch die Tourismuswirtschaft und ihre Leistungsträger sowie die touristischen Destinationen von der Pandemie betroffen. So wird beispielsweise im Rahmen des ersten Shutdown am 16. März 2020 in einigen Bundesländern ein touristisches Beherbergungsverbot erlassen, einen Tag später erfolgt ein Einreiseverbot. Ab dem 18. Mai 2020 werden die Einschränkungen sukzessive gelockert (vgl. Stichwort). Das dwif (2020) beziffert den Umsatzausfall im Deutschland-Tourismus für den Zeitraum von März bis einschließlich August 2020 auf 46,6 Mrd. €, von denen 22,2 Mrd. € allein auf den Übernachtungssektor entfallen. Für November und Dezember 2020 werden durch den zweiten Shutdown weitere insgesamt 19,7 Mrd. € Umsatzverluste erwartet. Wie stark die Betroffenheit durch die COVID-19 Krise in Deutschland ist, zeigt auch die Entwicklung im nach Gästeankünften für den Tourismus wichtigsten Bundesland

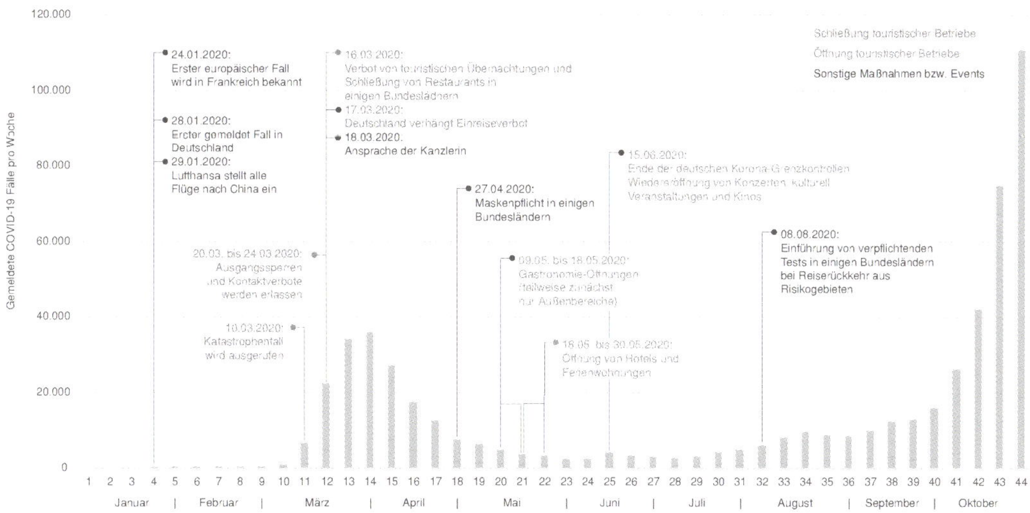

Abb. 7.2 Verlauf der COVID-19 Pandemie in Deutschland nach Zahl der Infizierten je Woche und Maßnahmen zur Eindämmung der Pandemie von Januar bis Oktober 2020 (nach Schmude et al. 2021)

Bayern. Während im Zeitraum Januar bis August im Durchschnitt der Jahre 2015 bis 2019 in Bayern ca. 64,5 Mio. Übernachtungen stattfinden, werden von Januar bis August 2020 lediglich ca. 42,5 Mio. Übernachtungen gezählt, d.h. COVID-19 bedingt gibt es einen Rückgang von etwa einem Drittel. Die ca. 22 Mio. ausbleibenden Übernachtungen entsprechen Einnahmeverlusten von 1,5 bis 2,2 Mrd. € für den Beherbergungssektor (mit mindestens 10 Betten je Betrieb). Auch wenn von dieser negativen Entwicklung alle Bundesländer und Regionen in Deutschland betroffen und folglich nur geringe regionale Unterschiede im Ausmaß der Betroffenheit festzustellen sind, so kann konstatiert werden, dass der Erholungs- bzw. Recovery-Prozess durchaus deutliche regionale Disparitäten zeigt, die vor allem auf die in den Destinationen angebotenen Marktsegmente des Tourismus zurückzuführen sind (vgl. Schmude et al. 2021).

7.3 Folgen der COVID-19 Pandemie für das Marktsegment Kreuzfahrttourismus

Betroffenheit des Kreuzfahrttourismus

Eines der Marktsegmente, das besonders hart von der COVID-19 Pandemie getroffen wird (neben z.B. dem Städte- oder Geschäftsreisetourismus), ist der Kreuzfahrttourismus. Als Reaktion auf die Verbreitung des Virus schließen viele Länder ihre Grenzen, Kreuzfahrtschiffe dürfen Häfen nicht verlassen, die Passagiere müssen an Bord bleiben oder Kreuzfahrtschiffen wird die Einfahrt in Häfen verweigert. In der Folge werden Passagiere auf See festgehalten, im Extremfall fast einen Monat lang unter Quarantäne gestellt, bevor sie in ihre Heimatländer zurückkehren können. Ähnliche Probleme betreffen Besatzungsmitglieder, weil diese ebenfalls unter Quarantäne stehen oder weil sie den Betrieb an Bord (zunächst) aufrechterhalten müssen. Auch bei den Crews verzögert sich oftmals die Rückkehr in ihre Heimatländer. Nach Angaben der Johns-Hopkins-Universität (USA) kommt es zu 3.047 COVID-19 Infektionen an Bord von 48 Kreuzfahrtschiffen, die im Mitgliedsunternehmen CLIA registriert sind. In 73 Fällen führen die Infektionen zum Tod (vgl. NTV 2020). Nicht zuletzt auf Grund der Berichterstattung in den Medien drängt sich der Eindruck auf, dass die Aufrechterhaltung von Gesundheit und Sicherheit an Bord von Kreuzfahrtschiffen besonders schwierig ist, was dem Ruf dieses Marktsegmentes schadet und zu sinkenden Aktienwerten der Kreuzfahrtunternehmen führt. Dabei sind nicht alle mit der COVID-19 Pandemie auftretenden Herausforderungen „Neuland" für die Kreuzfahrtunternehmen. So spielt Hygiene auf den Schiffen auch schon vor der Pandemie eine wichtige Rolle (z.B. wegen Noroviren) und die bereits existierenden Hygienekonzepte müssen auf die neue Bedrohung angepasst werden müssen.

Reaktion der Kreuzfahrtunternehmen

Um ihre Kunden trotz der Einstellung der Kreuzfahrten nicht zu verlieren und ihre Liquidität nicht zusätzlich zu belasten, bieten viele Kreuzfahrtunternehmen ihren Kunden, deren Reisen aufgrund der Pandemie storniert werden, Reisegutscheine mit zusätzlichen Boni oder Leistungen für zukünftige Buchungen anstelle von Bargeldrückerstattungen an. Aber die Krise des Kreuzfahrttourismus trifft nicht nur die Kreuzfahrtunternehmen, sondern auch Leistungsanbieter in den Destinationen sowie Akteure aus vor- und nachgelagerten Bereichen (z.B. Werften). Es besteht große Ungewissheit, wann der Regelbetrieb wieder aufgenommen werden kann, weshalb der Re-Start mehrfach verschoben werden muss. Ausnahmen sind einzelne Angebote mit kurzen, blauen Reisen (z.B. TUI Cruises in der Nordsee, ausschließlich Seetage) mit verminderter Passagierzahl. Die wenigen ab August 2020 im Mittelmeer durchgeführten Fahrten (ebenfalls mit verminderter Passagierzahl) unterstreichen, dass eine Rückkehr zum business as usual (zunächst) nicht möglich sein wird. Entsprechend titelt die Fachzeitschrift fvw in ihrer Ausgabe vom 31. Juli 2020: „Halbe Fahrt voraus. Die Kreuzfahrt probt den Neustart. Doch die Kunden kommen nur zögerlich. Der Preis könnte es richten" (fvw, 2020a). Die meisten Kreuzfahrtgesellschaften werden erst nach der für das Jahr 2021 erwarteten Aufhebung der Reisebeschränkungen in den Markt zurückkehren. Sie beginnen bereits im zweiten Halbjahr 2020 mit Werbekampagnen und Preissenkungen sowie der Entwicklung neuer Konzepte. Geht man nach den gesunkenen Infektionszahlen im Sommer (vgl. Abb. 7.2) noch von einer Rückkehr zur „alten" Kreuzfahrt aus, wird im September 2020 offensichtlich, dass sich das Produkt Kreuzfahrt zukünftig ändern wird bzw. muss. Dementsprechend heißt es im September 2020 in der fvw: „Das andere Reisen auf dem Wasser. Corona ändert nicht nur die Fahrpläne, sondern auch das Produkt selbst" (Lassmann 2020a, S. 36). Entsprechend muss das Produkt auch „anders" beworben werden: So entwickelt z.B. die Norwegian Cruise Line eine neue Unternehmensphilosophie unter dem Titel „Peace of Mind – sicher reisen, flexibel buchen", um die Gesundheit, die Sicherheit und das Vertrauen von Gästen und Crew an Bord und an Land sicherzustellen. Die „Peace of Mind"-Philosophie soll Expedienten helfen, Kunden (weiterhin) vom Kreuzfahrtprodukt zu überzeugen. Als Maßnahmen zur Umsetzung der Philosophie werden verbesserte Screeningprotokolle, eine noch strengere Hygiene, neue Luftfiltersysteme, konsequente Umsetzung von Abstandsregelungen, erweiterte medizinische Ressourcen sowie die Ausweitung der Sicherheit an Bord und auf Landgängen angekündigt. Zudem werden die Stornierungsbedingungen für Kunden noch großzügiger gestaltet (vgl. NCL 2020).

Stichwort

Globale Kreuzfahrtindustrie schrumpft bis Ende August 2020 um 72% auf 7,8 Mrd. US $

Die Kreuzfahrtindustrie wird von der COVID-19 Pandemie besonders hart getroffen. Dies zeigt der Blick in die Geschäftsberichte der drei größten Kreuzfahrtgesellschaften, die rund 75% des globalen Kreuzfahrtmarktes auf sich vereinen. Beim weltweit größten Kreuzfahrtunternehmen Carnival Cruise Lines sinken die Einnahmen im Vergleich der Ergebnisse des zweiten Geschäftsquartals (März bis Mai) 2019 und 2020 um 85% von 4,8 Mrd. US $ auf 0,7 Mrd. US $. Royal Caribbean Cruise Lines verzeichnet für das zweite Geschäftsquartal sogar einen Rückgang um 94% von 2,8 Mrd. US $ auf 0,2 Mrd. US $. Die größten Verluste erleidet das Unternehmen Norwegian Cruise Line mit einem Rückgang von 1,6 Mrd. US $ auf 0,02 Mrd. US $, ein Rückgang von 99%.

Auch im dritten Geschäftsquartal (Juni bis August) 2020 erholt sich die Kreuzfahrtindustrie nicht. So erleidet Carnival Cruise Lines in diesem Zeitraum einen weiteren Verlust von 2,9 Mrd. US $, da die Einnahmen im dritten Quartal 2020 auf 31 Mio. US $ gegenüber 6,5 Mrd. US $ im Vorjahreszeitraum zurückgehen. Die zweitgrößte Kreuzfahrtgesellschaft, Royal Caribbean Cruise Lines, verzeichnet im gleichen Zeitraum einen Verlust von 1,2 Mrd. US $. Konkret bedeutet dies, dass Carnival Cruise Lines eine monatliche Cash-Burn-Rate von 770 Mio. US $ und Royal Caribbean Cruise Lines von 250 bis 290 Mio. US $ aufweisen. Bei Norwegian Cruise Lines beläuft sich der Verlust nach den Schätzungen von Analysten auf 99,5% bis 100%.

Eine Konsequenz dieser Geschäftsentwicklung ist der Wertverlust, den die Aktien der Kreuzfahrtunternehmen erleiden. Seit Jahresbeginn bis zum 9. November 2020 verlieren die Carnival-Aktien um 72,8% an Wert, die Aktien der Royal Caribbean Cruise Lines notieren 56,1% schwächer und bei Norwegian Cruise Line steht ein Verlust von 71,0% an den Tafeln. Die Aktienkurse aller drei Unternehmen steigen nach der Ende Oktober 2020 angekündigten Aufhebung der seit März 2020 geltenden No-Sail-Order durch die Centers for Disease Control and Prevention (CDC) wieder an. So steigen die Aktienwerte von Carnival Cruise Lines um 7%, während Royal Caribbean Cruise Lines um 6% und Norwegian Cruise Line um 5% zulegen, obwohl die Kreuzfahrtgesellschaften ankündigen, ihren Betrieb erst im Jahr 2021 wiederaufzunehmen.

nach San Juan 2020

Bei Wiederaufnahme des Geschäftsbetriebes werden von den Kreuzfahrtunternehmen eine Reihe von Maßnahmen erwartet: verlässliche Screening-

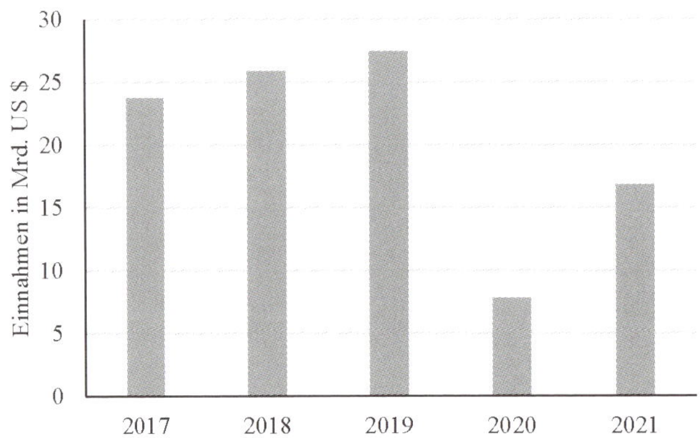

Abb. 7.3 Entwicklung der weltweiten Einnahmen der Kreuzfahrtindustrie im Zeitraum 2017 bis 2021 (Geschäftsjahr jeweils vom 1. September bis 31. August; 2020 und 2021 = Schätzungen) (San Juan 2020)

und Überwachungsprotokolle, die Einführung umfassender Hygiene- und Abstandspraktiken mit regelmäßigen Inspektionen sowie erweiterte medizinische Einrichtungen an Bord mit Aufstockung des medizinischen Personals. Zudem sollen die Unternehmen enger mit den nationalen und internationalen Gesundheitsbehörden sowie der CLIA zusammenarbeiten, um die Gesundheitsvorschriften durchzusetzen. Daneben sind die Kreuzfahrtunternehmen kurz- und mittelfristig vor eine Reihe von Herausforderungen gestellt, deren Dauerhaftigkeit sich noch kaum abschätzen lässt. Hierzu zählen insbesondere:

- das flexibel zu gestaltende Routing, da sich die Pandemie-Situation in den Destinationen oft sehr kurzfristig ändert kann,
- strengere Regeln für Landgänge bzw. auch der Verzicht darauf und das Angebot blauer Reisen mit ausschließlich Seetagen,
- das Social Distancing an Bord in den Bars, Restaurants, Theatern, Diskos oder Shopping-Bereichen mit der Reduzierung sozialer Interaktion,
- die Infektionsgefahr für Kunden bei der Anreise zum Einschiffungshafen und die kontinuierliche COVID-19 Kontrolle an Bord sowie
- der erhöhte Beratungsbedarf der (potentiellen) Kunden durch den Vertrieb für ein in der Form bisher nicht bekanntes Produkt,
- der durch die bereits georderten Schiffneubauten (vgl. Tab. 7.1) zu erwartende Zuwachs an Bettenkapazitäten mit dem hieraus resultierenden, zunehmenden Wettbewerb und
- das Problem der Neukundengewinnung unter dem Eindruck eines deutlich verschlechterten Images von Kreuzfahrten.

Stichwort

Werften und Reedereien stecken in der Falle

„Was bis vor kurzem noch ein Grund zum Jubeln war, erweist sich jetzt als problematisch: die gefüllten Auftragsbücher der Werften." Die Erfolgsgeschichte des Kreuzfahrttourismus in den letzten 20 Jahren mit einem nahezu ungebrochenen Wachstum der Passagierzahlen, hat die Kreuzfahrtunternehmen dazu veranlasst, weitere Neubauten in den Werften zu ordern. So sind bis zum Jahr 2027 bereits weitere 118 Schiffe bestellt (vgl. Tab. 7.1), die einen erheblichen Kapazitätsausbau mit sich bringen. Durch die COVID-19 Pandemie werden diese Kapazitäten aber (zunächst) nicht mehr benötigt. Zudem fehlen den Reedereien durch den Stillstand im Kreuzfahrtsektor die benötigten Einnahmen zur Finanzierung der Neubauten. Als Konsequenz werden Übernahmen fertiger Schiffe verzögert oder Bestellungen zeitlich gestreckt. Hierdurch sind die Werften ebenfalls von der Pandemie-bedingten Kreuzfahrtkrise betroffen.

nach Lassmann 2020b

Auch wenn einzelne Herausforderungen durch Gegenmaßnahmen abgemildert werden können (z.B. Verlangsamung des Kapazitätszuwachses durch zeitliche Streckung der Liefertermine für Schiffsneubauten und/oder vorgezogene Außerdienststellung älterer Schiffe) scheint offensichtlich, dass die „goldenen Jahre" des Kreuzfahrttourismus mit einem nahezu linearen jährlichen Wachstum (zunächst) der Vergangenheit angehören. Wie stark sich das Produkt Kreuzfahrt in Zukunft ändern wird (z.B. hin zu kleineren Kreuzfahrtschiffen) lässt sich derzeit mittel- und langfristig kaum abschätzen.

Jahr	Bestellungen
2020	24
2021	26
2022	28
2023	16
2024	8
2025	8
2026	5
2027	3
2020–2027	118

Tab. 7.1 Stand der Neubestellungen von Kreuzfahrtschiffen weltweit im Mai 2020 (Lassmann 2020b, S. 34)

7.4 Folgen der COVID-19 Pandemie für das Marktsegment Fahrradtourismus

Fahrradtourismus und COVID-19

Die COVID-19 Pandemie trifft auch das Marktsegment des Fahrradtourismus. Während des Shutdowns kommt der Fahrradtourismus allein wegen der geltenden Beschränkungen im Beherbergungsbereich quasi zum Erliegen. Allerdings erholt sich der Fahrradtourismus im Vergleich zu anderen Marktsegmenten schneller wieder. Wie die gestiegene Nachfrage nach Bett+Bike-Unterkünften zeigt, liegen im Sommer 2020 in Deutschland „Radreisen vor der eigenen Haustüre" im Trend (vgl. ADFC 2020a). Dabei profitiert das Marktsegment einerseits vom stark gestiegenen Anteil des Binnentourismus, andererseits von der starken Nachfrage nach Outdoor- und naturorientierten Aktivitäten. So boomt z.B. im Sommer 2020 der Fahrradtourismus im Allgäu (vgl. Ambrosch 2020). Gleichwohl gibt es auch Betriebsaufgaben von Bett+Bike-Betrieben, die dem Nachfrageeinbruch während der ersten COVID-19 Welle und den Reiseeinschränkungen geschuldet sind. Nicht zuletzt deshalb bietet der Allgemeine Deutsche Fahrrad-Club e.V. (ADFC) seit Ende Mai ein vereinfachtes Zertifizierungsverfahren für neue Bett+Bike-Betriebe an, das auf einer Selbstauskunft über einen Erhebungsbogen zusammen mit digitalen Bildnachweisen beruht. Die Vor-Ort-Prüfungen werden nach Aufhebung der Kontaktbeschränkungen nachgeholt. Ebenso wie die Beherbergungsbetriebe sind auch Radreiseveranstalter von Absagen organisierter Radreisen sowie von kundenseitigen Stornierungen betroffen.

Stichwort

COVID-19 und Fahrradtourismus: Stornoverhalten von Radtouristen und Auswirkungen für Radreiseveranstalter

Die nach eigener Aussage größte Datenbank für Radreisen in Deutschland Fahrradreisen.de führt im April 2020 eine Befragung von 752 Radtouristen und 152 Radreiseveranstaltern zu ihrem Verhalten und ihren Erfahrungen unter COVID-19 Bedingungen durch. Danach geht nahezu die Hälfte der befragten Radtouristen davon aus, dass sie ihre Radreise wie geplant durchführen können, rund 40% wollen die Reise auf einen späteren Zeitpunkt verschieben und lediglich ca. 10% geben an, ihre Reisepläne aufgegeben und die Reise storniert zu haben. Die befragten Radreiseveranstalter sind in sehr unterschiedlicher Weise von den Stornierungen betroffen: Bei 25% der Unternehmen sind mehr als die Hälfte aller geplanten und verkauften Radreisen storniert worden, bei rund 30% jedoch maximal nur jede zehnte Reise. Umbuchungen der Kunden sind dabei eher die Ausnahme, ebenso wie die Umwandlung der stornierten Reise in einen Gutschein. Die Mehrzahl der befragten Radreisetouristen stellt die Planung einer neuen Radreise solange zurück, bis die Reisebeschränkungen aufgehoben und eine größere Planungssicherheit für sie gegeben ist (Fahrradreisen 2020).

nach ak-tourismusforschung 2020

Allerdings hat die COVID-19 Pandemie grundsätzlich positive Effekte für das Verkehrsmittel Fahrrad ausgelöst, denn die Fahrradindustrie profitiert von einer stark gestiegenen Nachfrage nach Fahrrädern (insbesondere E-Bikes). Zunächst werden durch die Pandemie Lieferketten unterbrochen, was unmittelbare Auswirkungen auf den Fahrradimport zeigt. Zusätzlich wird durch die Schließung der Fahrradgeschäfte ab Mitte März 2020 in den meisten Bundesländern der Abverkauf von Fahrrädern bis Mitte April 2020 stark eingeschränkt. Allerdings haben Onlineanbieter sehr hohe Absätze zu verzeichnen und nach der Wiedereröffnung der Fahrradgeschäfte erlebt die Branche einen regelrechten Run auf Fahrräder und Zubehör. Sowohl der April als auch der Mai zeigen bereits bessere Verkaufsergebnisse als die Vorjahresmonate. Der Zweirad-Industrie-Verband schätzt, dass zwischen Januar und Juni 2020 ca. 3,2 Mio. Fahrräder und E-Bikes verkauft werden, was einem Absatzplus von rund 9,2% zum Vorjahreszeitraum entspricht (ZIV 2020). Dies führt zwischenzeitlich sogar zu Lieferengpässen bzw. längeren Lieferzeiten für neue Fahrräder. Diese verstärkte Nachfrage geht sowohl auf die Zweckmobilität mit dem Fahrrad im Alltag, als auch auf die steigende Freizeit- und Urlaubsmobilität mit dem Fahrrad zurück. So sind viele Menschen für ihre Alltagsmobilität vom ÖPNV auf das Fahrrad umgestiegen, da sich so die COVID-19 bedingten Abstands- und Hygieneregeln leichter und konsequenter einhalten lassen. Aber auch der Trend Urlaub mit dem Fahrrad zeigt während der Pandemie eine steigende Nachfrage.

Da der Fahrradtourismus kurz- und mittelfristig in der Post-COVID-19 Zeit von einer steigenden Nachfrage profitieren dürfte, kommen verstärkt Herausforderungen auf das Marktsegment zu, die auch andere Marktsegmente betreffen werden (z. B. den Wandertourismus). Durch die verstärkte binnentouristische Nachfrage, die sich vornehmlich auf den ländlichen und weniger auf den städtischen Raum konzentriert, erhöht sich die Notwendigkeit für eine sinnvolle Besucherlenkung und eine Verteilung des Tourismus in die Fläche. Der Fahrradtourismus bringt dafür gute Voraussetzungen mit. Radreisen werden überwiegend individuell und in kleinen Gruppen durchgeführt. Zudem eignen sich sehr viele Regionen in Deutschland für dieses Marktsegment. Allerdings kann es auf attraktiven Radrouten durchaus zu Massierungen von Radtouristen kommen, d.h. die bekannten Radwanderwege reichen nicht aus, um die steigende Nachfrage zu bedienen. Nach Ansicht des ADFC (2020b) sollten daher „auch vergleichsweise unbekannte Produkte optimiert, beworben und neue Tourenvorschläge sowie Tipps für die Gäste erarbeitet werden". Weiter empfiehlt der ADFC (2020b) in COVID-19 Zeiten bzgl. der Infrastruktur u. a.:

- Ad-hoc- bzw. kurzfristige Maßnahmen vorzuziehen,
- Problemstellen im Verkehr kurzfristig ggf. auch temporär zu lösen, z.B. mit Pop-up Bikelanes,
- radtouristische Produkte „in Arbeit" fertigzustellen, statt neue Projekte zu beginnen,
- zur Lenkung der Radtouristen Bahnhöfe als Start- und Zielpunkte einzubeziehen.

Um die Verteilung der Radtouristen in die Fläche zu gewährleisten, sollten nicht nur die „typischen" Routen und Sehenswürdigkeiten beworben werden, sondern Wegeführungen „off the beaten track", also abseits der mehrheitlich bekannten Routen, angeboten werden. Dabei sollten jedoch auch nicht übernachtende Touristen (Tagesausflügler) aus der Region als Nachfragepotential berücksichtigt werden sollten. Letztendlich bietet die COVID-19 Krise für das Marktsegment Fahrradtourismus durchaus die Chance, neue Zielgruppen zu erschließen und damit ein weiteres Wachstum in den nächsten Jahren zu generieren.

Stichwort

ADFC: „Was jetzt geht, geht auch nach Corona"

„Das Fahrrad dreht sich trotz COVID-19 weiter. Teils nutzen in der Corona-Krise mehr Menschen als zuvor ihren Drahtesel für Alltägliches oder in der Freizeit. Radreisen befinden sich dagegen aktuell auf einer rasanten Downhill-Strecke.

Auszug aus einem Interview mit der ADFC-Landesgeschäftsführerin Kathleen Lumma:

Frau Lumma, wie ist es in der Corona-Krise um die Fahrradtourismus-Branche bestellt? Gibt es verstärkt Absagen für später im Jahr gebuchte Radreisen oder gar Unternehmen, die Insolvenz anmelden mussten?

Der Radtourismus ist wie die Tourismusbranche allgemein aktuell schwer von der Krise getroffen. Radreisen mussten abgesagt werden, weil die aktuellen Erlasse

zur Eindämmung des Coronavirus keine Reise erlauben. Daher haben viele Reiseveranstalter die Schwierigkeit, geleistete Zahlungen an die Kunden zurückzahlen zu müssen.
Gleichzeitig müssen die Veranstalter Stornokosten in Hotelbetrieben etc. zahlen oder sind mit der Insolvenz von Leistungsträgern konfrontiert, wodurch geleistete Zahlungen der Veranstalter verloren gehen. Das führt irgendwann zur Zahlungsunfähigkeit, weil keine Einnahmen reinkommen, Erstattungen abfließen und Stornierungen Kosten verursachen.
Aber nicht nur die Veranstalter leiden, sondern natürlich auch die Regionen mit ihren Leistungsträgern wie Hotels, Gastronomie, Kultur etc. Auch denen fehlen die Gäste jetzt zu Beginn der Saison.

Also sehen Sie schwarz für den Radtourismus auch nach Corona?
Es ist zumindest für Deutschland darauf zu hoffen, dass der Radtourismus nach der Corona-Krise direkt einen Aufschwung erlebt. Denn die Menschen haben Urlaubszeiten längst geplant und wenn sie nicht die geplanten Reisen in der ganzen Welt antreten können, werden sie in Deutschland reisen. Daher ist jetzt von allen umsichtiges Handeln gefragt, damit der Branche kein größerer Schaden entsteht.

Was möchten Sie Radlern jetzt mit auf den Fahrradweg geben?
Wir schätzen, dass bis zu einem Drittel der Menschen, die während der Corona-Krise notgedrungen auf das Rad umsteigen, auch danach dem Rad treu bleiben könnten. Das hat großes Potenzial, neue Mobilitätsroutinen zu etablieren und die Städte von unnötigen Autofahrten zu entlasten. Das sollte genug Ansporn sein, das Engagement für fahrradfreundliche Städte und Regionen jetzt noch einmal kräftig anzukurbeln. Was jetzt geht, geht auch nach Corona! Wer heute mit dem Rad zur Arbeit fährt, kann diese Gewohnheit auch nach Corona beibehalten. Dann erübrigen sich Diskussionen um Umwelt- und Klimaschutz fast von allein!"

Stuttgarter Nachrichten vom 20.4.2020

Damit gehört das Marktsegment Fahrradtourismus zu jenen Bereichen des Tourismus, die kurz- und mittelfristig von der COVID-19 Pandemie profitieren könnten. Letztendlich wird der zukünftige Erfolg dieses Marktsegments wesentlich davon abhängen, inwieweit es gelingt, die neu gewonnenen Fahrradtouristen des Jahres 2020 dauerhaft für fahrradtouristische Angebote zu begeistern, wobei u.a. auch die Themen Klimaschutz und Nachhaltigkeit genutzt werden können. Hierfür sind die im zweiten Kapitel dieses Buches vorgestellten Qualitätsanforderungen an fahrradtouristische Produkte dauerhaft zu erfüllen.

7.5 COVID-19 und weitere Marktsegmente: Wander-, Luxus- und Filmtourismus

Wandertourismus und COVID-19

Das Marktsegment Wandertourismus zeigt unter dem Eindruck der COVID-19 Pandemie ähnliche Entwicklungen wie das Marktsegment Fahrradtourismus: Es ist eine verstärkte Hinwendung zu dieser Outdoor-Aktivität festzustellen. Dies gilt nicht nur für Deutschland, sondern beispielsweise auch für Tirol (vgl. Schnitzer et al. 2020), die Niederlande (vgl. Leeuwen 2020) oder Finnland (vgl. Liikanen/Laukkanen 2021). Dabei zeigt sich nach der Aufhebung der Ausgangsbeschränkungen eine verstärkte Beteiligung von Gruppen, die vor der Pandemie eher weniger sportlich aktiv waren: „However, it was observed that in certain groups namely, those with low engagement in sports up to 45% of the respondents reported increased sports participation frequency in the POST-C19 period compared with that in the PRE-C19 period" (Schnitzer et al. 2020). Auch der Deutsche Wanderverband stellt in Deutschland während der COVID-19 Pandemie einen Wander-Boom fest und rechnet auf Basis einer Umfrage auch in den kommenden Jahren mit einer verstärkten Nachfrage für dieses Marktsegment (DWV 2020). Dies gilt insbesondere auch für den Wandertagestourismus, dessen Bedeutung und Auswirkungen oft unterschätzt werden. Die in der COVID-19 Krise verstärkte Nachfrage nach Wandern als Freizeit- und Urlaubsaktivität lässt sich beispielsweise auch durch die deutlich erhöhte Zahl der Google-Recherchen in Deutschland nach den Begriffen „Wandern", „Wanderwege" und „Wanderschuhe" belegen. Neben einem leicht zunehmenden Trend in den letzten Jahren und den üblichen saisonalen Schwankungen bei der Suche nach diesen Begriffen ist eine deutliche Zunahme im Jahr 2020 zu sehen (vgl. Abb. 7.4).

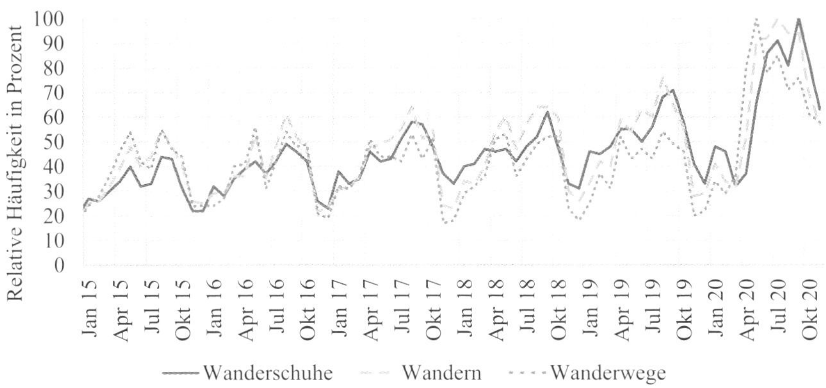

Abb. 7.4 Relative Entwicklung der Suchanfragen (max. Wert entspricht jeweils 100%) nach den Begriffen Wandern, Wanderschuhe und Wanderwege bei Google von 2015 bis 2020 (eigene Recherche bei Google Trends 2020)

Herausforderungen für den Wandertourismus

Ähnlich wie beim Marktsegment Fahrradtourismus führt der Boom auch beim Wandertourismus zu Problemen und Herausforderungen. Im Gegensatz zu COVID-19 bedingten Beschränkungen und Verbote für Indoor-Aktivitäten in Sporthallen (z.B. Squash), Fitnessstudios oder Tanzschulen, ist Wandern auch im Jahr 2020 in Deutschland nahezu uneingeschränkt, zumindest allein, zu zweit oder mit der Familie möglich. Lediglich Gruppenwanderungen sind zeitweise verboten und es gibt Empfehlungen (z.B. des Freistaats Bayern) auf nicht notwendige Tagesausflüge (Wandern in den Alpen) zu verzichten. Allerdings wird dieser freiwillige Verzicht nur bedingt angenommen, wie beispielsweise die große Zahl von PKWs mit Münchner Nummernschild im bayerischen Voralpenland an sonnigen Wochenendtagen belegen, obwohl auch einschlägige Vereine (z.B. Deutscher Alpenverein) oder Organisationen (z.B. Bergwacht) im März und April 2020 zum vorübergehenden Verzicht auf Tageswanderungen aufrufen (vgl. DAV 2020). Zudem kommt es in dieser Zeit auch zur vorübergehenden Schließung von Hütten, die erst im Laufe des Mai 2020 wieder sukzessive (erst Außen-, dann Innenbereiche der Gastronomie und schließlich die Übernachtungsbereiche) geöffnet werden. Der insbesondere im Sommer 2020 zu beobachtende Ansturm auf die deutschen Mittelgebirge und Alpen führt sehr schnell zur Diskussion über Overtourism in diesen Regionen sowie zum Ruf nach besseren Lenkungskonzepten, um die Tragfähigkeit dieser nicht nur ökologisch sensiblen Regionen zu überschreiten. So kommt es in besonders stark frequentierten Destinationen zu Protesten der einheimischen Bevölkerung (z.B. am Walchen- oder Tegernsee).

Stichwort

COVID-19 und der Wanderboom in Deutschland:
Eine kleine Presseschau einschlägiger Beiträge aus der Tages- und Wochenpresse

Überschrift	Quelle	Datum
Appell der DRK Bergwacht Württemberg: Nicht kraxeln oder wandern	Reutlinger Anzeiger	09.04.2020
In Zeiten von Corona ist Wandern angesagt	Weser Kurier	28.04.2020
Wandern ist wieder hip	Proplanta	01.05.2020
In Zeiten von Corona ist Wandern angesagt	Münchner Merkur	02.06.2020
Overtourism: Ansturm auf die Idylle	Süddeutsche Zeitung	10.07.2020
Wandern wird immer mehr zum Trendthema	Westerwälder Zeitung	18.07.2020
Overtourism in den Bergen: Bayerische Alpen im Urlaubsstress	Stern	21.07.2020
Corona-Trend Wandern hinterlässt Spuren in Bayerns Wäldern	Main Post	18.08.2020
Outdoor-Trend ungebrochen – Wandern als Corona-Gewinner	DIE ZEIT	17.09.2020
Corona sorgt für Wanderboom im Grünen Kreis	Saarbrücker Zeitung	27.09.2020

eigene Zusammenstellung

Wandertourismus und Post-COVID-19

Wie das Marktsegment Fahrradtourismus wird der Wandertourismus kurz- und mittelfristig von der COVID-19 Pandemie profitieren und im besten Fall hält der Trend zum Wandern an. Denkbar ist aber auch, dass es sich um einen einmaligen Effekt handelt und es zu einer „Abwanderung“ der neu gewonnenen Nachfrager zu anderen Marktsegmenten des Tourismus kommt. Die Deutsche Zentrale für Tourismus versucht dem bereits entgegenzusteuern, um Deutschland auch als Wanderdestination im internationalen Tourismus zu positionieren. Sie setzt dabei mit Blick auf das veränderte Reiseverhalten seit Mitte März 2020 „corona-adaptierte Kommunikationsbausteine“ ein (DZT 2020b), zu denen die Kampagne #Wanderlust Germany zählt und gezielt das Marktsegment Wandertourismus im Ausland bewirbt.

COVID-19 und Reisen als Luxus

Anders als der Wandertourismus richtet sich das Marktsegment Luxustourismus an eine quantitativ deutlich kleinere Zielgruppe. Zwar stellt der Tourismusforscher Horst Opaschowski schon Ende der 1990er Jahre fest, dass das Reisen sich zu einem Grundbedürfnis in Deutschland entwickelt hat (vgl. Borchardt 1998) und für den Großteil der Bevölkerung eine Selbstverständlichkeit ist, doch erst durch die COVID-19 Krise wird vielen Menschen wieder bewusst, dass die Partizipation am Reisegeschehen und die Reisefreiheit keine Selbstverständlichkeit sind. Dies gilt in dieser Krise auch für den hochpreisigen Tourismus, denn von den Beschränkungen sind auch luxustouristische Produkte und Destinationen betroffen. So wird einerseits mit einem Umsatzeinbruch für den gesamten Luxusgütermarkt gerechnet: es wird ein Rückgang von 281 Mrd. € im Jahr 2019 auf 225 Mrd. € im Jahr 2020 erwartet (vgl. Handelsblatt 2020). Andererseits wird damit gerechnet, dass das Reisen an sich wieder teurer wird und nicht zuletzt durch die Pandemie-bedingte „Entdichtung“ wieder über den Preis selektiert wird: „Das Nachsehen haben Menschen, die selbst für einen einzigen Trip künftig kein Geld haben. Jene, die ihren Urlaub an den Stränden von Mallorca oder Ibiza, in Resortanlagen in der Türkei oder Bulgarien genießen. Auch diese Reisen werden künftig teurer, für viele – gerade wenn sie vielleicht in Kurzarbeit waren oder gar ihren Job verloren haben – sogar unerschwinglich werden“ (Blinda 2020). Damit steht zu befürchten, dass die Demokratisierung des Reisens an ihre Grenzen stößt. Bereits während des COVID-19 Sommers sind es nach einer Befragung des Bayerischen Zentrum für Tourismus vor allem die Besserverdienenden, die noch reisen unternehmen (vgl. BZT 2020a).

COVID-19 und luxustouristische Angebote

Auch in und nach der COVID-19 Krise wird es weiterhin einen sehr hochpreisigen Bereich im Tourismus geben und einzelne Anbieter positionieren sich ganz bewusst als „Ausweg aus der Krise“. So heißt es beispielsweise beim Anbieter Awayfromitall: „Luxusreisen und Corona – geht das? Der Coronavirus und Reisen sind ziemlich beste Feinde. Reisen geht trotzdem: Remote. Exklusiv. Privat. Außergewöhnlich. Anders als sonst und am Liebsten auch nachhaltig. Ja, es gibt sie. Die Orte und Reisen, wo trotz aller Corona-Beschränkungen und der gebotenen Sorge um ihre Gesundheit ein besonderer Urlaub möglich ist. Awayfromitall macht dabei seinen Namen zum Programm und gestaltet zusammen mit Ihnen Luxusreisen, die Sie weg von gängigen Touristenpfaden mit viel Privatsphäre und mit maximalem Erlebnisfaktor Außergewöhnliches erleben lässt. Trotz Corona!" (awayfromitall 2020).

Stichwort

„Thailand: Luxusquarantäne für Langzeiturlauber"

„Thailand will in den kommenden Wochen erstmals seit März wieder Touristen ins Land lassen – allerdings nur Langzeiturlauber, die gleich mehrere Monate im Land bleiben. Verpflichtend ist nach der Ankunft eine zweiwöchige Corona-Quarantäne, die manche Hotels den ausländischen Besuchern so angenehm wie möglich gestalten wollen. Im „The Senses Resort" auf der Insel Phuket seien etwa 16 Villen für die Quarantäne-Gäste vorbereitet worden, samt Infinity Pool, Gourmet-Abendessen und zwei Mal täglichem Fiebermessen, wie die Zeitung „Bangkok Post" am Montag berichtete.
Die Hotelmitarbeiter hätten zuvor ein spezielles Training absolvieren müssen, um sich etwa beim Servieren der Speisen zu schützen und mögliche Infektionen eines Gastes zu erkennen. An den Eingängen der Villen seien zudem Überwachungskameras angebracht worden: Sollte ein Gast während der Isolation seine Unterkunft verlassen, werde innerhalb von 15 Minuten die Polizei gerufen, hieß es. Beobachter sprachen von einem „goldenen Käfig" für wohlhabende Urlauber.
Zunächst sollen rund 300 Touristen aus China und Skandinavien einreisen. Sie bekommen ein Langzeit-Visum für 90 Tage, das zwei Mal verlängert werden kann. Nach der Quarantäne dürfen sie frei im Land herumreisen. „Es lohnt sich. Nach der Quarantäne können wir wunderschöne Sonnenuntergänge an einem der in Bezug auf COVID sichersten Orte der Welt genießen", zitierte die „Bangkok Post" einen Dänen, der seine Quarantäne in dem Resort verbringen will."

Tageskarte 2020

Luxustourismus in Post-COVID-19 Zeiten

Das Marktsegment Luxustourismus wird sicherlich zu jenen Marktsegmenten gehören, die sich nach Überwindung der Pandemie schnell wieder erholen werden. Selbst wenn die hochpreisigen Produkte des Luxustourismus noch weitere Preissteigerungen erfahren werden, so wird die Nachfrage darunter kaum leiden, da die Kunden dieses Marktsegments nicht überaus preissensibel sind. Insofern können luxustouristische Anbieter und Destinationen durchaus optimistisch in die Zukunft blicken.

COVID-19 Folgen für die Filmindustrie

Dies könnte auch für das Marktsegment Filmtourismus gelten, wenn die Produktion von Filmen und Serien wieder dauerhaft erfolgen kann, denn die Film- und Fernsehindustrie kommt durch die COVID-19 Pandemie wie viele Wirtschaftsbereiche weltweit fast vollständig zum Erliegen. Die geschätzten kumulierten Verluste für die Kreativwirtschaft des Clusters „Film, Fernsehen und Radio" belaufen sich allein in den USA von April bis Juli 2020 auf 193.550 verlorene Arbeitsplätze in diesem Cluster und auf 33,1 Mrd. US $ Einkommensverluste. Weltweit gehen rund 2,5 Mio. Arbeitsplätze im Kreativsektor verloren und 150 Mrd. US $ durch nicht getätigte Verkäufe und Dienstleistungen (vgl. Florida/Seman 2020, S. 3 und 7). Auch die deutsche Filmindustrie wird von der COVID-19 Krise getroffen. So beklagt etwa die bayerische Filmbranche Verluste infolge der Pandemiebedingten Einschränkungen, die zu Unterbrechungen von Dreharbeiten bzw. auch Drehstopps und Absagen geplanter Drehs führen. Kinoschließungen, Festivalabsagen/-verschiebungen etc. bedeuten weitere Verluste für die Branche. Verschiebungen von Filmpremieren und Kinostarts der Filme führen zu weiteren Einnahmeverlusten. So wird beispielsweise die Premiere des neuen James-Bond-Films „Keine Zeit zu sterben" zweimal verschoben und er soll nunmehr im April 2021 in die Kinos kommen (ursprünglich April 2020). Auch die Verleihung der Film-Oscars wird wegen der Pandemie verschoben, u.a. um den Filmeschaffenden mehr Zeit für ihre Produktionen zu geben (vgl. ZEIT Online 2020).

Gewinner der COVID-19 Pandemie im Filmsektor

Im Gegensatz zur Filmproduktion profitieren „Stay at home"-Anbieter wie die Streaming-Dienste Netflix und Co. von den COVOD-19 bedingten Beschränkungen und Quarantäne-Maßnahmen. So vermeldet Netflix ein Rekordergebnis für das erste Halbjahr 2020 und erzielt in den ersten neun Monaten des Jahres 2020 einen Zuwachs von 28,1 Mio. neuen zahlungspflichtigen Mitgliedschaften, mehr als im gesamten Jahr 2019 (vgl. Netflix 2020). In der Post-COVID-19 Zeit könnte der Filmtourismus – gerade in Anbetracht der Bedeutung von TV-Serien (vgl. hierzu 6.3.1) – von dem gesteigerten Filmkonsum profitieren und an Bedeutung gewinnen, wenn Touristen ihr während der Krise durch Netflix und Co. zunehmend gesteigertes Fernweh nach Filmdestinationen stillen wollen.

COVID-19 und Entertainment- bzw. Filmparks

Auch weitere, mit der Filmindustrie verbundene und für den Filmtourismus wichtige Akteure werden durch die COVID-19 Pandemie in Mitleidenschaft gezogen. So erreicht der Umsatz der Walt Disney Company im dritten Geschäftsquartal 2020 mit ca. 11,8 Mrd. US $ weniger als 60% des Umsatzes des Vorjahresquartals (20,3 Mrd. US $). Als Begründung hierfür werden insbesondere die geschlossenen Themenparks und Kinos angeführt. Die Auswirkungen der COVID-19 Krise auf die Filmparks in Deutschland (Movie Park in Bottrop, die Bavaria Filmstadt in Grünwald bei München und der Filmpark Babelsberg in Potsdam) sind noch nicht vollständig einzuschätzen, da es zu weiteren wirtschaftlichen Einbußen durch die Schließungen der Parks (bzw. der aufgrund der Hygiene- und Infektionsschutzmaßnahmen eingeschränkten Besucherzahlen während der zwischenzeitlichen Wiedereröffnung) kommt.

Chancen durch COVID-19 für den Filmtourismus

Allerdings ergeben sich aus der COVID-19 Krise auch Chancen für den Filmtourismus bzw. die Freizeitwirtschaft. Neben der möglichen Steigerung der Zahl der Touristen in On- und Off-Locations aufgrund ihres Nachholbedarfs, bieten sich z.B. durch eine beschleunigte Digitalisierung (z.B. im Bereich des Online-Ticketing) in diesem Bereich Möglichkeiten zur technischen Weiterentwicklung sowie für die Entwicklung neuer Angebote (z.B. die Eröffnung eines Autokinos auf dem Parkplatz des Movie Parks in Bottrop).

7.6 Ausblick

Reiseverhalten unter Corona-Bedingungen

Unter COVID-19 Bedingungen und Beschränkungen ändert sich das Reiseverhalten der Bevölkerung zwangsläufig. In Deutschland ist im Sommer einerseits eine große Zurückhaltig bei Urlaubsreisen festzustellen, andererseits verteilen sich die deutlich schwächeren Reiseströme anders. So geben im Mai 2020 in einer repräsentativen Befragung des Bayerischen Zentrums für Tourismus (vgl. BLZT 2020a) 76% der Befragten hinsichtlich ihrer Reiseabsichten für das Jahr 2020 an, entweder gar nicht (29%) verreisen bzw. zunächst nicht (45%) verreisen zu wollen. Gründe für diese Zurückhaltung sind insbesondere die COVID-19 bedingten Rahmenbedingungen (Mund-Nasen-Schutz), mangelnde Lust und Angst vor dem Virus. Bei den Reisewilligen ist Bayern beliebtestes Reiseziel, es soll vorwiegend mit dem Auto gereist werden und Ferienwohnungen bzw. -haus sind die bevorzugten Unterbringungsarten (vgl. BZT 2020a). Diese Ergebnisse werden durch eine zweite Befragung im Juli 2020 weitgehend bestätigt, wobei nach Lockerung der Reisebeschränkungen die Reisebereitschaft etwas ansteigt und 17% der Befragten ins europäische Ausland sowie 27% innerhalb Deutschlands reisen wollen (vgl. BZT 2020b). Schließlich geben 36% in der dritten Befragung im Oktober 2020 an, dass sie einen oder mehrere Urlaube im Sommer durchgeführt haben (vgl. BZT 2020c), womit die Urlaubsreiseintensität der deutschen Bevölkerung im Jahr 2020 deutlich geringer ausfällt als in den Vorjahren (zwischen 75% und 77%). Zudem ist davon auszugehen, dass sich das Reiseverhalten Post-COVID-19 zumindest in Teilen der Bevölkerung ändern wird, denn in allen drei Befragungen geben die Probanden an, dass entweder sie selbst ihr Verhalt in bestimmten Punkten ändern werden (z.B. vermehrt Urlaubsziele in Deutschland wählen oder auf Flugreisen verzichten) oder davon ausgehen, dass mehr insgesamt Menschen zukünftig beim Reiseverhalten das Thema Nachhaltigkeit berücksichtigen werden. Insofern besteht durchaus die Hoffnung, dass durch die COVID-19 Pandemie das Thema Nachhaltigkeit im Tourismus befördert wird (vgl. Hall et al. 2020).

Konsequenzen für die Tourismuswirtschaft

Für die touristischen Leistungsträger ist je nach Marktsegment mit unterschiedlichen Zukunftsaussichten zu rechnen. Wie bereits ausgeführt werden die Outdoor- und naturorientierten Marktsegmente wie Fahrrad- oder Wandertourismus zumindest kurz- und mittelfristig eine Nachfragesteigerung erfahren (vgl. DZT 2020c). Dagegen werden andere Marktsegmente Schwierigkeiten haben, wieder ihr vor-COVID-19 Niveau zu erreichen, da sie sich als besonders verwundbar hinsichtlich der Hygienebedingungen erwiesen haben (z.B. Kreuzfahrttourismus). Weiteren Marktsegmente ist durch die Pandemie die ausländische Nachfrage weggebrochen (z.B. Städtetourismus) und es bleibt abzuwarten, wenn diese Nachfragegruppen zurückkehren. Und schließlich ist davon auszugehen, dass ein Teil der Reisen nicht nur während der Pandemie, sondern dauerhaft virtuell ersetzt werden (z.B. im Geschäftsreisetourismus). Allerdings ist für die genannten und für weitere Marktsegmente der Erholungsprozess wesentlich vom weiteren Verlauf der Pandemie abhängig. Grundsätzlich werden aber viele touristische leistungsträger ihre Geschäftsmodelle auf Grund ihrer COVID-19 Erfahrungen überprüfen und modifizieren müssen.

Stichwort

Zurückhaltende Flottenpläne

Die Aussichten für die Fluggesellschaften haben sich durch die COVID-19 Pandemie dauerhaft deutlich verschlechtert. Zwar fehlt im Sommer 2020 durch die ausbleibenden Urlaubsreisen ein Teil der Nachfrage nur so lange, bis die Pandemie überwunden ist. Aber beim lukrativen Segment der Geschäftsreisen droht die Nachfrage dauerhaft wegzubrechen, da viele Geschäftstreffen mittlerweile durch virtuelle Begegnungen substituiert werden und dies auch für einen erheblichen Teil so bleiben wird. Die Konsequenz: „Das Gros der in Deutschland aktiven Fluggesellschaften plant nach Corona mit wesentlich weniger Flugzeugen."

fvw 2020b, S. 17

Recovery des Tourismus

Die Frage, wie lange der Erholungsprozess für die Tourismuswirtschaft andauern wird, ist ebenso schwer zu beantworten wie die Frage, was sich im Tourismus Post-COVID-19 ändern wird. So geht die Deutsche Zentrale für Tourismus davon aus, dass der Revory-Prozess insbesondere für den internationalen Einreisetourismus sehr lange dauern wird. In der DZT-Presseerklärung vom 14.10.2020 heißt es: „Die Auswirkungen der Corona-Pandemie prägen den deutschen Incoming-Tourismus länger als bisher angenommen. … Für Ende 2023 wird nach aktuellen Berechnungen lediglich eine Erholung auf 86,4 Prozent des Vorkrisenniveaus 2019 vorhergesagt. Die Juni-Prognose sah zu diesem Zeitpunkt noch eine vollständige Recovery im Laufe der nächsten vier Jahre vor" (DZT 2020a). Dies zeigt die große Unsicherheit bei der Einschätzung des Weiteren Pandemieverlaufs bzw. des Erholungsprozesses. Dem trägt beispielsweise auch das Kompetenzzentrum Tourismus des Bundes mit seinem Recovery Check Rechnung, der mehrfach aktualisiert wird und ein pessimistisches, ein realistisches und ein optimistisches Szenario unterscheidet. In diesen Szenarien werden drei Phasen unterschieden: Lockdown, Vitalisierung und Normalisierung. Nach der dritten Auflage des Recovery Check wird mit

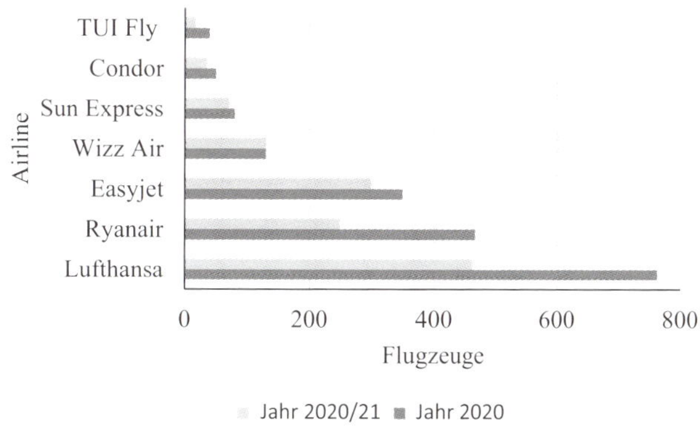

Abb. 7.5 Flugzeuge/Planung ausgewählter Fluggesellschaften 2020 vor COVID-19 und für 2020/21, Stand Ende März 2020 (Sun Express stellt im Juni 2020 den Flugverkehr ein (fvw 2020b, S. 17)

einer Normalisierung für den Binnentourismus frühestens im Frühjahr 2021, spätestens zum Jahresende 2022 gerechnet. Für den internationalen Tourismus wird von einer Normalisierung dagegen auch im optimistischen Szenario erst zum zweiten Quartal 2022 ausgegangen, im pessimistischen Fall sogar erst zum Juni 2024 (vgl. Kompetenzzentrum Tourismus des Bundes 2020). ■

Fragen und Übungen

1. Erklären Sie, wodurch sich die COVID-19 Pandemie von anderen Hazards für den Tourismus unterscheidet.
2. Diskutieren Sie die Folgen der COVID-19 Pandemie für das Reiseverhalten der deutschen Bevölkerung.
3. Vergleichen Sie die Folgen der COVID-19 Pandemie für die Post-COVID Zeit für zwei Marktsegmente des Tourismus, die in unterschiedlicher Weise betroffen sind.

Literaturhinweise

Bayerisches Zentrum für Tourismus (2020): Reisen in Zeiten von Corona. Abzurufen unter https://bzt.bayern/tourismuswissen/
Ergebnisse von drei, für Deutschland repräsentative Umfragen zum Reiseverhalten der deutschen Bevölkerung aus den Monaten Mai, Juli und Oktober 2020.

Hall, M./Scott, D./Gössling, S. (2020): Pandemics, transformations and tourism: be careful what you wish for. In: Tourism Geographies (22) 3, S. 577–598.
Im Internet frei zugänglicher Beitrag dreier renommierter Tourismuswissenschaftler, die in der COVID-19 Pandemie eine Chance sehen, den Tourismus Post-COVID-19 nachhaltiger zu gestalten.

Schmude, J./Filimon, S./Lindner, E./Namberger, Ph./Nam, J.-E./Metzinger, P. (2021): COVID-19 and the pandemic's spatio-temporal impact on tourism demand in Bavaria (Germany). In: Tourism (under review).
Zeit-räumliche Analyse des COVID-19 Pandemieverlaufs und seiner Auswirkungen auf die Reiseabsichten der deutschen Bevölkerung und die touristische Nachfrage (Übernachtungen) am Beispiel von Bayern.

Literaturverzeichnis

ADFC (= Allgemeiner Deutscher Fahrrad-Club) (o. J.): Radwege-Oberflächen. Schotterweg versus Asphaltdecke. Argumente aus Radfahrersicht. Abgerufen unter www.adfc-wedel.de/index.php/radweg/oberflaechen am 18.09.2019.

ADFC (2014): Klassifizierung von ADFC-Qualitätsradrouten. Abgerufen unter https://www.adfc.de/fileadmin/user_upload/Expertenbereich/Touristik_und_Hotellerie/Downloads/Klassifizierungskriterien_fuer_ADFC-Qualitaetsrouten.pdf am 15.08.2019.

ADFC (2016): Empfehlenswert Fahrrad-Abstellanlagen. Anforderungen an Sicherheit und Gebrauchstauglichkeit. Technische Richtlinie TR6102. Bremen.

ADFC (2018): ADFC-Travelbike-Radreiseanalyse 2018. 19. Bundesweite Erhebung zum fahrradtouristischen Markt. Abgerufen unter www.adfc.de/fileadmin/user_upload/Expertenbereich/Touristik_und_Hotellerie/Radreiseanalyse/Downloads/ADFC-Travelbike-Radreiseanalyse_2018_Praesentation_Langversion.pdf am 30.09.2019.

ADFC (2019a): ADFC-RadReiseRegionen. Abgerufen unter https://www.adfc-radtourismus.de/radtouren/radreiseregionen am 15.08.2019.

ADFC (2019b): Radurlaub mit Gütesiegel. Abgerufen unter https://www.adfc-radtourismus.de/radtouren/Qqualitaetsrouten/ am 15.08.2019.

ADFC (2020a): ADFC-Empfehlung für Routenbetreiber und DMOs Förderung des Radtourismus in der Post-Corona-Zeit. Abgerufen unter www.bettundbike.de/adfc_empfehlung_foerderung_ des_radtourismus_post_corona-3.pdf am 28.11.2020.

ADFC (2020b): Rückenwind für den Radtourismus: ADFC zieht Bilanz und feiert 25 Jahre Bett+Bike. Abgerufen unter https://www.adfc-bw.de/aktuelles/news-darstellung/rueckenwind-fuer-den-radtourismus-adfc-zieht-bilanz-und-feiert-25-jahre-bett-bike/ am 28.11.2020.

Afonso-Rodríguez, J. A. (2017): Evaluating the dynamics and impact of terrorist attacks on tourism and economic growth for Turkey. In: Journal of Policy Research in Tourism, Leisure and Events (9) 1, S. 56–81.

AIDA (2019): AIDA-Flotte. Abgerufen unter https://www.aida.de/aida-cruises/unternehmen/zahlen-fakten/flotte.23923.html am 08.10.2019.

Airliners.de (2008): Erste Jet-Transatlantikflüge vor 50 Jahren. Abgerufen unter https://www.airliners.de/erste-jet-transatlantikfluege-vor-50-jahren/16532 am 05.10.2019.

Ajogbeje, K./Adeniyi, O./Oludele, F. (2017): The effect of terrorism on tourism development in Nigeria. A note. In: Tourism Economics (23)8, S. 1673–1678.

Ambrosch, D. (2020): Wegen der Corona-Krise: Der Fahrrad-Tourismus im Allgäu boomt. In: Augsburger Allgemeine vom 24.08.2020. Abgerufen unter https://www.augsburger-allgemeine.de/geld-leben/reise/Wegen-der-Corona-Krise-Der-Fahrrad-Tourismus-im-Allgaeu-boomt-id57985986.html am 28.11.2020.

AUMA (= Ausstellungs- und Messe-Ausschuss der Deutschen Wirtschaft e. V.) (2020): Sea Cruise Global. Abgerufen unter https://www.auma.de/de/ausstellen/messen-finden/messedaten?tfd=miami-beach_seatrade-cruise-global_170541 am 19.02.2020.

Awayfromitall (2020): Reisen und Corona. Abgerufen unter https://www.awayfromitall.de/info/kontakt/luxusreisen-mit-corona/ am 29.11.2020.

AWS (= Arbeitsgemeinschaft Wirtschaft und Schule) (2014): Wirtschaften in Tourismus und Freizeitwirtschaft. Baustein 2. Abgerufen unter https://www.google.com/search?q=Strategische+Marktsegmentierung+AWS+2014+tourismus&client=firefox-b-d&source=lnms&sa=X&ved=0ahUKEwjU-P2E4bbkAhUJU1AKHczhDZQQ_AUIDCgA&biw=1680&bih=908&dpr=1 am 18.02.2019.

Beeton, S. (2005): Film-Induced Tourism (= Aspects of Tourism, 25). Clevedon.

Beeton, S. (2016): Film-Induced Tourism (= Aspects of Tourism, 76). Clevedon.

Behrens-Egge, M.; Baruschke, M. (2019): Wandertourismus. In: Rein, H.; Schuler, A.; Baranek, E. (2019) (Hrsg.): Naturtourismus.; S. München, S.99–122.

Bertram J. (2003): Kreuzfahrten. Die schönsten Schiffsreisen der Welt. Weil der Stadt.

Bett & Bike (2019): Bett + Bike Unterkunft. Abgerufen unter https://www.bettundbike.de/bett-bike-kategorien/bett-bike-unterkunft/ am 15.08.2019.

Bieger, T. (2010):Tourismuslehr. Ein Grundriss. Bern.

Bischoff, C. A. (2000): Kreuzfahrt- und Ökotourismus in Dominica: Auswirkungen auf die Nutzungsstruktur der Hauptstadt eines karibischen Mikrostaates. Münster.

BKG (= Bundesamt für Kartographie und Geodäsie) (2020): Verwaltungsgebiete und Verwaltungsgrenzen. Abgerufen unter https://www.bkg.bund.de/DE/Produkte-und-Services/Shop-und-Downloads/Digitale-Geodaten/Verwaltungsgebiete-Verwaltungsgrenzen/verwaltungsgebiete_cont.html am 02.02.2020.

Blinda, A. (2020): Reisen nach der Coronakrise. Reisen wird wieder Luxus. In: Spiegel vom 23.04.2020. Abgerufen unter https://www.spiegel.de/reise/corona-krise-und-tourismus-reisen-wird-wieder-luxus-a-96095ff3-21e1-4414-a763-2bdac51fd153 am 29.11.2020.

BMVBS (= Bundesministerium für Verkehr, Bau und Stadtentwicklung) (2012): Nationaler Radverkehrsplan 2020. Den Radverkehr gemeinsam weiterentwickeln. Berlin.

BMVI (Bundesministerium für Verkehr und digitale Infrastruktur) (Hrsg.) (2014): Forschungs-Informations-System des BMVI – Umwegfaktor. Abgerufen unter https://www.forschungsinformationssystem.de/servlet/is/438532/ am 13.08.2019.

bmvit (= Bundesministerium für Verkehr, Innovation und Technologie (Hrsg.) (2013): Radverkehr in Zahlen. Daten, Fakten und Stimmungen. Wien.

BMWi (= Bundesministerium für Wirtschaft und Technologie) (Hrsg.) (2009): Grundlagenuntersuchung Fahrradtourismus in Deutschland. Forschungsbericht Nr. 583. Langfassung. Berlin.

BMWi (2017a): Wirtschaftliche Bedeutung der Filmindustrie in Deutschland. Berlin.

BMWi (2017b): Wirtschaftsfaktor Outdoorsport. Aktuelle Daten zur Sportwirtschaft November 2017. Berlin.

Bolan, P.; Boy, S.; Bell, J. (2011): „We've seen it in the movies, let's see if it's true". In: Worldwide Hospitality Tourism Themes 3 (2), S. 102–116.

Bollnow, O.F. (2010): Mensch und Raum. Stuttgart.

Böttger, A. (2015): Viel zu sehen und (zu) wenig Zeit: Flusskreuzfahrten und Landgänge. München.

Borchardt, A. (1998): Urlaub ist ein Grundbedürfnis. In: Der Tagesspiegel vom 6.3.1998. Abgerufen unter https://www.tagesspiegel.de/wirtschaft/urlaub-ist-ein-grundbeduerfnis/32478.html am 29.11.2020.

Borchert, R. (Hrsg.) (2011): Fahrradtourismus. Heilbronner Reihe Tourismuswirtschaft, Band 13. Berlin.

Boztug, Y.; Babakhani, N.; Laesser, C.; Dolnicar, S. (2015): The hybrid tourist. In: Annals of tourism research, 54, 190–203.

Brämer, R. (2014): Perfekt repräsentativ? Haken und Ösen von Wanderstatistiken am Beispiel zweier Doppelstudien (Wandern als Natur und Selbsterfahrung. Daten und Fakten zum sanften Natursport). Abgerufen unter https://www.wanderforschung.de/files/doppelstudien2010_1407231454.pdf am 04.04.2020.

Brämer, R. (2017): Es gibt keinen neuen Wanderboom. Erst recht nicht unter jungen Zeitgenossen (Wandern als Natur und Selbsterfahrung. Notizen zum sanften Wandertourismus). Abgerufen unter https://www.wanderforschung.de/files/kein-neuer-wanderboom-2017_170314 1946.pdf am 04.04.2020.

BREA (= Business Research and Economic Advisors) (2015): Economic contribution of cruise tourism to the destination economies. Volume I. Aggregate analysis. Abgerufen unter http://www.f-cca.com/downloads/2015-cruise-analysis-volume-1.pdf am 08.02.2020.

Breuer, M. (2013): Revolution im Radtourismus durch E-Bikes: Ausweitung des Aktionsraumes in Mittel- und Hochgebirge. Hamburg.

Brida, J.G.; Zapata, S. (2010): Cruise tourism: economic, socio-cultural and environmental impacts. In: Leisure and Tourism Marketing, 1 (3), S. 205–226.

Brockhaus Online (2020): Luxus. Abgerufen unter https://brockhaus.de/ecs/enzy/article/luxus am 10.02.2020.

Buchmann, A.; Moore, K.; Fisher, D. (2010). Experiencing Film Tourism. Authenticity & Fellowship. In: Annals of Tourism Research 37 (1), S. 229–248.

Butler, R.W. (1990): The Influence of the Media in Shaping International Tourist Patterns. In: Tourism Recreation Research 15 (2), S. 46–53.

Bundesregierung (2017): Antwort der Bundesregierung auf die Kleine Anfrage der Abgeordneten Markus Tressel, Matthias Gastel, Stephan Kühn (Dresden), weiterer Abgeordneter und der Fraktion BÜNDNIS 90/DIE GRÜNEN –Drucksache 18/10906 – Camping und Fahrradtourismus in Deutschland. Berlin.

BZT (= Bayerisches Zentrum für Tourismus) (2020a): Reisen in Zeiten von Corona. Umfrage 1.0. Abgerufen unter https://bzt.bayern/tourismuswissen/ am 30.11.2020.

BZT (= Bayerisches Zentrum für Tourismus) (2020b): Reisen in Zeiten von Corona. Umfrage 2.0. Abgerufen unter https://bzt.bayern/tourismuswissen/ am 30.11.2020.

BZT (= Bayerisches Zentrum für Tourismus) (2020c): Reisen in Zeiten von Corona. Umfrage 3.0. Abgerufen unter https://bzt.bayern/tourismuswissen/ am 30.11.2020.

Capgemini (2019): World Wealth Report. Abgerufen unter: https://worldwealthreport.com/wp-content/uploads/sites/7/2019/07/World-Wealth-Report-2019-1.pdf am 13.02.2020.

Castillo-Manzano, J.I.; Lopez-Valpuesta, L.; Alanis, F.J. (2015): Tourism managers' view of the economic impact of cruise traffic: the case of southern Spain. In: Current Issues in Tourism, 18(7), S. 701–705.

CLIA (= Cruise Lines International Association) (2017): Deutscher Hochsee-Kreuzfahrtmarkt knackt 2-Millionen-Passagiermarke. Abgerufen unter https://www.cliadeutschland.de/presse/Deutscher-Hochsee-Kreuzfahrtmarkt-knackt-2-Millionen-Passagierma-74?pid=23 am 09.10.2019.

CLIA (2018): The contribution of the international cruise industry to the global economy in 2017. Abgerufen unter https://cruising.org/-/media/CLIA/Research/Global%202018%20EIS am 07.10.2019.

CLIA (2019): 2018 Europe market report. Abgerufen unter https://cruising.org/-/media/research-updates/research/final-market-report-europe-2018.pdf am 09.10.2019.

CLIA (diverse Jahrgänge): Global passenger report. Abgerufen unter https://cruising.org/news-and-research/research am 09.10.2019.

Connell, J. (2012): Film tourism – Evolution, progress and prospects. In: Tourism Management 33(5), S. 1007–1029.

Conrady, R.; Ruetz, D.; Aeberhard, M. (Hrsg.) (2019): Grundlagen und neue Perspektiven des Luxustourismus. Kundenverhalten – Paradigmenwechsel – Markttrends – Best-Practice-Beispiele. Wiesbaden.

Croy, G.W. (2011): Film tourism: sustained economic contributions to destinations. In: Worldwide Hospitality Tourism Themes 3 (2), S. 159–164.

Crowe, J. (2013). The Twilight of Forks?: The effect of social infrastructure on film tourism and community development in Forks, WA. In: Journal of Rural Social Sciences, 28(1), S. 1–25.

D'Arbizio, C.; Levato, F.; Montgolfier, J.de (2020): Eight Themes That Are Rewriting the Future of Luxury Goods. Abgerufen unter https://www.bain.com/insights/eight-themes-that-are-rewriting-the-future-of-luxury-goods/ am 11.02.2020.

Deckstein, D.; Fichtner, U.; Hutt, F.; Müller, M.U.; Polonyi, M. (2019): Luftverpestung, Ausbeutung, Menschenmassen. Der Kreuzfahrt-Wahnsinn. In: Spiegel, 8.8.2019. Abgerufen unter https://www.spiegel.de/wirtschaft/kreuzfahrten-luftverpestung-ausbeutung-menschenmassen-der-wahnsinn-a-00000000-0002-0001-0000-000165335743 am 08.02.2020.

DESTATIS (= Statistisches Bundesamt) (2007): Tourismus in Zahlen 2006. Wiesbaden.

DESTATIS (2017): Pressemitteilung 189 vom 9. Juni 2017. Abgerufen unter https://destatis.de/DE/Presse/Pressemitteilungen/2017/06/PD17_189_461.html am 11.08.2019.

DESTATIS (2019): Ausstattung mit Gebrauchsgütern. Ausstattung privater Haushalte mit Fahrzeugen – Deutschland. Abgerufen unter https://destatis.de/DE/Themen/Gesellschaft-Umwelt/Einkommen-Konsum-Lebensbedingungen/Aussattung-Gebrauchsgueter/Tabellen/liste-fahrzeuge-d.html am 11.08.2019.

Destatis (2020a): Bevölkerung: Deutschland, Stichtag, Geschlecht, Altersgruppen, Staatsangehörigkeit. Abgerufen unter https://www-genesis.destatis.de/genesis/online?operation=abruftabelleBearbeiten&levelindex=2&levelid=1587130417504&auswahloperation=abruftabelleAuspraegungAuswaehlen&auswahlverzeichnis=ordnungsstruktur&auswahlziel=werteabruf&code=12411-0009&auswahltext=&werteabruf=Werteabruf#astructure am 03.03.2020.

Destatis (2020b): Bildung und Kultur. Studierende an Hochschulen. Sommersemester 2019. Abgerufen unter https://www.destatis.de/DE/Themen/Gesellschaft-Umwelt/Bildung-Forschung-Kultur/Hochschulen/Publikationen/Downloads-Hochschulen/studierende-hochschulen-ss-2110410197314.html am 16.04.2020.

Deutscher Wanderverband (2010): Grundlagenuntersuchung Freizeit-und Urlaubsmarkt Wandern. Langfassung. BMWi-Forschungsbericht, 591. Berlin.

DZT (= Deutsche Zentrale für Tourismus) (2020a): Corona dämpft deutschen Incoming-Tourismus längerfristig Abgerufen unter https://www.germany.travel/de/presse/pressemitteilungen/press-releases.html am 30.11.2020.

DZT (= Deutsche Zentrale für Tourismus) (2020b): DZT launcht Kampagne ,WanderlustGermany. Abgerufen unter https://www.germany.travel/de/presse/pressemitteilungen/press-releases.html am 30.11.2020.

DZT (= Deutsche Zentrale für Tourismus) (2020c): Steigendes Interesse an Natur- und Aktivreisen. Abgerufen unter https://www.germany.travel/de/presse/pressemitteilungen/press-releases.html am 30.11.2020.

Dreyer, A.; Menzel, A.; Endreß, M. (Hrsg.) (2010): Wandertourismus. Kundengruppen, Destinationsmarketing, Gesundheitsaspekte. München.

Dreyer, A.; Mühlnickel, E.; Miglbauer, E. (Hrsg.) (2012): Radtourismus. München.

Dreyer, A. (2012): Radlerfreundliche Gastronomie. In: Dreyer, A.; Mühlnickel, E.; Miglbauer, E. (Hrsg.) (2012): Radtourismus. München, S. 74–76.

Dreyer, A.; Mühlnickel, R.; Miglbauer, E. (2012): Zehn erfolgsfaktoren für Management und Marketing im Radtourismus. In: Dreyer, A.; Mühlnickel, E.; Miglbauer, E. (Hrsg.) (2012): Radtourismus. München, S. 177–181.

Drissen, A. (2006): Luxus: Konsumentenanalyse und Managementempfehlungen. Saarbrücken.

Dykins, R. (2019): Shaping the Future of Luxury Travel Future. Traveller Tribes 2030. Abgerufen unter https://amadeus.com/documents/en/travel-industry/report/shaping-the-future-of-luxury-travel-future-traveller-tribes-2030.pdf am 08.02.2020.

dwif (= Deutsches Wirtschaftswissenschaftliches Institut für Fremdenverkehr) (2018): dwif-Tagesreisenmonitor: Trendwende im Tagestourismus geschafft. Abgerufen unter https://www.dwif.de/news/item/marktforschung-tagesreisenmonitor-trends.html am 18.02.2019.

dwif (2020): Corona-Kompass. Schlüsselkennziffern für den Tourismus. Update November 2020. Abgerufen unter https://www.dwif.de/news/item/corona-kompass-update-november.html am 25.11.2020.

DWV (= Deutscher Wanderverband) (2020): Wandern in Deutschland boomt. Abgerufen unter https://www.wanderverband.de/conpresso/mod_search/index.php?action=feature_search&rubric=&q=Boom am 29.11.2020.

DZT (= Deutsche Zentrale für Tourismus) (2020): Insight Europa. Trends und Perspektiven für die Re-Start-Phase. Frankfurt.

Eisenstein, B.; Schmudde, R.; Reif, J.; Eilzer, C. (2017): Tourismusatlas Deutschland. Konstanz und München.

Elkar, R.S. (2009): Lernen durch Wandern? Einige kritische Anmerkungen zum Thema „Wissenstransfer durch Migration". In: Schulz, K. (Hrsg.): Handwerk in Europa. Vom Spätmittelalter bis zur Frühen Neuzeit. Schriften des Historischen Kollegs, 41. Berlin, Boston, S. 213–232.

Engel, E.; Jacob, F.-D. (2006): Städtisches Leben im Mittelalter. Schriftquellen und Bildzeugnisse. Köln/Wien.

Engelhardt, C. (2019): Der Traum vom Aufstieg. In: fvw 22/2019, S. 49–51.

Europarc Deutschland e.V. (2015): Beschilderung von Wanderwegen in Großschutzgebieten. Abgerufen unter http://www.europarc-deutschland.de/wp-content/uploads/2015/06/Wegeleitsystem.pdf am 18.03.2020.

Fahrradreisen.de (2020): Umfrage zum Stornoverhalten der Radreise-Kunden und –Veranstalter unter Einfluss der Corona Krise. Abgerufen unter www.ak.tourismusforschung.org/uploads am 28.11.2020.

FCCA (= Florida-Caribbean Cruise Association): Cruise industry overview 2013. Abgerufen unter https://www.f-cca.com/downloads/2013-cruise-industry-overview.pdf am 09.10.2019.q

FIAPF (= Fédération Internationale des Associations de Producteurs de Films) (2020): International Film Festivals. Abgerufen unter http://www.fiapf.org/intfilmfestivals.asp am 16.04.2020.

Fletcher, J.; Fyall, A.; Gilbert, D.; Wanhill, S. (2008): Tourism. Principles and Practise. Harlow.

Florida, R./Seman, M. (2020): Lost Art: Measuring COVID-19's devastating impact on America's creative economy. Abgerufen unter https://www.researchgate.net/publication/343587506_Lost_Art_Measuring_COVID-19%27s_devastating_impact_on_America%27s_creative_economy am 29.11.2020.

Freyer, W. (2015): Tourismus. Eine Einführung in die Fremdenverkehrsökonomie. Berlin, München, Boston.

FUR (= Forschungsgemeinschaft Urlaub und Reisen) (2019): Reiseanalyse 2019. Ergebnisbericht. Kiel.

fvw (= Fremdenverkehrswirtschaft International) (2009): Smart Luxury. 16/2009, S. 45.

fvw (2016a): Mehr Profilierung, mehr Routen, mehr Sicherheit. 19/2016, S. 22.

fvw (2016b): Sein und Tun statt Haben: Das neue Luxusverständnis. fvw special Luxus. Dezember 2016. Hamburg.

fvw (2017): Kreuzfahrt-Markt Deutschland 2017. Hochsee und Fluss. Abgerufen unter https://shop.fvw.de/files/smfiledata/2/8/7/6/3/2/5/fvw_exklusiv-studie_kreuzfahrt-markt_2017_leseprobe.pdf am 09.10.2019.

fvw (2018): Luxus-Urlauber gehen auf Nummer sicher. 2/2018, S. 53.

fvw (2019a): Dossier deutsche Reiseveranstalter. Beilage zur fvw 25/2019. Hamburg.

fvw (2019b): Sehnsucht nach mehr Sinn. fvw Spezial Luxus, November 2019. Hamburg.

fvw (2020a): Halbe Fahrt voraus. Die Kreuzfahrt probt den Neustart. Doch die Kunden kommen nur zögerlich. Der Preis könnte es richten. Titelseite 16/2020. Hamburg.

fvw (2020b): Zurückhaltende Flottenpläne. In: fvw 14/2020, S. 17.g.

Gallego, I./Font, X. (2020): Changes in air passenger demand as a result of the COVID-19 crisis: using Big Data to inform tourism policy. In: Journal of Sustainable Tourism, DOI: 10.1080/09669582.2020.1773476.

Ganser, A. (1991): Kreuzfahrten. In: Seitz, E.; Wolf, J. (Hrsg.) (1991: Tourismusmanagement und -Marketing. Landsberg/Lech, S. 137–161.

Glaesser, D. (2006): Crises management in the tourism industry. Oxford.

Grass, K. (2013). Die Schattenseiten des Kreuzfahrtbooms. In: Handelsblatt 19.04.2013. Abgerufen unter https://www.handelsblatt.com/arts_und_style/aus-aller-welt/luxusliner-die-schattenseiten-des-kreuzfahrtbooms/8092080-all.html am 08.02.2020.

Groß, S. (2017): Handbuch Tourismus und Verkehr. Verkehrsunternehmen, Strategien und Konzepte. Konstanz und München.

Gursoy, D./Chi, C.G./Chi, O.H.: Restaurant and hotel customers' sentiment analysis. Would they come back? If they would, WHEN? Carson College of Business at Washington State University.

Hahm, J.; Wang, Y. (2011): Film-Induced Tourism as a Vehicle for Destination Marketing: Is it Worth the Efforts? In: Journal of Travel & Tourism Marketing 28 (2), S. 165–179.

Hall, M./Scott, D./Gössling, S. (2020): Pandemics, transformations and tourism: be careful what you wish for. In: Tourism Geographies (22) 3, S. 577–598.

Hamburg Cruise Mag (2019): Bühne frei für die Branche – Plattform für den Dialog: Die 7. Hamburg Cruise Days gehen zu Ende. Abgerufen unter https://www.hamburg-cruisedays.de/newsroom/news/buehne-fuer-die-branche-plattform-fuer-den-dialog-die-7-hamburg-cruise-days-gehen-zu-ende/ am 09.10.2019.

Hamilton-Baillie, B. (2008): Shared Space: Reconciling People, Places and Traffic. In: Built Environment, 34/2, S. 161–181.

Handelsblatt (2020): Graphik des Tages: Luxusin der Krise. Ausgabe vom 18.6.2020, S. 24–25.

Hartmann, R. (2018) Marketing in Tourismus und Freizeit. München.

Hecking, C.; Widmann, M.; Segnini, G. (2016): Fahnenflucht auf hoher See. In: DIE ZEIT, 35/2016, S. 21–22.

Hecking, C. (2017): Leinen los, Steuern umschiffen. In: Spiegel, 13.06.2017. Abgerufen unter https://www.spiegel.de/wirtschaft/tui-mein-schiff-6-profite-auf-kosten-von-personal-und-steuerzahler-a-1150225.html am 08.02.2020.

Heise, L. (2012): Frachtschiffreisen als alternative Reiseform. Analyse einer touristischen Nische. Eine empirische Untersuchung an Passagieren. Hamburg.

Heitmann, S. (2010): Film Tourism Planning and Development – Questioning the Role of Stakeholders and Sustainability. In: Tourism and Hospitality Planning & Development 7 (1), S. 31–46.

Higgins-Desbiolles, F. (2020): Socialising tourism for social and ecological justice after COVID-19. In: Tourism Geographies (22) 3, S. 610–623.

Hotelstars (2020): Statistik. Verteilung der Sterne. Abgerufen unter https://www.hotelstars.eu/de/deutschland/system/statistik/ am 14.02.2020.

Hudson, S.; Ritchie, J.R.B. (2006): Promoting Destinations via Film Tourism: An Empirical Identification of Supporting Marketing Initiatives. In: Journal of Travel Research 44 (4), S. 387–396.

IMDb (= Internet Movie Database) (2020a): Awards & Events. All events. Abgerufen unter https://www.imdb.com/event/all/ am 04.04.2020.

IMDb (2020b): Filming Location Matching „Dominica". Abgerufen unter https://www.imdb.com/search/title/?locations=Dominica&ref_=ttloc_loc_5 am 16.04.2020

Ioannides, D./Zampoukos, K. (2018): Tourism's labour geographies: Bringing tourism into work and work into tourism. In: Tourism Geographies (20) 1, S. 1–10.

Ioannides, D./Gyimóthy, S. (2020): The COVID-19 crisis as an opportunity for escaping the unsustainable global tourism path. In: Tourism Geographies (22) 3, S. 624–632.

IPK International (2018): World Luxury Travel Report. Abgerufen unter https://www.ipkinternational.com/en/world-travel-monitor/latest-reports#world-luxury-travel-report am 12.02.2020.

Irimias, A. (2015): Business Tourism Aspects of Film Tourism: The Case of Budapest. In: Journal of Tourism, Culture and Territorial Development, 6(4), S. 35–46.

Jelinek, R. (2013): Klassische Marktsegmentierung. Methoden der Marksegmentierung. Linz. Abgerufen unter https://www.oberoesterreich-tourismus.at/uploads/media/Literaturtipps_Klassische-Marktsegmentierung.pdf am 22.02.2019.

Jungnickel, R. (2012): Radtouristisches Angebot. In: Dreyer, A.; Mühlnickel, E.; Miglbauer, E. (Hrsg.) (2012): Radtourismus. München, S. 45–110.

Kagermeier, A. (2016): Tourismusgeographie. Konstanz und München.

Karl, M./Schmude, J. (2017): Understanding the Role of Risk (Perception) in Destination Choice – A Literature Review and Synthesis. In: Tourism 2, S. 138–155.

Kim, S. (2012): Audience involvement and film tourism experiences: Emotional places, emotional experiences. In: Tourism Management, S. 387–396.

Kloss, I. (2003): Werbung. Lehr-, Studien- und Nachschlagewerk. München, Wien.

Knoll, G.M. (2016): Handbuch Wandertourismus. Für Ausbildung und Praxis. Konstanz, München.

Köster, S.; Westhof, L. , Keller, L. (2016): Stand der Technik der Abwasserreinigung an Bord von Kreuzfahrtschiffen. Abgerufen unter https://www.gwf-wasser.de/fileadmin/GWF/01_fb_Koester.pdf am 11.10.2019.

Krane, M. (2019): Die Trends im Neo-Luxury. In: fww Spezial November 2019, S. 6–8.

Krüger A. (2010): Historie des Wanderns. In: Dreyer, A.; Menzel, A.; Endreß, M. (Hrsg.) (2010): Wandertourismus. Kundengruppen, Destinationsmarketing, Gesundheitsaspekte. München, S. 15–21.

Kuo, H.-I. /Chang, C.-L. Huang, B.W./Chen, C.C./McAleer, M. (2009): Estimating the Impact of Avian Flu on International Tourism Demand Using Panel Data. In: Tourism Economics, abgerufen unter https://doi.org/10.5367/000000009789036611 am 15.11.2020.

Lanouar, C./Goaied, M. (2019): Tourism, terrorism and political violence in Tunisia: Evidence from Markov-switching models. Tourism Management 70, S. 404–418.

Lassman, M. (2019): Für die Kreuzfahrt wird es eng. In: fvw 24/2019, S. 8.

Lassmann, M. (2020a): Das andere Reisen auf dem Wasser. Corona ändert nicht nur die Fahrpläne, sondern auch das Produkt selbst. Ein Blick in die Zukunft der Kreuzfahrt. In: fvw 19/2020, S. 36–39.

Lassmann, M. (2020b): Werften und Redereien stecken in der Falle. Welche Auswirkungen hat die COVID-19 Krise auf die Neubestellung in der Hochseekreuzfahrt. In: fvw, 14/2020, S. 34–35.

Leeuwen, M. v./Klerks, Y./Bargeman, B./Heslinga, J./Bastiaansen, M. (2020): Leisure will not be locked down – insights on leisure and COVID-19 from the Netherlands. In: World Leisure Journal (62) 4, S. 339–343

Liikkanen, L.A./Laukkanen, J.A. (2021): Sauna bathing frequency in Finland and the impact of COVID-19. In: Complementary Therapies in Medicine 56, doi.org/10.1016/j.ctim.2020.102594.

Loureiro, S. M.C.; Araujo, A.B. de (2015): Negative Film Plot and Tourists' Image and Intentions: The Case of City of God. In: Journal of Travel & Tourism Marketing 32 (4), S. 352–365.

Luthe, T./Wyss, R. (2014): Assessing and planning resilience in tourism. In: Tourism Management 44, S. 161–163.

Macionis, N. (2004) Understanding the Film-Induced Tourist. In: Frost, W.; Croy, G. & Beeton, S. (Hrsg.) (2004): International Tourism and Media Conference Proceedings. 24th–26th November 2004. Melbourne, 86–97.

McKercher, B./Chon, K. (2004): The over-reaction to SARS and the collapse of Asian tourism. In: Annals of Tourism Research 31 (3), 716–719.

Mair, J./Brent W.R./Walters, G. (2016): Towards a research agenda for post-disaster and post-crisis recovery strategies for tourist destinations: a narrative review. In: Current Issues of Tourism, 19 (1), S. 1–26.

Mandic, A.; Petric, L. (2017): Film as a creative industry constituent and its impacts on tourism development: evidence from Croatia. In: Tourism in Southern and Eastern Europe 2017: Tourism and Creative Industries: Trends and Challenges, 04-06 May 2017: University of Rijeka, Faculty of Tourism and Hospitality Management, S. 335–348.

Månsson, M. (2011): Mediatized tourism. In: Annals of Tourism Research 38 (4), S. 1634–1652.

Martin, R.H.; Butler, D.R.; Klier, J. (2018): The influence of tire size on bicycle impacts to soil and vegetation. In: Outdoor Recreation and Tourism, 24, S. 52–58.

Mason, P./Grabowski, P./Du, W. (2005): Severe acute respiratory syndrome, tourism and the media. In: International Journal of Tourism Research 7 (1), S. 11–21.

Meurer, J.; Manninger X. (2012): Quo vadis globale Luxusmarkenführung? – Status, Trends und Top-Themen für die CMO-Agenda. In: Burman, C.; König, V.; Meurer, J. (Hrsg.) (2012): Identitätsbasierte Luxusmarkenführung. Grundlagen – Strategien – Controlling. Wiesbaden. S. 13–31.

Meyer-Werft (2019): Belegschaft. Abgerufen unter https://www.meyerwerft.de/de/meyerwerft_de/werft/das_unternehmen/das_unternehmen.jsp am 11.10.2019.

Miller, Z. (2020): 10 famous movie and TV locations that locals say have been ruined by tourists. Abgerufen unter https://www.insider.com/famous-movie-and-tv-locations-ruined-by-tourism-2020-2 am 16.04.2020.

Mordhorst, H. (2016): Nachhaltigkeit im Kreuzfahrttourismus. Entwicklung eines Konzepts für die AIDA Cruises. Hamburg.

Movieinsider (2020): Major Studios. The Big „Five". Abgerufen unter https://movieinsider.de/major-studios-the-big-six.html am 16.04.2020.

Müller, T. (2020): The COVID-19 crisis and short-time work in Germany in a European context. Abgerufen unter https://www.etui.org/about-etui/news/the-covid-19-crisis-and-short-time-work-in-germany-in-a-european-context am 20.11.2020.

NABU (= Naturschutzbund Deutschland e.V.) (2019): Kreuzfahrt-Ranking 2019. Übersicht der Schiffe für den europäischen Markt. Abgerufen unter https://www.nabu.de/umwelt-und-ressourcen/verkehr/schifffahrt/kreuzschifffahrt/26845.html am 11.10.2019.

NCL (2020): NCL's Peace of Mind. Abgerufen unter https://www.ncl.com/fr/en/why-cruise-norwegian/book-with-confidence am 21.11.2020.

Namberger, P. (2010): Tourismus im Überseedépartement Guadeloupe vor dem Hintergrund ganzheitlicher Betrachtungen zum Kulturtourismus und seinen Varianten. München.

Namberger, Ph.; Jackisch, S.; Schmude, J.; Karl, M. (2019): Overcrowding, overtourism and local level disturbance: how much can Munich handle? In: Tourism Planning & Development, 16/4, 452–472.

National Institute of Cheer (2015): Cruise Ships – Passengers, Crew, Space Ratios & Passenger/Crew Ratios. Abgerufen unter https://www.instituteofcheer.com/img/Cruise-Ship-Data-2015-08-11.pdf am 07.10.2019.

Netflix (2020): Shareholder letter. Abgerufen unter https://s22.q4cdn.com/959853165/files/doc_financials/2020/q3/FINAL-Q3-20-Shareholder-Letter.pdf am 29.11.2020.

Neumeier, F. (2019a): Grenzwerte für Emissionen und Abgas-Vorschriften für Kreuzfahrtschiffe. Abgerufen unter https://www.cruisetricks.de/marinediesel-schweroel-co-schiffstreibstoffe-im-ueberblick/ am 07.02.2020.

Neumeier, F. (2019b): Landstrom und Power-Barge gegen Abgase von Kreuzfahrtschiffen. Abgerufen unter https://www.cruisetricks.de/landstrom-schadstoffausstoss-kreuzfahrt-schiffe/ am 07.02.2020.

New Zealand Institute of Economic Research (2002): Scoping the Lasting Effects of The Lord of the Rings. Report to The New Zealand Film Commission. Wellington.

Nordlight Research (2018): Reisetrends: Kreuzfahrten in Deutschland 2018. Abgerufen unter https://www.nordlight-research.com/de/publikationen/presse/presse-detail/reisetrends-kreuzfahrten-mit-wachstumspotenzial.html am 08.10.2019.

NTV (2020): Gegen Corona-regel verstoßen. Familie muss Kreuzfahrt beenden. Abgerufen unter https://www.n-tv.de/panorama/Familie-muss-Kreuzfahrt-beenden-article21985965.html am 21.11.2020.

Özdemir, G.; Adan, Ö. (2014): Film Tourism Triangulation of Destinations. In: Procedia – Social and Behavioral Sciences 148, S. 625–633.

Pangaea Network (2017): Luxury Travel Trends. December 2017. 5th Edition. Abgerufen unter https://www.aigo.it/site/core/uploads/AIGO-LuxuryTravelTrends_LR.pdf am 02.03.2020.

Papatheodorou, A./Arvanitis, P. (2014): Tourism and the economic crisis in Greece – regional perspectives. In: Région et Développement 39, S. 183–203.

Perles-Ribes, J./Ramon-Rodrigues, A.B./Rubia-Serrano, A./ Moreno-Izquierdo, L. (2016): Economic crisis and tourism competitiveness in Spain: permanent effects or transitory shocks? In: Current Issue in Tourism 19 (12), S. 1210–1234.

Passenheim, A. (2019): „Jokerstairs" in New York. Wahnsinns-Treppe. Abgerufen unter https://www.tagesschau.de/ausland/joker-treppe-101.html am 16.04.2020.

Perner, A. (2000): Produktpolitische Innovationen am Kreuzfahrtmarkt. Hamburg.

Polyzos, S./Samitas, A./Spyridou, A.E. (2020) Tourism demand and the COVID-19 pandemic: an LSTM approach. In: Tourism Recreation Research, DOI: 10.1080/02508281.2020.1777053.

Privitera, D. (2015): Film and the Representation of the Poverty. Touristic Mobilities in Developing countries. In: Almatourism – Journal of Tourism, Culture and Territorial Development, 6(4), S. 269–281.

project m (2014): Wanderstudie. Der Deutsche Wandermarkt 2014. Berlin.

Pröbstl-Haider, U.; Lund-Durlacher, D.; Antonschmidt, H.; Hödl, C. (2018): Mountain bike tourism in Austria and the Alpine region – towards a sustainable model for multi-stakeholder product development, Journal of Sustainable Tourism. In: Journal of Sustainable Tourism, 26(4), S. 567–582.

Quack, H.-D. (2018): Wandermonitor 2018 – Endergebnisse. Ostfalia – Hochschule für angewandte Wissenschaften. Salzgitter.

Ratajczak, O.; Jockwer, A. (2016): Kundenzufriedenheit und Kundenservice in der Touristik. In: Ratajczak, O.; Jockwer, A. (Hrsg.) (2016): Kundenorientierung und Kundenservice in der Touristik. Wiesbaden, S. 1–16.

Rathmann, P. (2014): Medienbezogene Effekte von Product Placement. Theoretische Konzeption und empirische Analyse. Wiesbaden.

Reiche, W. (2011): Fallbeispiel: Fahrradfreundliche Betriebe Bett + Bike. In: Dreyer, A.; Mühlnickel, E.; Miglbauer, E. (Hrsg.) (2012): Radtourismus. München, S. 81–86.

Reijnders, S. (2011): Places of the Imagination. Farnham.

Relph, E.C. (2014): Toronto. Transformations in a city and its region. Philadelphia.

Ritchie, B.W. (2004): Chaos, crises and disasters: a strategic approach to crisis management in the tourism industry. In: Tourism Management 25 (6), S. 669–683.

Rittichainuwat B.N. (2013): Tourists' and tourism suppliers' perceptions toward crisis management on tsunami. In: Tourism Management 34 (2), S. 112–121.

Rittichainuwat, B.; Rattanaphinanchai, S. (2015): Applying a mixed method of quantitative and qualitative design in explaining the travel motivation of film tourists in visiting a film-shooting destination. In: Tourism Management 46, S. 136–147.

Roesch, S. (2009): The Experiences of Film Location Tourists. Bristol.

Sänger, M. (2018): Die weibliche Sicht des Wanderns. Evolution hin, Erziehung und Sozialisation her: Es gibt sie, die Unterschiede (Wandern als Natur und Selbsterfahrung. Notizen zum sanften Wandertourismus). Abgerufen unter https://www.wanderforschung.de/files/die-weibliche-sicht-des-wanderns_1903261655.pdf am 04.04.2020.

San Juan , N. (2020): Carnival Corporation Reports Almost $3B Loss in Q3 as Royal Caribbean Loses $1.2B Abgerufen unter https://stockapps.com/carnival-corporation-reports-almost-3b-loss-in-q3-as-royal-caribbean-loses-1-2b/ am 20.11.2020.

Schäfer, B. (1998): Kreuzfahrten. Die touristische Eroberung der Weltmeere. Nürnberg.

Schmude, J. (2003): Thematic routes: from the idea to the product – the example of bicycle routes. In: Schmude, J.; Trono, A. (Eds.): Routes for tourism and culture: some examples for creating thematic routes from Italy, Greece, Portugal and Germany. Beiträge zur Wirtschaftsgeographie Regensburg, 5, S. 1–9.

Schmude, J.; Namberger, Ph. (2015): Tourismusgeographie. Darmstadt.

Schmude J./Zavareh S./Schwaiger K./Karl M. (2018): Micro-Level Assessment of Regional and Local Disaster Impacts in Tourist Destinations. In: Tourism Geographies (20) 2, S. 290–308.

Schmude, J./Karl, M./Weber, F. (2019): Tourism and Terrorism: Economic impact of terrorist attacks on the tourism industry. The example of the destination of Paris: In: Zeitschrift für Wirtschaftsgeographie, 64 (2), S. 88–102.

Schmude, J./Filimon, S./Lindner, E./Namberger, Ph./Nam, J.-E./Metzinger, P. (2021): COVID-19 and the pandemic's spatio-temporal impact on tourism demand in Bavaria (Germany). In: Tourism (under review).

Schnitzer, M./Schöttl, S. E./Kopp, M./Bartha, M. (2020): COVID-19 stay-at-home order in Tyrol, Austria: sports and exercise behaviour in change? In Public Health 185, S. 218–220.

Schrand, A. (2003): Schiffstouristik Marketing. In: Roth, P.; Schrand, A. (Hrsg.) (2003): Tourismusmarketing. Das Marketing der Reiseveranstalter, Verkehrsträger und Tourismusdestinationen. München, S. 177–209.

Statista (2020): Prognose zur Entwicklung des Marktvolumens mit Luxusgütern nach Segmenten in Deutschland in den Jahren 2018 bis 2025 (in Milliarden Euro). Abgerufen unter: https://de.statista.com/statistik/daten/stu

die/954045/umfrage/prognose-zur-entwicklung-des-marktvolumens-mit-luxusguetern-nach-segmenten-in-deutschland/ am 12.02.2020.

Schulz, A.; Auer, J. (2010): Kreuzfahrten und Schiffsverkehr im Tourismus. München.

Schulz, A. (2013): Grundlagen Verkehr im Tourismus. In: Schulz, A.; Berg, W.; Gardini, M.A.; Kirstges, T.; Eisenstein, B. (Hrsg.) (2013): Grundlagen des Tourismus. Lehrbuch in 5 Modulen. München. Abgerufen unter https://www.tourismus-grundlagen.de/102-lehre/bachelor-bwl/187-kennzahlen-kreuzfahrten am 07.10.2019.

Sinus (2011): Fahrrad-Monitor Deutschland 2011. Heidelberg.

Schulz, A.; Auer, J. (2010): Kreuzfahrten und Schiffsverkehr im Tourismus. München.

Sigala, M. (2011): Social Media and Crisis Management in Tourism: Applications and Implications for Research. In: Information Technology & Tourism 13 (4), S. 269–283.

Sönmez, S. F./Graefe, A.R. (1998): Determining Future Travel Behavior from Past Travel Experience and Perceptions of Risk and Safety. In: Journal of Travel Research, 37 (2), S. 171–177.

Spörel, U. (2010): Die amtliche deutsche Tourismusstatistik. In: Haedrich, G.; Kaspar, C.; Klemm, K.; Kreilkamp, E. (Hrsg.) (2010): Tourismus-Management. Tourismus-Marketing und Fremdenverkehrsplanung. Berlin und New York, S. 127–144.

Steinecke, A. (2011): Tourismus. Eine geographische Einführung. Das Geographische Seminar. Braunschweig.

Steinecke, A. (2016): Filmtourismus. Konstanz, München.

Steinecke, A. (2018): Kreuzfahrtourismus. Konstanz und München.

Steinecke, A. (2019): Tourismus und Luxus. Tourism Now. München.

Stiftung für Zukunftsfragen (2018): Freizeit-Monitor 2018. Abgerufen unter www.freizeitmonitor.de/zahlen/daten/statistik/freizeit-aktivitaeten/2018/freizeitaktivitaeten-im-jahresvergleich/ am 11.08.2019.

Studio Babelsberg (2020a): Services. Filmstudios. Außenkulissen. Abgerufen unter https://www.studiobabelsberg.com/services/filmstudios-aussenkulissen/ am 16.04.2020.

Studio Babelsberg (2020b): Public Relations. Studio Tour. Abgerufen unter https://www.studiobabelsberg.com/public-relations/studio-tour/ am 16.04.2020.

Stuttgarter Nachrichten (20202): ADFC: „Was jetzt geht, geht auch nach Corona". Abgerufen unter https://www.stuttgarter-nachrichten.de/inhalt.fahrrad-fahren-und-covid-19-adfc-was-jetzt-geht-geht-auch-nach-corona.3cf20b9e-bfab-40a7-b0e9-51aa1d206d2e.html am 28.11.2020.

Sz.de (2019): Traumstrand aus „The Beach" bleibt geschlossen (8. Mai 2019). Abgerufen unter https://www.sueddeutsche.de/wissen/umwelt-traumstrand-aus-the-beach-bleibt-geschlossen-dpa.urn-newsml-dpa-com-20090101-190508-99-129434 am 14.04.2020.

Tageskarte.io (2020): Thailand: Luxusquarantäne für Langzeiturlauber. Abgerufen unter https://www.tageskarte.io/tourismus/detail/thailand-luxus-quarantaene-fuer-langzeiturlauber.html am 29.11.2020.

TCI Research (2018): Insight Snapshot April 2018. Abgerufen unter http://xl4z.mj.am/nl2/xl4z/lgs45.html?hl=fr unter am 16.04.2020.

Themed Entertainment Association (Hrsg.) (2019): 2018 Theme Index and Museum Index: The Global Attractions Attendance Report. Abgerufen unter https://aecom.com/theme-index/ am 16.04.2020.

Thiesing, E.-O. (2020): Auswirkungen der Corona-Pandemie auf die Tourismuswirtschaft. Wesentliche Ergebnisse einer Befragung touristischer Leistungsanbieter in Deutschland. Abgerufen unter https://www.ostfalia.de/cms/de/iftr/.content/documents/ergebnisse-corona-befragung_20200428.pdf am 27.06.2020.

Tkalec, M.; Zilic, I.; Recher, V. (2017): The effect of film industry on tourism: Game of Thrones and Dubrovnik. In: International Journal of Tourism Research 19 (6), S. 705–714.

Truong, Y.; McColl, R.; Kitchen, P.J. (2009). New luxury brand positioning and the emergence of masstige brands. In: Journal of Brand Management,16(5), 375–382.

UBA (= Umweltbundesamt) (2019a): Antifouling-Mittel. Abgerufen unter https://www.umweltbundesamt.de/themen/chemikalien/biozide/biozidprodukte/antifouling-mittel am 11.10.2019.

UBA (2019b): UBA fragen. Abgerufen unter https://www.umweltbundesamt.de/service/uba-fragen am 12.10.2019

UNISDR (= United Nations International Strategy for Disaster Reduction) (2020): Terminology: basic terms on disaster risk reduction. Abgerufen unter https://www.undrr.org/publication/2009-unisdr-terminology-disaster-risk-reduction am 19.07.2020.

UNWTO (United Nations World Tourism Organization) (2018): 2017 International Tourism Results: the highest in seven years. Abgerufen unter https://www.unwto.org/global/press-release/2018-01-15/2017-international-tourism-results-highest-seven-years am 16.04.2020.

UNWTO (2020): UNWTO World Tourism Barometer May 2020. Special focus on the Impact of COVID-19. Madrid.

UPI (= Umwelt- und Prognose-Institut e.V.) (Hrsg.) (2000): Entwicklung und Potentiale des Fahrradverkehrs. UPI-Bericht 41. Heidelberg.

VIA Planungsbüro (2017): Machbarkeitsstudie für eine Radschnellverbindung zwischen den Städten Neuss, Düsseldorf, Langenfeld und Monheim am Rhein. Köln.

VIR (= Verband Internet Reisevertrieb e. V.) (2018): Daten &Fakten zum Online Reisemarkt. Abgerufen unter https://bw.tourismusnetzwerk.info/wp-content/uploads/2018/03/VIR-Daten-und-Fakten-zum-Online-Reisemarkt-2018.pdf am 08.02.2020.

VIR (= Verband Internet Reisevertrieb e. V.) (2019): Daten &Fakten zum Online Reisemarkt. Abgerufen unter https://v-i-r.de/wp-content/uploads/2019/03/webversion_vir_df2019.pdf am 09.10.2019.

VisitBritain Research (2018): Film and TV locations as a driver of tourism. Abgerufen unter https://www.visitbritain.org/sites/default/files/vb-corporate/Documents-Library/documents/foresight_160_-_film_and_tv_locations.pdf am 16.04.2020.

Von Pilar, C. (2019): Kreuzfahrtpreise sacken ab. In: fvw 21/2019, S. 36–37.

VuMA (=Verbraucher und Medienanalyse Arbeitsgemeinschaft) (2020): Konsumenten punktgenau erreichen. Basisinformationen für fundierte Mediaentscheidungen. VuMA Touchpoints 2020. Frankfurt, Hamburg und Mainz.

Wallstreet Online (2018): Wachstum und Wandel: der Luxusreisemarkt verändert sich. Abgerufen unter https://www.wallstreet-online.de/nachricht/10250966-wachstum-wandel-luxusreisemarkt-veraendert am 12.02.2020.

Web of Science (2020): Web of Science Core Collection. Basic search. Abgerufen unter https://www.webofknowledge.com am 14.04.2020.

WHO (= World Health Organization) (2018): Global status report on road safety 2018. Abgerufen unter https://apps.who.int/iris/bitstream/handle/10665/276462/9789241565684-eng.pdf?ua=1 am 10.10.2019.

Wild, G.P. (2019): Report on operational accidents 2009–2018. Abgerufen unter https://cruising.org/-/media/research-updates/research/gp-wild-oi-report-2018 final-1.docx am 09.10.2019.

Wirth, W. (1998): Radwege planen und bauen mit Asphalt. München.

Wöst, U. (O.J.): Wenn das Fernweh lockt. Ein Hamburger Reeder hat die Kreuzfahrten erfunden – wir erzählen die Geschichte über ein boomendes Geschäft. Abgerufen unter https://shmh.de/en/hamburg-wissen/journal/die-erfindung-der-kreuzfahrt am 9.10.2019.

Wood, R.E. (2000): Caribbean cruise tourism: Globalization at sea. In: Annals of Tourism Research, 27(2), S. 345–370.

ZEIT Online (2020): Oscars wegen Coronavirus-Pandemie verschoben. In: ZEIT Online am 20. Juni 2020. Abgerufen unter https://www.zeit.de/kultur/film/2020-06/academy-award-oscars-verschoben-coronavirus-pandemie am 29.11.2020.

Zimmermann, S.; Reeves, T. (2009): Film Tourism – Locations Are the New Stars. In: Conrady, R.; Buck, M. (Hrsg.) (2009): Trends and issues in global tourism 2009, Bd. 7. Berlin, S. 155–162.

ZIV (= Zweirad-Industrie-Verband) (2019): Zahlen – Daten – Fakten zum Fahrradmarkt in Deutschland. Abgerufen unter: https://www.ziv-zweirad.de/fileadmin/redakteure/Downloads/Marktdaten/PK-2019_21-03-2019_Praesentation.pdf am 03.10.2019.

ZIV (2020): Fahrrad- und E-Bike-Industrie trotzen der Corona-Krise. Abgerufen unter https://www.ziv-zweirad.de/presse-medien/pressemitteilungen/detail/?tx_ttnews%5Btt_news%5D=950&cHash=9265b5aa4b39e10bac9f9912ce8bde67 am 28.11.2020.

Register